KROLOW

WENN DIE SCHWERMUT FORTSCHRITTE MACHT

Universal Bibliothek

BELLETRISTIK

Karl Krolow

Karl Krolow

WENN DIE SCHWERMUT FORTSCHRITTE MACHT

Gedichte, Prosa, Essays

Herausgegeben von Kurt Drawert

1990

Verlag Philipp Reclam jun. Leipzig

Für Karl Krolow zum 75. Geburtstag

ISBN 3-379-00571-1

Lizenzausgabe des Verlages Philipp Reclam jun. Leipzig für die DDR mit Genehmigung des Suhrkamp Verlages, Frankfurt am Main, und des Merlin Verlages, Vastorf

Reclams Universal-Bibliothek Band 1330
1. Auflage
Reihengestaltung: Lothar Reher
Lizenz Nr. 363. 340/64/90 · LSV 7300 · Vbg. 19,1
Printed in the German Democratic Republic
Grafischer Großbetrieb Völkerfreundschaft Dresden
Gesetzt aus Garamond-Antiqua
Bestellnummer: 6614921
00250

„Man kann sich im Grunde wenig vornehmen, fast nichts ...“

– Ein Gespräch mit Karl Krolow –

KURT DRAWERT: ... und gab es für Sie nach Beendung des zweiten Weltkrieges ein lyrisches Sprechen, das eher zäsursetzend sich zeigte, sich neu orientierte, neu konstituierte? Man muß hier nicht gleich den berühmten Adornosatz zitieren, aber wie sollte in einer Sprache weitergeschrieben werden, die gründlich usurpiert gewesen war und somit gründlich zerfiel? Oder war durch alle Diktatur hindurch ein Sprachraum erhalten geblieben, der in einer gewissen Geschlossenheit, Abgeschlossenheit existierte, der unanfällig blieb und über den nun verfügt werden konnte?

KARL KROLOW: Ich möchte dazu sagen, man kann sich im Grunde wenig vornehmen, fast nichts, man gerät hinein in eine bestimmte Situation. Freilich, die Situation ist durch einen selbst geschaffen, lesend geschaffen, nur durch lesen ist es ja möglich. Flaubert sagte in einem Brief an eine Freundin: „Lesen Sie, um zu leben, oder leben Sie, um zu lesen?“, das ist schon egal, so ist es. So ist es auch mit dem Lesen von Gedichten. Ich las Gedichte, die mir wichtig wurden. Das waren, von den Deutschen jetzt einmal gesprochen, die Gedichte, die man später als deutsche Naturlyrik unseres Jahrhunderts benannt hat. Das ist die Lyrik etwa repräsentiert von Oskar Loerke, später von Wilhelm Lehmann, der für mich sehr entscheidend war. Ich sehe mich noch im Jahr 1935 seinen ersten Gedichtband lesen in einem Semester in Göttingen, „Antwort des Schweigens“ hieß der Band, und ich las wenig später Gedichte der Elisabeth Langgässer, gewiß viel orgiastischer, intensiver, kurzum, ich las oder hörte im Radio Gedichte, die mir wichtig wurden. Zwei Namen nannte ich schon oder drei, es waren Gedichte von Günter Eich, es waren Gedichte von Peter Huchel.

Dies hatte eigentlich alles mit Zeit und Zeitläuften, oder besser gesagt, Unzeit und Kriegsläuften, nichts zu tun. Sie standen von vornherein in einer gewissen Zeitlosigkeit.

Daß es natürlich eine Dichtung unseres Jahrhunderts war, konnte man an verschiedenen Dingen ablesen, so wie Zeit

behandelt wurde, so wie Menschen behandelt oder weggeschickt wurden. Das deutsche Naturgedicht ist ja unter anderem auch ein menschenleeres Gedicht.
Ein Natura-naturans-Gedicht ist mit sich selbst sehr stark beschäftigt. Diese wichtigen Gedichte las ich in einer Zeit, die auf Blut und Boden literarisch setzte. Dies war auch Landschaft und Jahreszeit, aber ganz anders. Es war auf eine Weise intensiv, es war das Gegenteil von Bilderbogenhaftigkeit, es war ein Fest der Einzelheiten von Flora und Fauna, es war ein Triumph der überlebenden und weiterlebenden Vegetation angesichts von Untat und Menschenunwürdigkeit, als wäre die Welt für die Jahreszeiten und für die Pflanzen und Tiere geschaffen. Diese besten, stillen, in sich gekehrten, aber auch intensiven Gedichte waren mein Anfang. Die lernte ich über Jahre kennen, fast gleichzeitig, füge ich hinzu, mit durchaus anderen Gedichten, die ich das Glück hatte, in einer Universitätsstadt als Sachbücher zugelassen, erwerben zu können. Ich meine damit Gedichte, die ich als Romanist, wie soll ich sagen, Erlaubnis hatte zu lesen. So lernte ich Guillaume Apollinaire kennen, so lernte ich Paul Valéry kennen, so lernte ich Henri Michaux kennen, so lernte ich sogar die Lorca-Generation kennen seinerzeit. In den Auslagenfenstern waren durchaus andere Bücher, wenn schon überhaupt Lyrik, zu sehen. Aber ich hatte dieses Gefühl des Diogenes mit der Lampe am Mittag, ich habe dies für mich herangezogen und gesucht und gefunden, was ich witterte. Es ist eine Frage der Witterung, der ich nachgab. Ich brauchte eigentlich nichts weiteres zu tun. Ich sagte, man gerät hinein. So bin ich hineingeraten ins Lesen, um dann später ins Reagieren zu geraten, das heißt ins Schreiben. Das eine hat unmittelbar mit dem anderen zu tun, und überhaupt sehe ich noch nachträglich, fast ein halbes Jahrhundert nachträglich, das Ganze sehr stark in seinem Fluß, in seiner Kontinuität. Das eine kam hinzu, das andere kam hinzu, einiges trat zurück, einiges drängte sich noch nicht einmal vor, es war mir in diesem Augenblick wichtiger – ich spreche jetzt vom französischen Surrealismus beispielsweise oder von Errungenschaften gewisser spanischer Generationsgefährten von García Lorca. Dies war zu der Zeit, als ich sie kennenlernte, sehr, sehr weit weg von der deutschen, auch von der naturlyri-

schen deutschen Szene. Ich war, ob ich wollte oder nicht, plötzlich, indem ich schrieb, in die Nähe von internationalen Bemühungen geraten und habe, ziemlich früh in diesem Lande, etwas, das man Surrealismus nennt, in Wort umgesetzt. Einige der frühen Artikel, die über mich geschrieben wurden, setzten sich mit diesem Problem auseinander, Stichwort: Naturlyrik und Surrealismus. Das waren meine ersten zehn Jahre oder fünfzehn Jahre des Schreibens, von 1943 bis 1955 etwa. Ich würde jedenfalls keine Unterbrechung sehen, zum Beispiel durch das berüchtigte Jahr 1945.

KURT DRAWERT: Die sogenannte „Stunde Null", die es ja wohl auch historisch nicht gab, oder die es zumindest in der gewünschten und benutzten Totalität, deren Gründe wohl auch etwas neurotischer Natur sind, nicht gab, Sie sehen sie für die Literatur, Ihre Literatur, ebenso nicht?

KARL KROLOW: Überhaupt nicht. Es waren dieselben Autoren. Ich kannte sie vorher schon, die deutschen und die nichtdeutschen, ich habe nur mehr Gelegenheiten gehabt, es öffneten sich sozusagen mehr Fenster, oder ich stieß sie auf oder wie auch immer. Im Grunde gab es überhaupt nichts, was abrupt für mich war. Es ist eine Stetigkeit der Entwicklung, auch des Wiederfortgehens von Einseitigkeiten, das Weggehen aus dem Surrealismus, um dann, etwa in den sechziger Jahren, spätestens, Gedichte zu schreiben, wie sie in den „Alltäglichen Gedichten" zum Beispiel zu finden sind. So kam ich auf etwas, das dann manche andere auch taten, nur habe ich es vielleicht fünf Minuten vorher versucht. Auch dies ein Durchgang letzten Endes, wie alles, was man tut, ja ‚Passage' ist, gut, gut. Es gibt einen schönen Gedichtband oder einen Band lyrischer Prosa von Henri Michaux, „Passage", das ist es, diese Durchgänge. So gesehen ist meine ganze sogenannte Entwicklung ein Hindurchgehen, das man fast nicht merkt, eine Stetigkeit, sagte ich. Und so blieb ich lange in diesen Einzelheiten verstrickt, in denen des Menschen mit seinem Material, seinem Inventar, seinen Alltäglichkeiten, in das, mit dem er umging, das er mochte oder nicht mochte, das ihn anzog oder das ihn abstieß. Eine andere Sache ist die der Form, die ja im Grunde gar nicht zu trennen ist von allem anderen. Ich lernte natürlich deutsche Gedichte kennen, die reine Gedichte waren.

Die Geschichte des deutschen Gedichtes ist zunächst einmal auch eine Geschichte und eine Entwicklung des Gereimten, des Reimgedichtes. Gut, es hat große Ausnahmen gegeben, Klopstocks Reime sind trostlos, er hatte seine Bedeutung auf anderen Gebieten im Rahmen des Gedichtes. Aber zunächst mal ist es das Liedhafte, ist es das deutsche gereimte Gedicht, das sie alle schrieben, das sie weiterschrieben, sogar die Expressionisten geschrieben haben zu ihrer Zeit. Ich will sagen, ich schrieb Reimgedichte, und das war eine Selbstverständlichkeit, bis sich dieser Reim, Schritt um Schritt, auch bei mir, und deutlich bei mir, ablöste und abgelöst wurde von einem Sprechen – wir nannten es damals Parlando oder anders –, das sich der Prosa in irgendeiner Weise näherte, ein Sprechen, das in seiner sogenannten Prosanähe, ich übertreibe hier, auch menschlicher wurde, das das Kostbare wegnahm, das aus der Auffälligkeit des Reimes wegführte in die Unauffälligkeit des Vor-sich-Hinsprechens, des Monologisierens oder auch des Dialogs auf eine bestimmte poetische Weise. So war es zwanzig Jahre, so blieb es zwanzig Jahre, bis ich, nicht ganz so Schritt um Schritt, sondern verhältnismäßig plötzlich – ich kann es an einem bestimmten Ereignis, an einer bestimmten medizinischen Situation des Jahres 1980 ablesen –, wieder zurückkam auf den Reim, auf eine bestimmte Weise hartnäckig, ohne das andere zu vergessen. Ich sage immer noch: Schritt um Schritt, aber es war doch eine Beschleunigung dabei. Ich wollte wieder zurückfinden, so scheint mir, oder ich fand zurück, ich wollte gar nichts, ich fand zurück, ich tat das einfach. Ich glaubte, ich hätte nie anders schreiben wollen oder sollen oder können. Ich schrieb Reime und nannte eines der ersten Gedichte auch nur so „Reime“. – Eine Terzine ist ein ganz bestimmter Reizfaktor oder ein Sonett oder ein Rondell, eine Sestine oder was immer man nennen mag, und ich schrieb das plötzlich wieder, und meine Thematik war vielleicht weniger verändert als ich vermutete. Aber doch sehr weit weg sehe ich schließlich die Gedichte meiner letzten zehn Jahre an und vergleiche sie mit den Gedichten der ersten zehn Jahre meines Versuches, Gedichte zu schreiben. Ganz verschwunden ist nie mein Anfang und mein Versuch mit Landschaft und Jahreszeit und dem, was ich als Detailismus von Flora und Fauna genannt habe. Gewiß spielt das in vielen Gedichten, wie sie heute veröffentlicht werden, zum Beispiel in der „Frankfurter Allgemeinen Zeitung", nicht mehr diese Rolle, sie sind thematisch sehr anders. Da gibt es auch landschaftliche Elemente, gut, aber da ist der Mensch mit seinen Abhängigkeiten, seinen Leidenschaften, seinem Versagen, seinen Chancen, seinen Täuschungen. Dieser schöne Illusionismus, diese schöne Illusion Literatur, diese schöne Illusion, ein Sonett Sonett werden zu lassen, ist es das wirklich?, oder will man es vielleicht auch ein bißchen beschädigen?, es gar nicht so perfekt haben, wie es klingt?, ich weiß nicht, eine Versuchung, die sich später einstellte, ein Gedicht nicht, obwohl es fast perfekt schien, so perfekt zu schreiben, wie es vielleicht das 19. Jahrhundert als selbstverständlich angesehen hatte. Rückert, der jetzt gerade wieder jubiliert, und auch alle anderen ... Manchmal hatte ich die Lust, das ganze progressive 20. Jahrhundert durchzustreichen, wenn das gelänge, mit seinen ganzen Impressionismen und Expressionismen und anderen Dingen, die wichtig sind, die zur Geschichte dieses progressiven Jahrhunderts gehören, aber nur Fortschritt, nur Experiment, nur immer noch nach einer Nuance suchen, noch etwas mehr tun, noch etwas finden, vielleicht eine Sackgasse, gut, vielleicht ein besonderer Reiz, es später einzusehen und sich dann mühsam zu entflechten und wieder herauszukommen. Jedenfalls, indem ich viele, nicht alle, aber viele dieser Gedichte – Gedichte der letzten zehn Jahre meine ich – schrieb, hatte ich genug von dem ständigen Bedürfnis der Suche nach Unerhörtem, noch nie Dagewesenem, nach Experiment, so schrill, wie es vielleicht gar nicht möglich ist, ohne nicht sofort auszurutschen oder lächerlich zu werden. Ich sah das alles kommen und gehen, diese Ablösung vom Naturgedicht, das wichtige Element der Nachkriegslyrik, diese Surrealismen aus den lateinischen Ländern, diese Alltagsangebote, wiederkehrend als alltägliche Gedichte, dieses Bedürfnis, den Reim beinahe zu eskamotieren, ihn lächerlich zu machen, ihn merkwürdig zu finden, ihn als Geklingel zu verleumden, ihn als Zierat zu nehmen, ihn als Handwerksleistung allenfalls gelten zu lassen, das alles ist nicht gänzlich falsch, aber ich meinte, es könnte doch die Möglichkeit geben, diese Sucht nach Progression, nach Avantgarde und nichts als das zu befriedigen, bis man merkt, daß man sich auch diesmal getäuscht hat, nicht weiter nachzugeben braucht und eher wieder zurückzugehen hat in eine Zeit, die sich nicht weiter als Zeit, als Datum feststellen läßt, die aber ein Gedicht möglich macht, das vielleicht schon vor hundert Jahren hätte so ähnlich klingen können – oder vielleicht doch nicht, am Ende doch nicht. Aber es war vielleicht auch schon dieses Genughaben vom Weitersuchen, vom Weitersuchen um jeden Preis, um mitzuhalten, um mitzuhalten mit Jahrgängen weit nach einem, Generationen nach einem, die es auch versuchten, im Grunde auch nicht anders als man selber, die von einem selber vielleicht dieses und jenes gelernt und übernommen hatten, als Eigenes ausgaben, nun gut, warum nicht? Man weiß das nicht, wie das mit dem Eigentum ist, so leicht ist das nicht in dieser labilen Gegend ... Aber ich hatte das Gefühl, wieder etwas Schönes zu machen, das ich anhören konnte, indem ich Sonette beinahe oder tatsächlich Sonette werden ließ oder Vierzeiler oder Sechszeiler oder den Reim so empfindlich variierte, daß einige schon von Alexandrinismen redeten. Nun gut, was ist ein Alexandrinismus ..., eine späte Erscheinung, mag sein, so hat man's gelernt. Noch in diesen Tagen habe ich das gelesen, daß der Hauch von Alexandrinismus über gewissen Gedichten von mir – es waren nur die falschen genannt – gelegen habe. So schwierig ist das und so einfach zugleich.

Kurt Drawert: Die Form in Ihren Gedichten, Ihren späten Gedichten, sie ist Schönheit ja nicht in der Weise einer Schlichtung, sondern vielmehr in der einer Radikalisierung des Stoffes. Kontradiktorisch steht sie dem bezeichneten Defekt, um es so zu sagen, entgegen, der, auf dem Hintergrund ihrer zur Perfektion gebrachten Erscheinung, um so defekter sich zeigt – bekannt spätestens als Methode seit Baudelaire, bei den Expressionisten findet man das, bei Benn ...

Aber ich wollte noch einmal auf das zurückkommen, was wir vorhin mit Zäsur und Kontinuität bezeichnet haben. Halten Sie dieses „Hindurchgehen", wie Sie es nennen, dieses literarische Kontinuum über Zeit und Ereignis hinweg repräsentativ für Ihre Generation?, oder sehen Sie sich hier eher als eine Ausnahme? Ich möchte einmal Günter Eich zi-

tieren mit dem Satz: „Es sind nicht die Inhalte, es ist die Sprache, die gegen die Macht wirkt." Er meint hier, daß Kritik, sobald sie durch Sprache ein eigenes Leben gewonnen hat, ihren Anlaß überlebt und so nicht in die perfide Vereinnahmungspraktik derer gerät, gegen die sie sich wendet. – Sprache als ein subversives, sich gegen Macht konsolidierende Regelungen setzendes Element begriffen, wie es wohl nur in der Dichtung zu erreichen ist. Eich hat ein ganzes poetologisches Programm auf die bittere Erfahrung der ideologischen Belastbarkeit der Wörter begründet, und auch in einem Ihrer früheren Gedichte heißt es in ähnlichem Zusammenhang: „Ich nannte früher/Unrechte Namen", oder ich denke an die Zeilen Ihres Ende der fünfziger Jahre geschriebenen Gedichtes „Robinson": „Jetzt lebe ich nur noch /In Gesellschaft mit dem Ungehorsam/Einiger Worte."
Das Wort und seine, vom historischen Sinn her besehen, blutige Bedeutung, das ist doch, für den deutschen Sprachraum im besonderen, ein zentrales und gerade auch literarisches Problem. Jene berühmt gewordene „Inventur" bei Günter Eich, Inventur nicht nur als Blick auf die Dinge, Inventur auch über den Verbleib von Wörtern, sie scheint mir auch heute noch nicht beendet zu sein. Und jene Eskamotierung, von der Sie, auf den Reim bezogen, sprachen, jenes Verletzenwollen vormals gültiger Formen, ist das nicht auch eine Art eben erwähnter „Inventur"?, eine Art von erneutem Umbruch?
Karl Krolow: Ja, das eine schließt das andere nicht aus. Eich war kriegsgefangen in einer besonderen Situation, als er das Gedicht „Inventur" schrieb. Er konnte wohl kaum anders als Inventur machen in diesem Augenblick mit dem, was einem übriggeblieben war. Dies ist das, und nichts anderes. Dies ist mir übriggeblieben und nichts anderes.
Aber insgesamt geht Eich in der Entwicklung, auch in der Subversion, wie Sie es nennen und wie es ist, ein in die deutsche Naturlyrik, so weit ausgefächert diese natürlich auch ist. Gleichzeitig passiert das von Ihnen Genannte, aber gleichzeitig war im Grunde Naturlyrik da, und als Naturlyriker hat man ihn empfunden oder mißverstanden, wie man mich so empfunden oder mißverstanden hat. – Ich würde glauben, daß Eich sich sehr lange mit der Natur abgab,

wenn er sie auch als Vexierbild nahm oder wenn sie ihn quälte, wenn es quälerische oder überdrehte Naturlyrik war. Jedenfalls der erste Gedichtband, der zählte, der erste große Gedichtband, das ist ganz und gar Naturlyrik.
Das schließt nicht aus, daß einiges unterlaufen wurde. Er neigte mehr zum Widerhaken, zum kleinen grünen – grünen meine ich jetzt nicht im politischen Sinne der Grünen – Rebellen, während ich mich gewissermaßen eher überwuchern ließ. Ich hatte, wenn ich im Bilde bleiben soll, den Kokon. So schien es jedenfalls, trotz aller wiederum porösen, lockeren Fügung. Aber das sich Einspinnen in eine ganz bestimmte Welt, die ich lange nicht aufgegeben habe und die lange vorgeherrscht hat, die aber anderes mit aufnahm, wie gesagt Naturlyrik und Surrealismus sehr früh, war typisch für mich. So war die damalige Situation, etwa 1955. Heute würde keiner mehr, der von meinen späten Sachen schreibt, darauf zurückkommen, obwohl man ein gewisses Image nicht loswerden kann. Und wenn man sich noch so weit davon entfernt hat, bis zur Unkenntlichkeit, gibt es immer noch Leute und Leser, die es nicht wahrhaben wollen vor sich und vor dem Autor, wie überhaupt Leser ganz unterschiedlicher Art da sind. Einige bleiben im Jahre 1955 stehen, einige lassen nur gelten, was in den achtziger Jahren geschrieben worden ist, andere das, was zwischen 1955 und 1980 entstand. Es gibt Schichten ganz unterschiedlicher Art, je nach dem Lehrer, je nach der Schule, je nach dem Bildungsgang, je nach den Umständen, nach den persönlichen Bedürfnissen. Sehr viele nehmen dieses, was ich jetzt in den achtziger Jahren gemacht habe, kaum wahr oder wollen es nicht wahrhaben oder vollziehen es nicht mit – müssen es ja auch nicht. Aber es ist einfach interessant, wie weit jemand mitgeht, wie weit er das braucht, wie weit einer, was heißt treu bleibt, was ist das überhaupt, aber doch nachvollzieht, wie sich etwas entwickelt, entwikkelt hat. Natürlich, es kommt vieles hinzu, was ich vorhin schon sagte, das Gefühl von Verfügbarkeit einerseits und von Bodenlosigkeit andererseits, zugleich das eine und das andere. Und der eine wehrt sich, indem er subversiv wird, und der andere wehrt sich, indem er die Form aufsucht oder indem er reimt oder indem er sich erschöpft im neuesten Experiment, statt zu sehen, daß es auch nichts anderes

als bestenfalls eine Nuance war im rasch sich beschleunigenden Weitergehen der Literatur.
Außerdem wird man ohnehin täglich auf einer unsichtbaren Börse gehandelt. Das ist die Sache, und das gehört auch zu dem ungeheueren Leben der Literatur und zu jenem Perpetuum mobile, das nicht stillsteht, obwohl man die schönsten Stillstände im Gedicht fertigbringen kann, im Gedicht, das von fast nichts handelt. – Das Gedicht von fast nichts ist natürlich das interessanteste Gedicht, weil es von fast allem handelt. Flaubert wollte ja das schöne Buch über das Nichts schreiben. Nun, es ist ihm nicht gelungen, aber eine gewaltige Versuchung liegt dem sicher zugrunde.
Kurt Drawert: Ich denke wohl auch, daß sich nichts einander auszuschließen braucht, nur weil es im Widerspruch erscheint. Dieses fast schon zwanghafte Denken in Ausschlüssen, das einer Sehnsucht nach Vereinfachung und Überschaubarkeit entspringt, gleichzeitig indessen auch den Willen nach Determination und somit Beherrschbarkeit ausdrückt, dieses Denken hat eine lange, ganz und gar abendländische und christlich-religiöse Geschichte. Die Kontinuität also, die literarische Kontinuität, die alle Veränderungen und Verwandlungen umschließt, sie stellt sich ja nicht nur innerhalb eines Werkes, sondern innerhalb einer ganzen Literaturgeschichte dar, steht in Beziehung zu Traditionen, Vorbildern …
Karl Krolow: Vorbilder, ja, da gibt es nicht nur die zwei Seelen in einer Brust, es wimmelt von Seelen, von Vorbildern, man setzt sich einem Kraftfeld aus, man bewegt sich in einem Kraftfeld, wird unablässig herausgefordert und fordert vielleicht heraus, diesen und jenen. Es ist eine Frage des Pegels der Sensibilität, natürlich. So war es immer, und die einen finden abscheulich, was die anderen entzückt, und das Perpetuum mobile, Literatur geheißen, Lyrik geheißen, läuft unterdessen unablässig weiter, schert sich um nichts, und es ist wunderbar so. Dieses Perpetuum mobile läßt eben auch das wieder zu, das beinahe vollkommene, verfügbare Gedicht als Sonett, nicht einmal getarnt, es ist Sonett, ein bißchen daran gekratzt vielleicht, damit es nicht noch schöner wird, aber warum nicht Schönheit, warum nicht eine ganz bestimmte Perfektion, warum nicht eine gewisse Tradition in diesem traditionslosen Land, der

Bundesrepublik, warum nicht Versuch und Versuchung, und jeder Versuch ist sogleich glücklicherweise Versuchung, Versuchung und Täuschung. Es waren ja die Franzosen, sie wissen so sehr von der Illusion etwas zu sagen und haben die Illusion als eines der großen Themen ihrer Literatur, die Täuschung.

Und die Täuschung ist auch eines der durchgehenden Stoffe, die mich immer wieder fasziniert haben in den späten Gedichten, Täuschungen in wichtigen und unwichtigen Dingen, im Minutenglück der Liebe oder im Minutenglück einiger anderer Euphorien, Entzückungen, Dinge, die sich überhaupt nicht beschreiben lassen, die man aber beschreibbar zu machen versucht für einige gute Augenblicke, für den Ablauf der vierzehn Zeilen eines Sonetts zum Beispiel. Das ist eine kurze Sache, das läuft vielleicht neunzig Sekunden, ist aber eine Minuteneuphorie für einen. Darauf kam es mir wahrscheinlich an. Wohlbemerkt, ich wiederhole, was ich am Anfang sagte, man kann sich überhaupt nichts oder fast nichts vornehmen. Man trainiert sich vielleicht, man übt sich vielleicht, man ist vielleicht in seiner Sensibilität sogar übertrainiert, das ist nicht sehr gut, wie alles Übertraining ja auch seinen Salto haben kann, und der Salto ist bei manchem nahe, aber warum nicht? Ich erlaube mir den Salto, fast hätte ich gesagt: zu preisen, jedenfalls zu erwähnen anstelle des Fortschritts, des unablässigen Fortschritts, des unablässigen Experimentierens – ‚na, vielleicht kriegst du noch etwas, das noch niemand so gesagt hat' …

Das alles gibt es nicht, es ist vorbereitet, und man kann allenfalls einiges in seine Vorstellung reißen als in seinen persönlichen Malstrom, indem dieser langsam oder beschleunigt dahingleitet, das mag wohl sein, dieses Bild. Aber während die Deutschen, jedenfalls in diesem Lande, die Tradition fast als Schimpfwort behandelten, las ich, wie sehr in der spanischen, auch in der französischen Lyrik die Geschichte einer Metapher ernst genommen wurde, vom Barock bis zur Gegenwart, von Góngora bis Guillén oder Lorca, es kommt nicht auf Namen an, wie das französische Clavecin immer noch zu hören ist von weit her, von der Klassik, auch in Gedichten eines Jules Supervielle oder anderen. Dies alles hatte ich längst erfahren, längst gesehen,

hatte gesehen, wie ernst Tradition in diesen lateinischen Ländern genommen wurde, übrigens ebenso in England – im Gegensatz zu unseren pfiffigen bescheidwissenden Leuten, die es dann wirklich zu immer kürzeren Trends und immer kürzeren Fortschritten kommen ließen, die einander ablösten, weil sie sich immer rascher heißliefen. Andererseits gehört dies durchaus ins Getriebe der Literatur, das Sich-heiß-Laufen und das Sprechen in vielen Stimmen gleichzeitig. Es ist ein Chaos von Stimmen möglich und kann noch Literatur sein. Später wird man als Germanist alles mögliche darüber sagen ...
Ich meine das, was in diesem Jahrhundert als eines der vielen Stilmittel entdeckt worden ist, die Gleichzeitigkeit etwa, das ist überhaupt nichts Besonderes. Gleichzeitig schrieben Goethe und Tieck und Novalis und Brentano und Eichendorff, unterschiedlichste Leute an fast den gleichen oder nahe liegenden Orten, auf kleinem Raum ohnehin. Und es gab ein erhebliches Gefälle zwischen dem einen und dem anderen, und einige Zeit wurde das eine bevorzugt und das andere schon wieder verlacht. Das junge Deutschland lachte schon in den dreißiger Jahren des vorigen Jahrhunderts über ziemlich viel, was eben noch das Äußerste gewesen war, was deutsche Gedichte hervorbringen konnten. So auch natürlich in unserem Jahrhundert, nur noch mehr mit dem Element der Beschleunigung belastet oder begabt, das will ich offenlassen. Apropos offen: dies gibt mir ein Stichwort, um zu sagen, daß ich die Offenheit des Gedichtes, das Sich-Offenhalten des Gedichtes, das Sich-nicht-Verschließen, -nicht-Verengen für eines der wichtigsten Phänomene für mich immer gehalten habe. Wie gesagt, unbewußt mit dieser Witterung für das, was man nicht beschreiben kann, oder wenn man es beschrieben hat, schon zu sehr fixiert findet, überfixiert und fast schon, indem es ausgesprochen ist, tot. – Das Unausgesprochene haltbar machen, sprechend, Gedichte schreibend, einige Zeilen lang, für einige Zeit geltend und gelten lassend, das ist schon sehr viel, würde ich glauben ...
Für mich ist, noch einmal gesagt, eher das Kontinuierliche, das Beharrliche, das Übriggebliebene, das Weiterleitende, die Partikel, die weiterführt, das, was ich sehe, entscheidend. Ich sehe das eine und das andere. Ich höre noch das

eine und das andere. Ich habe diese Echowirkung, ich habe überhaupt diese Echohaftigkeit sehr stark. Ich höre die Stimmen sprechen, die mir voraus sind und die hinter mir sind, wenn ich es lyrisch sagen soll. Ich gehe freilich nicht soweit, mich in Euphorien oder Situationen zu begeben, in Halluzinationen nämlich, wie sie etwa Virginia Woolf hatte. Aber es ist doch dieses Gewirr von Stimmen, die kommen und gehen, die mitlaufen und nicht mitlaufen, die man verliert, es sind doch die Echos vom Echo und so etwas. Ich würde nicht diesen gebildeten Trugschluß der Virginia Woolf für mich zulassen können, obwohl ich es sehr interessant finde und nicht nur apart. Plötzlich hörte sie in einem Anfall, freilich ihrer manisch-depressiven Krankheit, die Singvögel miteinander griechisch sprechen. Das verlor sich wieder. Ein anderes Mal sprang sie aus dem Fenster, und schließlich gab es den Fluß, in dem sie unterging. Aber gut, ich kam von den Echos daher und darauf und von dem, was durchgehalten wird, unterschwellig oder auch oberhalb der Schwelle dennoch weitergeht, verändert vielleicht, leicht verderbt oder angerauht oder vielleicht sogar ein bißchen verkommen schon literarisch. Warum nicht literarisch ins Verkommen geraten, warum nicht eine gewisse Lässigkeit statt der bloßen Zuverlässigkeit, die weiß, worüber man verfügt und wie man etwas verfügbar machen kann, aus Training, aus langem Leben, aus langem Umgang, aus dieser Übung, die nie aufhört, aus dieser Neugier, die vielleicht auch am Ende noch nicht vor der Müdigkeit und vor dem Genughaben kapituliert. Dies gehört zum Ganzen eines noch so langen Werkes, zum Ganzen einer Beschäftigung mit Literatur, einer Lebensbeschäftigung für mich, so muß ich sagen.

KURT DRAWERT: Das Wiederfinden der strengen, reglementierten Form in den achtziger Jahren, die metrische Vorgaben nicht selten benutzt, um sie zu verletzen, ist es auch einer Art von Haltsuche, von Schutzbedürfnis geschuldet? Stellte sich für Sie dieser gewisse Bewältigungszwang des Stoffes, wie er sich beispielsweise für ein Sonett ergibt, als eine Abwehrleistung her gegen das Verströmen ins Ungefähre, kaum mehr Sagbare, ins Fast-Nichts, wenn Sie so wollen? – Eine gewisse Lust und Vorfreude am Artifiziellen ist vielleicht auch dabei, und das braucht ja nicht gleich in der Höhenlage des späten Benn angesiedelt zu sein. Ihre

Gedichte vor allem der späten sechziger und siebziger Jahre waren ja in ihrer Struktur der Durchlässigkeit, ihrer lautlosen Entfernung vom Gegenstand, ihrer fast vollständigen Selbstauslöschung durch jenes ins Verschwindenbringen von Anlaß und Zweck auch störanfälliger – störanfällig gegen Stofflastigkeiten, gegen Stoffe an sich. Sahen Sie darin, weniger im literarischen als im persönlichen Sinne, möglicherweise eine Gefahr, für Sie plötzlich nötig werdende Aussagen nicht treffen zu können? Wurde eine gewisse Konkretheit wieder wichtig für Sie?

Karl Krolow: Das ist sicher ein Element, ich würde sagen, die Haltbarkeit, diese schüttere Haltbarkeit war einerseits Reiz, andererseits Gefahr. Andere haben auf andere Weise daraus das Phänomen der Sprachlosigkeit bedichtet, während ich das Poröse vorzog, wie ich es genannt habe. Aber auch das Poröse hat natürlich seine Tücken und seine Gefahren und kommt einer gewissen lyrischen Auflösung manchmal ziemlich nahe. Diese paralysierenden Vorgänge, die Lyrik, die eigene Lyrik irgendwie widerlegenden oder paralysierenden Vorgänge glaubte ich doch verhindert zu haben oder verändert zu haben, indem ich Form aufsuchte, den Reim als Formmittel, als ein ganz bestimmtes Schönheitsmittel, als ein ganz bestimmtes Festigungsmittel eines Gedichtes wieder für möglich hielt. Es war sicher auch etwas Eruptives dabei, vorbereitet durch manches: auch wieder das Genughaben, auch wieder dieses Gefühl der Auflösung hinter der Porösität. Das alles glaubte ich gleichzeitig sagen zu müssen. Aber ich wollte auch den Genuß haben, den ein Gedicht verschafft, das klingt auf eine Weise, die man alterslos oder traditionell oder wie immer nennen will, das in einer gewissen, wenn auch von Enjambements belästigten, angerauhten, obgleich nicht beschädigten Art schön anzuhören war. Daß dies wieder möglich wurde, stellte mich zufrieden und war auch eine Überraschung, für mich wie für die anderen, und zunächst einmal eine Art Abschluß, auch eine Art Fortgehen aus dem Fortschritt, aus dem Jahrhundert, aus dem, was ich bisher so oder so versucht habe. Es liegt diesen späten Gedichten, oder manche sagen Altersgedichten, jedenfalls Gedichten der achtziger Jahre, etwas von einem Abschied zugrunde. Aber man kann auch einen langen Abschied, wenn schon nicht als Genuß, so doch als eine Möglichkeit wählen, man kann lange versuchen, sich zu verabschieden. Ein Weggehen, gefügt in Form, gefügt in eine gewisse Musik von Tradition, gleichwohl ein Abschied mit einem bestimmten Vokabular, das Zeit verrät und Zeitgenossenschaft einer bestimmten Phase des Jahrhunderts, dies wohl. Aber zugleich waren es und sind es noch, auch thematisch, Gedichte des Bescheidwissens wie des Genughabens wie des Einsehens in gewisse Erfahrungen und Widerfahrungen wie der Täuschung, die mich nicht verdirbt. Sie hat selbst als Enttäuschung ihre Schönheiten, oder soll ich sagen, ihren guten Augenblick, in dem ich sie nicht aufgebe und Sprache werden lasse.

Kurt Drawert: Sie haben, nachdem das deutsche Naturgedicht und der spanische sowie französische Surrealismus eine gewisse Aufnahme gefunden hatten in Ihren Gedichten, mit Beginn der sechziger Jahre sehr für das offene, das sich offenhaltende Gedicht plädiert, zu einer Zeit übrigens, in der das experimentierende Gedicht – Sie nennen es in einem Ihrer verdienstvollen Essays etwa das Gedicht am Rande des Schweigens – eine erste Blüte erfuhr. Die Verabschiedung der Metapher, wie sie ja gerade für den Surrealismus so signifikant war, die Verabschiedung fast aller konventioneller Parameter lyrischen Schreibens und die Hinwendung zu einer sehr prosanahen, spröden, gänzlich unpathetischen Ausdrucksgebärde, so möchte ich diese, nein, nicht schon wieder ‚Zäsur' …, Verwandlung bei Ihnen sehen. Im Unterschied beispielsweise zu Celan, der immer hermetischer wird und sich geradezu in eine Chiffrenwelt dichtet, „öffnen" Sie sich in Ihren Texten, expandieren gewissermaßen, obgleich ein anklingender Hermetismus gerade der Gedichte der fünfziger Jahre auch eine gegenteilige Entwicklung hätte vermuten lassen können. Sie schreiben im syntaktisch vollständigen Satz, beschädigen und permutieren den Wortkörper nicht, verzichten auf das von Ihnen so gründlich analysierte Experiment, Sprache als Material, Worte als bloßen Zeichenwert zu gebrauchen, um sie, aller Bedeutungslast enthoben, in neuer Weise verfügbar werden zu lassen. – Und dennoch experimentieren Sie, denke ich, indem Sie die Sätze und damit die Aussagen in disparitärer Weise zueinander stellen, einen Parallelismus der Wahrnehmungen setzen, kurzum: einen Gedichtraum

erschaffen, dem ein gleiches Maß an Irrealisierung und Verdichtung eignet, als würde man nun, in einiger Hartnäckigkeit auch, einer Atomisierung des Materials nachgehen. Und Sie gewinnen, was Sie das Poröse oder das Offene nennen: die Projektionsfläche für alltägliche Widerfahrungen. Das wirft schon einen Schatten voraus auf die sogenannte neue Subjektivität, wie sie dann einige Jahre später ins Gespräch kommen wird, zeigt Affinitäten zum amerikanischen Gedicht mit seiner gewiß auch schnoddrigen Umgangssprachlichkeit wie anrührenden Aufgeschlossenheit für Realität auch des Banalen, eines Banalen, das im neu erschaffenen Sinnzusammenhang durchaus auf einen Bedeutungsgehalt hin zu überschreiten imstande ist. – Hier sehe ich eine Ihrer wesentlichen Leistungen innerhalb der Entwicklung des europäischen Gedichtes.
KARL KROLOW: Ich habe gewissermaßen sehr starke, dies würde ich auch sagen, poetische Verhaltensschwankungen gehabt, und diesen Schwankungen ist etwas zum Teil Rigoroses und geradezu Durchstreichendes eigen. Aber zugleich und innerhalb dieser Schwankungen fand ich neue Phasen, entstanden neue Phasen, nämlich aus der Metaphorik in den Lakonismus, oder aus der Surrealität in die Alltäglichkeit, in die alltäglichen Gedichte, in die Gedichte von Gabel und Messer und Bett und Tisch. Aber vielleicht war William Carlos Williams gar nicht so sehr weit, wie ich es jetzt im Augenblick meine, der ich doch geprägter bin von der romanischen Lyrik als von der angelsächsischen. Natürlich kenne ich gewisse Entwicklungen bis zur Beat-Generation, bis Robert Creeley usf., ich will sagen, das sind alles noch Gedichte, die sehr pragmatisch sind, auch Gedichte eines gewissen Optimismus. Aber den Optimismus gibt es ja schon nach dem Tode Poes, spätestens seit Whitman also, mag das nun bei dem einen hymnisch werden oder bei dem anderen eben so lakonisch wie bei Williams, der wirklich zu diesen alltäglichen Gedichten findet, neben den lyrischen Epen freilich. – Dieser Optimismus, dieser typisch amerikanische Optimismus, will ich sagen, paßt nun nicht so recht zu meinen Gedichten, die eher eine Illumination der Schwäche darstellen.
KURT DRAWERT: Eine Schwäche wohl mit der Stärke, sich selbst auszuhalten ...

KARL KROLOW: Eine gewisse Zähigkeit vielleicht, aber bitte, Sie sehen es so, und das ist der Reiz für mich, es so zu hören vom anderen. Ich wollte fast gleichzeitig sagen, daß ich diese Gedichte früher eher aus einer gewissen Notwendigkeit heraus, sie schreiben zu müssen, sie schreiben zu wollen und zu sollen empfand, in diesem Moment, einem guten Moment gerade nicht der Schwäche, sondern der Präsenz und der Fähigkeit wenigstens, was noch nicht Stärke heißen soll, während ich jetzt oft dazu neige, sie als ein Ensemble von Schwäche und Anfälligkeit, die aber durchhält, zu sehen. Es kann falsch sein, es kann sein, daß solche Äußerungen aus der Abnahme meines Lebens, meiner Kräfte, meiner Umstände, meiner Fähigkeiten, meiner Interessen, trotz der Neugier, trotz des Weitertuns, zustande kommen. Aber ich sehe das auch unterschiedlich, ich sehe, ein Gedicht macht sich davon, wenn es geschrieben ist, es ist in gewisser Weise treulos, es will und es muß unter die Leute. Das heißt nicht gleich, daß das Gedicht die Gesellschaft sucht, die Öffentlichkeit, das muß es nicht, aber es geht sicher von seinem Autor weg, es trennt sich, und der Autor hat ganz unterschiedliche Beziehungen dazu, wenn er es wieder liest am anderen Tag.
KURT DRAWERT: Gibt es für Sie bei der Entstehung eines Gedichtes so etwas wie ein initiales Moment, das vielleicht in den Wörtern selbst, die für Sie plötzlich einen Spannungswert, eine besondere Bedeutung bekommen, begründet ist? – Daß sozusagen das einzelne Wort Anlaß für ein zweites, drittes, schließlich für eine Wortgruppe, einen Satz wird? Oder sind es eher Situationen und vorab passierte Gedankenabläufe, die sich zu einem solchen Moment konstituieren?
KARL KROLOW: Ja, es ist unterschiedlich. Beides ist möglich, das eine und das andere. Vieles entwickelt sich tatsächlich aus sich selbst, und ich weiß nicht, wenn ich anfange, wo es endet, wie kurz oder wie lang es wird. Das stark Verbalistische, wo sich das Wort aus dem Wort hervorbringt geradezu, ist nicht zu übersehen und wird sicherlich eine wichtige Rolle spielen, wider Wissen und Willen durchaus, aber mit dem Geschick, mit dem Glück des Augenblicks, des Momentes, mit dem Glück der kurzen Zeiteinheit, mit dem Glück der wenigen Minuten, die ein Gedicht braucht, um

Gedicht zu werden. – Es sind kurze, hastige, nervöse Vorgänge. Ich habe keine Geduld für Varianten. Entweder gelingt das Gedicht oder, wie ich im Westdeutschen Rundfunk unlängst sagte: Der Papierkorb ist nahe. Wichtig ist ja in diesem Zusammenhang auch, das nicht mit Inspiration zu verwechseln, die nicht nur für Baudelaire die Tochter der Pornographie war. Aber eine bestimmte Ergiebigkeit, eine erhöhte Disposition, eine erhöhte Bereitschaft, ein glücklicher Augenblick, ein In-Ruhe-gelassen-Sein, eine gewisse, fast hätte ich gesagt: Windstille des Gemüts gehört wohl dazu. Wenn Sie überfallen sind von persönlichen oder auch gesellschaftlichen Ereignissen, sind Sie, bin ich fast unfähig. Ich staune, ich sehe das, ich höre das, ich erlebe das, ich bin Zuschauer, ich bin Zeitgenosse, ich bin Zeuge von diesem und jenem, und das verschließt mir zunächst den Mund oder öffnet ihn lautlos. Ich nenne das Staunen. So ist es ja wohl, offenen Mundes. Aber diesen Moment für Dichtung, für Literatur, für Lyrik zu gebrauchen, ist für mich nicht gleich vorstellbar. Es braucht eben, wie gesagt, dieses In-Ruhe-gelassen-Sein, oder wie ich es etwas biedermeierlich Windstille des Gemüts nannte. Oder es kann auch nur einigermaßen gute Gesundheit sein, ich fühle meinen Körper nicht, ich fühle nicht, daß er so oder so reagiert. Brecht zum Beispiel konnte nur, wenn ich es recht weiß, bei ziemlich guter Gesundheit schreiben. Und während es Autoren gibt, die geradezu stimuliert werden von ihren Krankheiten – die berühmte Tuberkulose will ich nicht gleich herbeizitieren, die auch stimulierte und begabte –, so gibt es andere, die eine Krankheit verstummen läßt. Nun gut, die Medizin hat das alles geschafft, daß Tuberkulose, selbst unter Künstlern, eine Seltenheit ist. Überhaupt, der Fortschritt ist so ungeheuerlich, daß man eigentlich nur noch wispern sollte. Aber das ist eine andere Sache, und eigentlich doch die, von der ich vorhin schon sprach, wenn von Progression, von Experiment, vom unaufhörlichen Auf-die-Suche-Gehen nach unerhörten, noch nie dagewesenen Sätzen und Gefühlen die Rede war. Ich habe das wahrscheinlich auch getan, gut, mehr als einmal, wahrscheinlich unzählige Male. Aber zugleich sehe ich jetzt, daß das nicht alles ist, daß es auch da Grenzen gibt und daß es einfach langweilig wird, noch einmal etwas zu suchen, das schließlich ausbleibt, glücklicherweise. Und von dem, was glücklicherweise ausbleibt, leben auch späte Gedichte von mir. Jetzt als Phänomen gesagt, phänomenologisch gesprochen, nicht von den Stoffen her, nicht von dem, was Sie vorhin ziemlich gut und richtig als neue Konkretheit benannten. – Das war mir interessant zu hören. Gewiß, demgegenüber gibt es Gedichte, in denen fast nichts passiert, die stillstehen; der schöne Stillstand der Bilder, das ist ein ganz bestimmter Reiz ...

KURT DRAWERT: ... eine Art Reise in das Innere des Augenblicks, wie es bei Ihnen irgendwo heißt, ...

KARL KROLOW: ... ja, so ist das. Das habe ich früher einmal so genannt, aber das ist schon fast Pathos, in den ich so ausbreche, sehr hübsch, aber nein, ich meine jetzt Gedichte aus den letzten Büchern, in denen eigentlich bei halboffener Tür durch die Wand gesprochen oder durch die Wand gehört wird, oder sie haben ganz merkwürdige Situationen, sie haben auch für mich manchmal etwas Voyeuristisches, ich empfinde es so, das kann falsch sein. Ich möchte jetzt in keine Mystifikation geraten, es gibt bessere Mystifikateure als mich, ihr Leben lang, ich hoffe es jedenfalls. Dafür habe ich zu lange schon dieser Kargheit hinter der Metapher angehangen, um das nicht doch so zu sehen, wie ich es eben gesagt habe.

KURT DRAWERT: Was bezeichnend ist für Ihre Gedichte, obgleich in unterschiedlicher Schattierung, ist eine Tendenz zur Entstofflichung, zum „Abheben“ gewissermaßen mit den Partikeln des Faktischen über das Faktische hinaus. Sartre hat einmal für diesen Überschreitungsvorgang – Überschreitungsvorgang meint hier das Aufbrechen eines sich kurzschließenden und konventionellen Diskurses – das Wort Irrealisierungsstrategie gebraucht. Dieser Überschreitungsvorgang, wir sprachen in anderem Zusammenhang schon einmal davon, vollzieht sich in Ihren Gedichten ja nicht über das Signifikat, das in seine morphologischen Bestandteile zerlegt und permutiert wird, sondern über Strukturen als eine besondere, nicht-diskursive Art der Satzabfolge. Da die Elemente des Gegenständlichen im konventionellen Sinne erhalten bleiben, stellt sich eine Vertrautheit über das Wiedererkennen ganz alltäglicher Zeichen her, eine Vertrautheit, die sich innerhalb der Struktur irrealisiert und zu einer entfremdeten Vertrautheit wird. Von daher, denke ich, bekommen die Gedichte ihre Leichtigkeit, ihr tänzelndes Image, und so humanisieren sie den ihnen immanenten Gegenstand, den sie nie ganz verlassen und der zugleich niemanden mit seiner Stofflichkeit erdrückt. – Erscheint Ihnen der direkte Blick auf die konkrete Sache als eine Art von Fälschung, da dieser Blick immer auch ein das Bewußtsein passierender determinierender Blick ist, so daß die angeschaute Sache zunächst auf eine Irrealisierungsebene gebracht werden muß, um vorurteilsfrei behandelt oder bearbeitet oder verstanden zu werden? Und freilich auch, um als „humanisierte Sache“ erscheinen zu können?

Karl Krolow: Das kann sehr gut so sein. So haben es manche gesagt, und so sehe ich es gelegentlich auch, obwohl ich es nur schwer auf einen Nenner bringen kann. Ich meine, das Gedicht, das mir zufällt oder der Zufall des Gedichtes – nun, das klingt mir schon wieder zu inspirativ, aber konspirativ ist es gewiß auch nicht gemeint –, der schnelle Vorgang, das Scharmützel fast, wenn ich es einmal ein bißchen kriegerisch nenne, hat ja auch diese Leichtigkeit – diesen leichten Sinn will ich noch gar nicht einmal sagen –, dieses Daherkommen und wieder Verschwinden. Dabei kann vieles passieren. Da kann Blut fließen sogar oder alles mögliche geschieht. Aber doch, Sie sagten ‚Entstofflichung‘, und damit haben Sie im Namen ebenso recht, wie Sie vorhin von Konkretem gesprochen haben. Das schließt einander aus und stimmt dennoch. Sicher geht es wohl auch um eine Art von Weggehen, weggehen aus der zermürbenden jeweiligen Situation, entweder im tatsächlichen Sinne oder über den selbstbereiteten Steg, den die Wörter einem bieten. Ich habe Prosa geschrieben, „Im Gehen“, die Beschreibung einer Krankheit. Das ist ja der Mann, der durchaus immer engere Kreise um sein Haus, um seine Wohnung zieht und schließlich den Weg ins Offene, ins Freie, das heißt eigentlich in den Tod, in den Freitod, wählt. Das ist nicht leicht zu erkennen, das hängt an wenigen Worten. Er geht fort jedenfalls, und das sehr resolut, dieser Mann namens Späth, der keineswegs sonst so resolut gegangen ist, sondern eher zögerlich seine Wege nahm. Diese Figur, diese Person kennt ihr Ziel, und das ist verdächtig, das ist heikel, das ist

etwas Neues auf alle Fälle, und sie geht in ein anderes Leben oder in den Tod, das doch wohl ein und dasselbe bedeutet. Das andere Leben oder der Tod, das sind nur verschiedene Vokabeln für die gleiche Sache. Ich konnte damals nicht anders, und ich kann heute nicht anders, ich lasse es, sozusagen im Weggehen, offen. Es kann aber auch etwas ganz anderes heißen, das Sich-Lösen nämlich von dieser quälenden Subjektivität oder dieser quälenden Suche nach Identität. – Meine Lösung, meine verborgene, verstohlene, geheimgehaltene, in einem Moment vor mir selbst überraschend ausgesprochene, wider Willen, hätte ich fast gesagt, aber durchaus zulässig für mich, ist ja dieser Art, die ich eben genannt habe: Das Hinter-sich-Lassen.
KURT DRAWERT: In Ihren Gedichten benutzen Sie oft die Anrede „man“. Steht dieses „man“ im Heideggerschen Sinne ein für „man macht das nicht“ bzw. „so ist das“, „man“ also in der Art einer imaginären Verallgemeinerung, die sich das zu schwache oder das sich als zu schwach empfindende Ich gelegentlich ausleihen kann, um seiner Meinung Gehör zu verschaffen und Respekt? Oder ist dieses „man“ eher einer Furcht vor der Konkretheit des „Ich“ geschuldet und eine Brücke auch zum Objektivierbaren?
KARL KROLOW: Das Ich ist wohl ein verlegenes Ich und tritt als „man“ auf, anonymisiert sich. Es ist im Grunde ein Vorgang der Zuflucht, Zuflucht auch in eine andere Art Ich, um nicht gleich zu sagen, daß es das Alter ego ist, denn wahrscheinlich gibt es eine ganze Reihe von Ichs. Aber die Häufigkeit der Verwendung dieses kleinen Wortes ist übrigens herkunftsmäßig und landschaftlich auch ganz verschieden. Natürlich ist es nicht Heideggerisch, obschon Heidegger Elemente des „man“ dargestellt hat in seiner Zeit, die sich auch mit dem „man“ meiner Gedichte decken. Diese Tiefe wollte ich dem „man“ dennoch nicht geben, diese philosophische Tiefe. Das Heideggerische „man“ ist eine Berühmtheit geworden in der Geschichte der Philosophie unseres Jahrhunderts, dafür ist das meiner Gedichte zu flüchtig, dafür ist mein Schreiben und Leben zu flüchtig. Ein Menschenleben, freilich, aber kein philosophisches Leben. Und die Philosophie, die mit der Ewigkeit und dem Genauerwissen und dem für beinahe alle Zeiten Geschriebenen, wenn auch aus einer ganz bestimmten Gegebenheit

heraus, von vornherein mit mehr Resolutheit bewaffnet, hätte ich fast gesagt, ausgestattet ist, bringt ein ganz anderes Vokabular hervor. Das hat mit dem „man“ meiner Gedichte, das sich zurückzieht, das ein verdecktes, ein unauffälliges Ich sein will, wenig zu tun.

KURT DRAWERT: Die Denkfigur Ihrer Gedichte, oder das Ich, das lyrische Ich, würde ein Germanist hier sagen, ist, bei aller Beschäftigung mit sich selber, nie ganz privat. Sie überschreitet sich auf ein Allgemeines hin, und das nicht nur, indem sie ins „du“ oder „man“ ausweicht. Möglicherweise ist das ohnehin der Gradmesser für Dichtung, aber deren Schwierigkeit auch, deren Begabtheit und Relevanz, um so mehr dann, wenn das Ich Thema geworden ist. Ihre mitunter fast lautlosen, fast zerbrechlichen, unscheinbar wirkenden und unscheinbar wirken wollenden, oft statischen Gedichte sind für mich, was heißt für mich, sind und werden zur Spurensicherung des verlustig gehenden Individuums in einer utilitären Gesellschaft, in der alles Zwecken und Absichten zugeordnet sein möchte. Sie stehen damit in einer zutiefst humanistischen Tradition, aber Sie stehen damit wohl auch Abgründen und Erschütterungen gegenüber, die um so bodenloser sind, je tiefer sie ins eigene Innere weisen – das ja auch sein objektives Maß hat, seine Verstehbarkeit, sein von außen diktiertes Gesetz. Viel leichter hingegen kann es einem angelegen sein, sich mit allzuviel „Außenwelt“ gewissermaßen zuzudecken, sich in ihr zum Verschwinden zu bringen, um im fremden Stoff seine vergleichsweise gefahrenloseren gedanklichen oder poetischen Unternehmungen zu vollführen. Das meinte ich vorhin mit der Stärke in Ihren Gedichten, daß sich hier eine Subjektivität in der von ihr selbst begründeten Spannung zu ertragen und obendrein noch zu spiegeln vermag.

KARL KROLOW: Es ist völlig richtig, daß ich einen großen Ich-Raum anbiete auf die verschiedenste Weise. Andererseits gibt es nicht wenige Gedichte von mir, wo das Ich – oder gar ich selbst – überhaupt nichts zu suchen hat und auch nichts suchen will. Als es den Korea-Krieg gab, habe ich ein Gedicht dazu geschrieben, als ganz bestimmte Vorgänge des Jahres 1956 in Ungarn passierten, habe ich auch dazu Stellung genommen. Aber auf eine Weise, die die Vorgänge humanisierte, freilich: ‚In den Vorstädten schießt man, man hört schon das Schießen, wann wirst du an deinem Schreibtisch oder Tisch, oder was weiß ich, umsinken?' Man muß noch nicht einmal getroffen sein, das sage ich gar nicht, umsinken, dies genügt. Wer mehr sagt, ist auf eine ganz bestimmte Weise Partei, und das ist mir zu wenig; verstehen Sie recht: er nimmt Partei. Ich nehme Partei für den Menschen in dieser oder in jener oder in jeder Lage. Insofern komme ich jetzt darauf, was Sie vorhin Humanität genannt haben. So gesehen ist der Mensch überhaupt, in seiner Not, in seiner Notlage, aber auch in seinen Glückschancen und sehr häufig augenblickshaft, momentan, momentan auch in aller Widerrufbarkeit, aber auch in dem, was man nicht durchstreichen kann, als geschähe das gleichzeitig, die Partei, der ich mich zugehörig fühle. Und deshalb ist es möglich, daß Sie mich einmal nach der zunehmenden Konkretisierung in bestimmten Gedichten fragen, und dann wieder nach der zunehmenden Verflüchtigung in anderen, die in einer bestimmten Lautlosigkeit stehen, die ich Ihnen einfach zugeben muß, wenn man sie mit so von vornherein nach außen gewandten Gedichten wie zum Beispiel den Enzensbergerschen, oder ganz anders nach außen gewandten wie den Brinkmannschen Gedichten, um zwei sehr gute, wenn auch ganz unterschiedliche Lyriker zu nennen, zum Vergleich heranziehen möchte. Es ist eine andere Generation schon wieder, gewiß, aber das Gedicht von Nicolas Born, „Das Erscheinen eines jeden in der Menge", wäre ohne Brinkmann und ohne die Amerikaner, ohne Creeley und einige andere, nicht denkbar gewesen. Nun gut, das ist zunächst einmal die amerikanische Menge, nur ins Deutsche versetzt. Sie kommen von daher, während wir hier im Abendland ziemlich lange mit Individualität bis zum Exzeß zu tun bekamen, ob wir wollten oder nicht, und wenn wir Individualität auch flohen und verdammten, sie fiel zurück auf das, was noch gar nicht einmal so sicher ist und schnell und voreilig als Identität oder my self oder wie immer bezeichnet wird. Später sprach ich in ähnlichem Zusammenhang vom öffentlichen Gedicht. Ich habe diesen Begriff zuerst in meinen Vorlesungen verwandt. Manche haben es dann nachgesprochen, aber ich habe zum ersten Mal das politische Gedicht erweitert zum öffentlichen Gedicht, das das Gedicht als Mauerinschrift ebenso meint wie

„Die Phantasie an die Macht“, wie es an der Sorbonne des Jahres 1968 hieß. Ich meine mit dem öffentlichen Gedicht das zum Beispiel politisch überhaupt nicht festgelegte Gedicht, das mit so einfachen, fast einfältigen aber wohl notwendigen Begriffen wie links oder rechts so wenig zu tun hat wie mit oben und unten, aber mit Öffentlichkeit eben sehr viel.

Kurt Drawert: Das auf ein bestimmtes Vokabular, auf einen bestimmten Konnex verwiesene politische Gedicht – das freilich hier einer genaueren Begriffsbestimmung bedürfte – hat seinen es selbst rechtfertigenden Wirkungsgrad ja auch nur in einer sehr bestimmten und besonderen äußeren Situation. Andernfalls lebt es in der gefährlichen Illusion, verändernd zu wirken, womit es jene weitaus kompetenteren Einrichtungen des Denkens oder der Praxis durch seine bloße Anwesenheit schon entlastet. Veränderungen, wenn überhaupt möglich durch Dichtung, sind wohl nur, was heißt nur!, im Individuellen eines einzelnen zu erreichen, und das weniger über diese unumgängliche Apodiktik des Gedankens, sondern über ganz besondere Strukturen der Gedankenanordnung und der Sprache.

Karl Krolow: Sicher ist es möglich, daß Gedichte verändern können, den einzelnen, auch Gruppen vielleicht. Das sind so diese Blitze, die einschlagen und im Grunde immer nur eine ganz bestimmte Stelle treffen und keine Flächenwirkung haben. Und sie treffen eigentlich auch nur die, die den Blitz schon erwarten. Das ist ein in der Anonymität gelassener und schließlich den einzelnen meinender Vorgang. Über die Art des Veränderns freilich müßte man sich, am besten am Text, verständigen. Da passiert gewiß nichts auf eine lässige, oberflächliche Weise, so gut gemeint sie auch immer sei. – Diese Vorstellung oder dieser Wunsch des schnellen Kontaktes hat das Gedicht letzten Endes auch gar nicht nötig. Aber wir sprechen jetzt vom eingreifenden, vom verändernden, das heißt vom verändern wollenden, also irgendwie ambitiösen Gedicht, und da komme ich noch einmal auf blutige Zeiten, und es gibt eigentlich kaum andere. Zur raschen Verständigung sagen wir jeweils laut oder leise Frieden, gewiß, es sieht so aus, aber irgendwo ist doch immer ein wenig Blut in den Schuhen. Und das ist etwas, das natürlich auch das Gedicht, wo es ernst wird, eher in

Erregung und in Notwendigkeit versetzt. Man hat das in der Geschichte der Bluttaten und der blutigen Ereignisse erlebt, man kann es nachlesen in jeder blutigen Chronik der Kriege und Revolutionen, wo das Gedicht in der Tasche zerschossen wurde und mit dem Körper blutete, aber Gedicht blieb, vielleicht zerrissen und befleckt, aber es gab es weiter.

Das alles ist von einer wunderbaren Überlebenssensibilität, die ja überhaupt eine Chance ist in diesem besonderen Bereich, den man Kunst oder die Künste oder die Literatur nennt. Es ist ja diese Eigentümlichkeit, daß alle destruktive Energie einer jeden Zeit, möchte ich sagen, vor dem Phänomen, dem Kern, dem Motor gewissermaßen des Gedichtes zu kapitulieren hat. Bitteschön, das Gedicht verbrennt, verblutet, gerät unter die Folter, wenn ich es einmal personalisieren soll, um im Bilde zu bleiben, es gerät unter die unglaublichsten Verhältnisse, wird verhöhnt und man sagt, es gibt keine Gedichte mehr. Das wird zur Parole, gut. Aber wie sich das Gedicht nicht an Daten hält, so hält es sich auch nicht an Parolen, oder es hält den Atem an, auch das gibt es, um danach wieder auf andere Weise, die vielleicht besser ist als die vorige, zu Atem zu kommen. Und diese unendliche Skala der Möglichkeiten, sich durchzuschlagen und durchzureimen oder durchzusingen, durch immer wieder andere Zeiten, ist ja eben eine erstaunliche Beigabe zum Menschentum. Es ist so selbstverständlich und menschenzugehörig wie der erste Schrei des Neugeborenen und die Sterbelaute in der Agonie.

KURT DRAWERT: Geraten die Chancen des Gedichtes in einer sich mehr und mehr selbst überholenden Zeit wie der unseren nicht eher ins Verschwinden? Überlebt es nicht nur in und durch jene, die selbst in einer gewissen Überlebensnot sich befinden mit ihrer Wahrnehmungsbereitschaft für solche dem Realitätsprinzip eher abgewandten Dinge? Welche Strukturen könnte, müßte es etablieren, um die robusten, harten Zeichensetzungen jener Objektivität, die den Sinn des Gedichtes negativ umschließt, zumindest zu neutralisieren?

KARL KROLOW: Auch eine antilyrische Zeit hat enorme Faktoren, die das Gedicht als Gedicht bestehen lassen. Die lyrikfeindlichen Zeiten, die es immer wieder geben wird, garantieren unter anderem auf erhebliche Weise die Kräfte, die zum Überleben des Gedichtes gehört haben und weiter gehören. – Oder soll ich sagen, es ist tröstlich zu wissen, daß das Gedicht – zunächst wurde das Gedicht ja gesungen, wenn man so will, war Gesang, der ja so alt ist wie die menschliche Äußerung überhaupt – sich in der Menschengeschichte und in der Völkergeschichte unglaublich gewandelt hat? Das ist eine Banalität und selbstverständlich über die Jahrtausende, über die Jahrhunderte. Ich bin eher ein skeptischer Mensch, ich werfe schnell die Flinte ins Korn oder wie Sie es nennen wollen, jedenfalls, was das Gedicht angeht, so habe ich diese kleine Zuversicht, die vielleicht gar nicht so klein ist, daß es auf eine besondere Weise, als Lied, als Gesang, als verzweifelte Ausdrucksfindung, die Menschen begleitet hat und begleiten wird in unterschiedlichen Situationen, auf eine eigentümliche, vielleicht labile Weise hartnäckig und nicht auszurotten durch die wie auch immer gearteten Widerstände der Zeit. Es muß von Anfang an auch den Gegengesang oder die Gegenwelt gegeben haben, wie es auch von Anfang an das Mundtotmachen gegeben haben muß, nicht nur im Abendland. Allein die Tatsache, daß das, was man jetzt Gedicht nennt und was einmal Gesang war, heute auch noch, auf eine vielleicht nur lautlose Weise, kantabel bleibt oder geblieben ist, gibt mir die Zuversicht, daß solch ein Gebilde Auffangmöglichkeiten oder Widerstandsmöglichkeiten hat. Gerade aus seinem möglichen „Tralala" heraus, aus seiner möglichen Nichtigkeit oder Anfälligkeit, oder aus seiner Besonderheit der besonderen Anlässe heraus, wie auch immer. Es kann angeboten werden als außerordentliches Verständigungsmittel, als Verständigungsmittel, das zugleich Genußmittel ist, das zugleich Droge werden kann, eine sehr alte Droge, das Gedicht, der Gesang, und wieder das Gedicht, und wieder der Gesang. Und aus diesem Wissen, dieser Erfahrung, daß das und unter allen Umständen so war bis zum heutigen Tag, habe ich die Hoffnung, daß, wenn schon die Worte weiß Gott sterblich sind und sterblich diejenigen, die sie machen und wieder verlieren und wieder vergessen, das Gedicht, der Gesang, schon jetzt eine so lange Unsterblichkeit aufzuweisen hat, daß ich mir kaum vorstellen kann, daß ein Gedicht, oder das, was man dann vielleicht anders nennt, das aber die Funktion des Gedichtes erfüllt – wie immer es beschaffen sein mag in hundert Jahren oder in mehr als hundert Jahren –, sich nicht in eine wunderliche, großartige, skurrile, verrückte Zeitlosigkeit zu retten verstehen soll, dank seiner Unbeschaffenheit, dank des Äolischen, das in ihm steckt, dank des Windhauchs, das es auch ist, dank eben der Nichtigkeit dieses kleinen Luftzuges, dieser kleinen Bewegung des Sprechens oder des Singens oder auch nur des später Aufgeschriebenseins oder dieser Notiz aus der Steinzeit, dieser beinahe Vormenschenzeit oder doch sehr apokryphen und unglaublichen Frühzeit. Dies alles hat dieses wunderliche Gebilde doch offenbar geschafft, oder es hat sich hindurchgerettet oder hindurchphantasiert. Und solange die Menschen nicht die Phantasie einer bestimmten Art, das Kombinieren, die Kombinatorik einer bestimmten Phantasieleistung aufgeben oder verlieren, als Fähigkeit, so lange wird auch das Gedicht sich nicht verlieren und nicht verloren sein. Ich weiß, es klingt reichlich zeitlos, wenn ich mir das Gedicht als ein datenloses Gedicht denke, aber irgendwo habe ich gelesen, daß Ewigkeit oder doch Unsterblichkeit oder ein bestimmtes Überleben mit den Menschen keines Datums bedürfe und überhaupt kein Datum hat. Und also gibt es das datenlose Gedicht, das überlebt, wie ich hoffe und denke und mit einiger Gewißheit zu vermuten wage, solange es Menschen gibt, die sich noch nicht totgeschlagen und ausgerottet haben und umgekommen sind. Noch der vorletzte Mensch könnte begabt sein für die Merkwürdigkeit, sich auf eine bestimmte Weise zu verlautbaren. Nennen wir es Gedicht oder Gesang oder ganz anders, aber doch ist es eine Verlautbarung seiner empfindlichen Anwesenheit und möglichen Unausrottbarkeit. Dies Menschenbild in der Spiegelung des Gedichtes, im Reflex des Gedichtes – wir reden schon von Reflexion, aber ein Reflex könnte ja übrigbleiben und wäre gar nicht wenig – genügt uns zu zeigen, daß die Sensibilitätsleistung oder die Sensibilitätsvorgänge keiner Daten bedürfen und keine Datierbarkeit in unserem datensüchtigen Zeitalter nötig haben.

Kurt Drawert: Sie sprechen vom datenlosen, aus einem humanitären und dem Menschen überlebensnotwendigen Kern heraus überdauernden Gedicht. Halten Sie es in seinem Überdauern für resistent genug gegenüber den wie auch immer konditionierten Vorgängen der Zeit? Ist es nicht, da es ja auch aus einem Kurzschlußeffekt mit dem Realen hervorgeht, in Gefahr, durch die ihm aufgenötigte Anpassungsleistung geradezu morphologisch zerstört oder doch zumindest stark beschädigt zu werden?

Ich meine, daß dieser nicht-diskursive Sinn, der einem Gedicht zugrunde liegt und der Wahrheit als die Realität eines ganz bestimmten Textes hervorbringt, einmal nicht mehr codierbar sein könnte in ein System des Denkens, das sich zunehmend vom Denkenden löst, um ihn vor sich selbst zu entfremden.

Karl Krolow: Ich sagte, daß etwas in diesem Korpus, in diesem kleinen labilen oder auch unübersehbaren, unüberhörbaren Ding Gedicht steckt, das über jede Erwartung wie über jedes Datum hinaus ist, das sich wohl in seiner Zeitlichkeit geprüft findet, das aber nicht die jeweilige Sterblichkeit des einzelnen Gedichtes, des einzelnen Autors, der einzelnen Epoche durchzumachen hat, sondern weitergereicht wird, auf welche Weise auch immer, und das muß man gar nicht mystifizieren. Es kann unter Umständen ganz selbstverständlich und beinahe nüchtern zugehen, man merkt das nicht gleich. Und um so unauffälliger das Überleben ist, um so, wennschon nicht glaubwürdiger, aber sicherer ist dieser Überlebenszustand zu bewerten. In dieser merkwürdigen unsicheren Sicherheit sehe ich das Gedicht durch die Menschengeschichte sich tasten oder preisen, an sich verzweifeln oder in einer Euphorie sich überschlagen, Entzücken verbreiten oder den schlimmsten Jammer von Einsamkeit und Hinfälligkeit, die den Menschen, dank der Natur, eben mitgegeben sind, bezeichnen. – Aber Sie beschreiben ja auch eine augenblickliche Situation. Ob sie tatsächlich so augenblicklich ist, wie es sich anhört, ist eine andere Frage. Die Angst, das Gedicht zur Inkommensurabilität verurteilt zu finden, ist auch schon ziemlich alt. Fast kommt sie auf ein gleiches Alter mit dem Gedicht. Ich selber sehe oft genug die Randerscheinung oder die Verflüchtigung, die sich immer noch Gedicht nennen könnte, wie es sich windet und es schwer hat. Aber ich sehe als möglich ebenso an, daß, wie immer medial es weitergeht, von Menschen gemacht, in vielen Sprachen, und babylonisch ist es doch immer zugegangen, in verwirrenden Zeichen angeboten, diese Babylonität, die immer auch gelauert hat, und die Entfremdung und das Abseits, in das man, von einem Moment zum nächsten oder dank langer Hand vorbereitet, geraten kann, für das Gedicht, dessen Ausdrucksform der Zukunft wir noch nicht kennen, schadlos bleibt, und daß es ein für uns im Augenblick nur als utopisch zu bezeichnendes Leben fristen oder besser, optimistischer gesagt, weiterführen kann. Denn wie oft hat es vorher schon sein Leben gefristet, und ich bin mir nicht sicher, ob es jetzt, im Augenblick des Sprechens, durchaus nur noch sein Leben fristet angesichts einiger sehr schneller Entwicklungen, in denen das alte Ding, Gedicht genannt, Mühe hat, überhaupt gesehen und gehört, verstanden, nicht belächelt oder entfremdet oder sprachlos zu werden, bei aller Verbalität, bei aller Anstrengung, bei allem Experiment, das es für die jeweils meisten ja immer doch auch geblieben ist von Anfang an. Denn zum Hören oder zum Sehen gehört ja schließlich auch das Nicht-hören-Wollen und das Nicht-hören-Können und das Nicht-sehen-Wollen und das Nicht-sehen-Können. Dies betrifft die Mehrzahl, und diese Mehrzahl mag vieles beeinflussen, mag sogar die Welt regiert haben. Aber das spricht ja nur vom Regieren, ich spreche vom Überleben. Ich spreche von einer Anpassung, die nicht chamälionisch ist, sondern die ich im Augenblick nicht beschreiben kann, eine unendliche Variante auf die Möglichkeit des Gedichtes, auf die Realität des Gedichtes, auf das Kommen und Gehen dieses Gedichtes, auf die Geisterhaftigkeit seiner Möglichkeiten zu erscheinen und sich wieder zurückzunehmen und auch vertrieben zu werden oder gejagt zu werden. Es ist auch etwas vom verlorenen Sohn daran, der das alles erlebt hat und dann plötzlich das Lieblingskind einzelner wird, oder vielleicht gar nicht mal einzelner, aber jeweils einzelner schon, und der, um es zu werden und es sich verdient zu haben, durch eine Verlorenheit, durch eine Fremde gehen mußte, durch die Fremde des Unglaublichen, des Nicht-wahrhaben-Wollens, des ganz anderen Sprechens, des jeweiligen Sprechens auf der Straße, des Jargons und des Verkommens von Sprache, das zugleich notwendig ist, um Sprache auch wieder zu regenerieren, wie ich glaube. ... Dieser Sprachfluß, dieser schreckliche, anonyme Sprachfluß, den eigentlich nur Joyce beschreiben könnte, dieser besondere – in altmodischeren Tagen nannte man es den inneren Monolog –, verfeinerte und erweiterte Sprech- und Denkablauf als Indiz für bloße Anwesenheit ist es, den es in alexandrinischen Zeiten, im Hellenismus zum Beispiel, ebenso gegeben haben könnte wie seit Joyce. Und warum gerade in einer so aufregenden und modernen, überlegenen Arbeit wie der eines Joyce taucht als Hauptgestalt Ulysses auf?, warum Ulysses?, warum so weit zurück? Allein der Name ist ein Zeichen für die Jahrtausende des Überlebens ganz bestimmter Phantasieergebnisse. Und das Gedicht ist ja wenigstens eine Halbschwester, wenn nicht mehr, des inneren Monologs der Prosa – was heißt Prosa, wo fängt sie an, wo hört sie auf. Ich meine, daß es auf eine uns jetzt noch nicht erkennbare Weise das Fortleben ganz bestimmter Empfindlichkeitsresultate gibt und geben wird, so oder so gesehen, mögen wir sie auch gar nicht, wenn sie uns angeboten würden, als Gedichte erkennen. Glücklicherweise indessen gibt es diesen beharrlichen Fluß der Folgerichtigkeit, mit seinen abscheulichen Unglaubwürdigkeiten auch, aber wir können ja zunächst einmal nur für diesen Augenblick sprechen, und da ist das Gedicht Begleiter für einige oder für viele, nie meßbar, geblieben in den unterschiedlichsten Formen, noch im Schweigen, noch in der Lautlosigkeit, dann in seiner Kantabilität, in seiner Singbarkeit, in seinem Melodienreichtum, im Bersten von Musik, das Wort, gleichwohl auch in eher technisierten, mechanisierten, entpersonalisierten Erscheinungen, wo der Buchstabe um den Buchstaben kämpft, um das Überleben des A's neben dem B oder dem C oder dem Alphabet, das in sich strittig ist, das in sich die Neigung hat, sich aufzulösen, und warum eigentlich A, B, C, D, E und so weiter?, warum diese arabischen Zahlen?, unablässig diese arabischen Zahlen, sehr merkwürdig, diese Übereinkunft, obgleich es ja einmal damit begonnen haben muß, daß man sich einigte, gut, man mußte Ordnungen herstellen, zum Beispiel die Zeit, damit man sah, auf welche übereingekommene Weise sie verfloß, auf welche festgelegte, ja geradezu befohlene Weise, ein Befehl, der durch die Geister und durch die Nationen und durch die Geschichte ging, und dies hängt alles noch mit dem Gedicht zusammen und stärkt mich in meiner am Anfang wenn auch noch so phantastisch ausgesprochenen Hoffnung, eine weit über mein augenblickliches Phantasievermögen hinausgehende, in die Phantastik reichende Hoffnung auf Ewigkeit, Unsterblichkeit unter der ungeheueren Last ebenso ablaufender, unablässig ablaufender Sterblichkeiten, wie gerade auch die Sterblichkeit des Gedichtes sein insgesamtes Weiterleben, seine insgesamte Unausrottbarkeit bedeutet und ...

Darmstadt, Park Rosenhöhe, im Mai 1988

Gedichte

Pappellaub

Sommer hat mit leichter Hand
Laub der Pappel angenäht.
Unsichtbarer Schauder ist
Windlos auf die Haut gesät.

Zuckt wie Schatten Vogelbalg,
Spötterbrust, als winzger Strich:
Ach, schon wird es Überfall,
Wie sie blätterhin entwich!

Luft, die unterm weichen Flug
Kurzer Schwinge sich gerührt,
Schlägt wie blaue Geißel zu,
Die die dumpfe Stille führt.

Grüne Welle flüstert auf.
Silbermund noch lange spricht,
Sagt mir leicht die Welt ins Ohr,
Hingerauscht als Ungewicht.

(1946)

Die Schiffe

Mit dem Pesthauch, den Gasen
Von Tang und faulendem Hai,
Fahren sie lautlos. Es blasen
Mondwärts die Winde vorbei,
Werfen hinab zu den Fischen
Regen wie Speichel dazwischen.

In die löschenden Lichter
Fällt wie Gelächter die Nacht,
Regnet der Regen dichter,
Duftet das Süßholz der Fracht,
Schwebt über Planken, die schwitzen,
Quälender Dunst der Lakritzen.

Hunde heulen, und Schritte
Kommen im Finstern gescharrt,
Nehmen in ihre Mitte
Angst, die sie froschfingrig narrt.
Und zwischen Balken und Taue
Krümmt sich die höllische Klaue.

Seufzer schallen von oben
Hinter den Schiffen her,
Klagen, dem Nichts verwoben
Und von Gesichten schwer,
Während die Kiele schon streichen
Hin zu den andern Bereichen.

(1946)

Selbstbildnis mit der Rumflasche

Trügerisches Bild aus diesen Jahren,
Antlitz, das sich durch die Flasche dehnt
Und ertrinkt im tiefen, wunderbaren
Geisterwasser! Das mit Aschenhaaren,
Schwarzen Zähnen nach dem Mond sich sehnt,
An die Nacht gelehnt!

Ach, ich bin es, und ich schlucke Feuer,
Das mir duftend meinen Gaumen sengt:
Augen, blaugerändert, nicht geheuer,
Und das Kinn umschattet schon ein neuer
Stoppelbart, in dem der Staub sich fängt,
Gelber Zucker hängt.

Und ich zieh den Atem ein und kaue
Ruhelos im Mund den süßen Rum.
Was ich sann, verwuchs mit meiner Braue.
Und das Nichts – behaarte Teufelsklaue –
Spür ich, biegt mir meinen Nacken um,
Zwängt den Rücken krumm.

Trügerisches Bild! Die dunkle Flasche
Fährt als seliges Schiff mir scheitelhin,
Wächst mir aus der Hand, schlüpft durch die Masche
Meines Traums, drin ich gefangen bin.
Und sie streift den fremden Tropenhimmel,
Negerlippen und Jamaika,
Löst sich auf im sphärischen Gewimmel
Mir zu Häupten und dem Jenseits nah.

(1947)

Verlassene Küste

Wenn man es recht besieht,
so ist überall Schiffbruch.
Petronius

Segelschiffe und Gelächter,
Das wie Gold im Barte steht,
Sind vergangen wie ein schlechter
Atem, der vom Munde weht,

Wie ein Schatten auf der Mauer,
Der den Kalk zu Staub zerfrißt.
Unauflöslich bleibt die Trauer,
Die aus schwarzem Honig ist,

Duftend in das Licht gehangen,
Feucht wie frischer Vogelkot
Und den heißen Ziegelwangen
Auferlegt als leichter Tod.

Kartenschlagende Matrosen
Sind in ihrem Fleisch allein.
Tabak rieselt durch die losen
Augenlider in sie ein.

Ihre Messer, die sie warfen
Nach dem blauen Vorhang Nacht,
Wurden schartig in dem scharfen
Wind der Ewigkeit, der wacht.

(1948)

Nachtstück mit fremden Soldaten

Ihr Schläfer der Nacht, beieinanderliegend, die Hüften
Gepreßt in die Minze, in Duft von zerstoßnem Salbei,
Unter Blättern der Zeit, im chimärischen Strom aus den
Lüften,
Wenn – aus Mauern ein Tanz – die Dämmerung flutet
vorbei,
Die Nymphe des Dunkels, die unsichtbar hinter den
Schalen
Der Walnuß sich herbergt, in reizbare Stille entrückt,
Wenn im Gras meiner Brust die Schmerzen verstummen,
die Qualen,
Und von Spinnen verwebt sich der Himmel mit Schwärze
geschmückt:

Hör ich im Laube lachen
– Verbrannt vom Salz der Laugen –
Soldaten, fremd, mit flachen
Maschinengewehraugen.

Ihr Hadesschläfer, im Nacken die ruhigen Sterne,
Die Feuer der Luft, die verbrennen im sandigen Wind,
Auf Wegen aus Schatten und Asche, dicht unter des
Mondes Laterne,
Seid ihr versammelt, die Haare voll Heu, sanft und blind,
Durchtränkt von den Tiefen, dicklippig wie Neger, im
Arme

Die himmlische Wahrheit wie Korn, wie ein Duft, den
man raubt,
Geliebt von Persephone eben noch, an die warme
Und süße Umschlingung der Träume gefesselt, mit
hängendem Haupt!

Ich hör im Laube lachen
– Verbrannt vom Salz der Laugen –
Soldaten, grau, mit flachen
Maschinengewehraugen.

Ihr lautlos Erwachten jetzt, Schmetterlinge im Barte,
Langsam singend im Wind, die Hemden vom Brustbein
gestreift,
Seligen Antlitzes, dem sich entrollt nun als Karte
Aller Gestirne und Zeiten das Schweigen, das reift:
Atmen hör ich euch mühsam bei Trommeln und Hörnern
In der gemeinsamen Luft, die kein Schuß mehr
durchschnitt,
Samen des männlichen Weizens im Munde, auf Körnern
Grünlichen Pulverstaubs kauend, der morgenwärts glitt.

Hör noch im Laube lachen
– Verbrannt vom Salz der Laugen –
Soldaten, fern, mit flachen
Maschinengewehraugen.

(1948)

Die Überwindung der Schwermut

Zerbrochenes Wasser der Tage
Steht leblos im Schleierkraut
Und dringt mir wie bittere Sage
Noch einmal unter die Haut.

Die trostlose Biegung der Stunden
Im Wind, der mich zornig umfloß
Und einst mit Träumen geschunden:
Durchbohrt nun vom Mantelgeschoß!

Die blinzelnden Stallaternen
Der Schwermut im nächtlichen Stroh,
Das schweigende Zeitverlernen
In den falschen Himmel entfloh,

Den Himmel, der hinter der Stirne,
Im Umriß des Herzens geruht,
Umwunden vom Teufelszwirne,
Und starb in der Jacke voll Blut.

Die im Dickicht der Stille drohten,
Gestalten des Pervitin:
Nichts ist so tot wie die Toten,
Die schwarzer Neumond beschien!

Über die alten Gesichter,
Die flach sind und echolos,
Wandern des Künftigen Lichter
Wie sanfte Gewässer. Ihr Schoß,

Der leicht ist im Jenseits geborgen,
Erhellt wie Gebüsche der Luft,
Trägt schon unteilbaren Morgen,
Die Frühe aus Mohnrosenduft.

(1949)

Niemand wird helfen

Niemand wird helfen. Kein Lächeln, kein Neigen des Hauptes
Besteht vor dem Dunkel. Der nackte Text nur besteht,
Nachlesbar in der Stille: undeutliches Herz und ein verstaubtes
Winken von Händen, Gebärdenspiel, das vergeht,
Gesten der Armut wie hilflose Flugbahn von Tauben
Hinter der Landschaft aus Licht und den Zuckerzitzen der Trauben.

Niemand wird helfen. Ganz grün dort und rieselnd von Wasser
Seh ich dein Antlitz noch einmal, auf Blättern treibend im Wind,
Eh sich's für immer verliert, ohne Spur. Ich bleibe mit nasser
Wange zurück wie vor mir schon viele, die stille geworden sind,
Die ich nicht kenne, die mir gleichen am Grund der Zisterne
Unergründlichen Daseins ohne Hoffnung und wandernde Sterne.

Wie ein ruhiger Wein setzt sich das Schweigen, das übriggeblieben,
Und die Traurigkeit ist ohne Stachel, ist nicht mehr Skorpion.
Niemand wird helfen. Und was ich an dir lieben
Sollte, war goldnes Gewölk, erfunden und schon entflohn,
Wie ein Wasser, das lautlos bis an die Grube des Herzens gedrungen
Unter des Monds Kalebasse, die gelb durch den Himmel geschwungen.

(1950)

Erde

I

Dunkle Erde, heitere Erde!

Voll von Blumen mit starkem Geruch und dem süßen Angstflug der Liebe
Durch die windige Nacht.
Ohne Gedächtnis für den elastischen Menschen, der dich mit Füßen tritt,
Du wächst an der Milch des Himmels wie eine phallische Pflanze,

Ohne Gedächtnis für Sterbende, die gleich lebendigen
Münzen
Niemals wieder neu sich prägen.
Voller Gesundheit und Schmetterlinge, du, und voll
Gegenden traurigen Glanzes:

Dunkle Erde, heitere Erde!

Voller Nächte mit schwarzer Membran und einer Sintflut
von Blättern
Im Herbst zu den Äquinoktien.
Wir schreien laut auf, als risse man uns den Nagel vom
Finger,
Wenn du uns strafst mit den Messern des Frostes und
unseren Träumen,
Die im Lichte schimmern wie Fische im bitteren Teich.
Gut ruht es sich in deiner Eselskarrn Schatten. Blau färbt
uns Müdigkeit,
Erleichtert das Gepäck, mit dem wir reisen,
Um die Schwermut der Trommeln im Wald, um das
Gefühl von Gitarren, aus grünlichem Holze gemacht.

Dunkle Erde, heitere Erde!

Voll praktischer Wahrheiten du, die man nicht
ungeschwächt meidet.
Auf Karten verzeichnet, indes deine Städte in Lüften
Begraben werden, wie Bündel Kerzen verbrennen,
Indessen Standbilder dauern mit gebrochenem Nasenbein
und den Torsen von Schenkeln,
Und ohne Laut Tiere sich paaren im flüssigen Mittag.
Du, voller Einsamkeit immer noch, die wie Honig gebaut
wird
Inmitten des Aufruhrs von einer Stille, die atmet.
Im zarten Gelächter des Wassers erkennen wir dich, im
von Feigen durchsüßten
Gelände des Zufalls, in dem wir uns ruhn,
In der Karavelle von einst, die rasch hintern Horizont sinkt,
Hinters Gestade, von Regenbögen behangen.

Dunkle Erde, heitere Erde!

Mit Leopardenfellen geschmückt und den Wolken von Feuerfliegen,
Voll sanfter Gespenster, die mit verlangsamten Gesten dich grüßen,
Uns ähnlich, wenn wir mit Papierlaternen
Den Mond umwerben, der dir hörig ist,
Und unsre Augen – wie im Binsenkorb zwei Tauben – im Zwielicht flattern.
Du, voller Vernunft, die dich trägt wie tausend Vögel den Wind,
Die dich wach hält, während wir schlafen und zeugen
Oder träumen, wir gälten dir etwas, das mehr ist
Als Kolibrilärm oder Regengeruch auf den Steinen.

II

Archaische Schönheit du hinterm Glyzinienvorhang,
Mit einem Antlitz aus Mörtel und den Goldkäferspuren im Sand.
Unverwittert dein Blick, der auf uns ruht, einen Augenblick lang
Gedankenlos aufleuchtend wie der rote Punkt einer Zigarette im Dunkel,
Die von Lippe zu Lippe wandert,
Zufällig wie die Minuten-Umarmung zum Schlaf einer Laute,
Dem schwachen Gezirp des Glücks in unserem Rücken:

Erde der Liebenden!

Du Katarakt der Ungeduld! Wie zum Akkord verbundene Töne wirst du unermüdlich
Die Oberflächen ändern
Des Frühjahrs und das Puzzlespiel der Sehnsucht,
Verrichtung des Gefühls, in einer Luft, die wirbelt.
Nicht geschaffen du für der Zärtlichkeit Trapezschwung,
Für die Welle Geruch, die von weit in der Dämmerung kommt
Oder in der Morgen Kälteblau, das nächtige Schatten tilgt,
Du bist wie eine Stadt, die auf Kanälen schlief,
Auf großen Ankern und den Segeln ihrer Schiffe:

Gleichmütig wie der Kurven Gleichmut, geometrisch,
Wenn den Orangenbaum der Blitz teilt, ein Flugzeug
vergeblich versucht
Dir zu entfliehen und aus Augen Verlangen wie eine
verzauberte Barke tritt:

Erde der Liebenden!

Geschaffen für neue Verhältnisse immer, indes nach
Äneas sich Dido verzehrt,
Indes dich Speichel bauender Insekten tränkt.
Veränderlich du wie der Gießbach der Schatten, der
sommers
Die heißen Wände des Mittags entlang huscht!
Gefährlich bist du wie sarazenischer Mond, der von
Dolchen umkränzt ist.
Du unterbrichst die Liebkosung, den Augenblick, wenn
sich die Frau
Frau fühlt im Arme des Mannes. Unaufhörlich
Läßt du den Zweikampf der Herzen zu, duldest die
Proportionen,
In denen Luft, Körper und Nacht zueinander stehn:
Diese atemberaubende Luft, diese zweideutigen Nächte,
Wie ein Hinterhalt überall, wenn sich Vögel in Feuer
verwandeln,
Das unter Küssen knistert …

Erde der Liebenden:

Unstet dann noch, wenn sich zwei Schatten decken!

III

Erde der Geister

Leicht wie ein Bienengewitter in rötlichen Pappeln,
Mit einem Anflug von Ewigkeit im Wiehern des
Goldenen Esels von Apulejus,
Echo des Einst, du Zikadenlaut, drin sich Geschichte,
Rom und Byzanz, das Morgenland wie Gemurmel
Zart wiederholen, du Rufen gestorbenen Winds zwischen
Steinen:

Bewältigt war nie das Geheimnis, was eigentlich war unter Menschen …
Die Himbeerstimmen, die Todesstimmen, auf Blättern wie Nymphenzank ausgetragen,
Wie Häuser, Vögel und Engel, aus dünnem Papier geschnitten,
Umflüstern dich: unwirklich und phantastisch.
Du lauschst, indes die Zeit die grauen Ziegel reitet,
Der Sperling Catulls im Sande sein Bad nimmt.
Zwischen Gestern und Gestern und Nacht wird mit Sternen,
Die glimmen wie Kerzenenden.
Du langsam Gealterte, während das Kupfer der Schlingen, die du gelegt hast,
Immer noch kalt in den Nacken uns trifft,
Während der Geist im Gewehrfeuer starb, im Lichte der Böschung,
Oder still überlebte: wie Zelle der Alge,
Eine träumende Taube, von Beatrice gehegt eben noch,
Im Schnabel das Korn noch, das Dante ihr gab; und schon klagend im Holze,
Bis der Druck eines Fingers am Hals sie von der Klage erlöst.

Erde der Geister!

Rosenwildnisse erst, später Asphalt zogst überm Staube Pascals du,
Oder vergaßest ihn gleich und ertränktest im Fluß dein Gedächtnis;
Du aber lebtest wie sonst: – Zwischen Gestern und Gestern sammelst du Vorrat an Leben.
Christoph Columbus und Magalhães treiben noch immer auf lautlosen Schiffen vorüber,
Gefährten der Rauchsäulen am Horizont, der wie Öl glitt.
Und der Honig Vergils blieb erhalten, der als Tau aus der Luft sank,
Während im Hirtenmantel du wachtest, die Okarina am Mund:

Erde der Geister!

(1951)

Koreanische Elegie

Aus blauer Kreide ihr Häuser an Flüssen! Ich sehe
Euch langsam versinken in Luft wie schöne Schiffe im
Meer.
Es gab euch noch eben im knietiefen Schweigen. Die Nähe
Tat gut wie Arznei, wie des Mittages Achselduft, schwer
Von botanischem Aufruhr und des Augusts Silikaten,
Wenn ich die Erde noch einmal im Springen der Zander
erraten.

Hypothetische Heimat: bedenklich aus Nachtigallen
Und dem gelblichen Flügel des Heimchens im Winde
gemacht,
Mit einem Himmel, gespannt wie ein Daumenballen,
Und dem Krebsgeäder im Gewebe der Nacht:
Wie Odysseus ein Schatten, Geplapper von Leierkästen
Im Regen Koreas, an dem die Toten sich mästen.

Eine gerade Linie ging einst durch alle Gesichter.
Nun krümmt sie sich kohlefarben in unsern traumlosen
Schlaf,
In den Schlaf dieser Welt, in den Regen Koreas, wenn
dichter
Das Dunkel von Schüssen auf den Umriß der Herzen traf,
Auf den scharfen Geruch von Substanz, die Mandel des
Auges, die baren
Blicke der Angst beim Verlust pharmazeutischer Waren.

Mit einer leiseren Stimme – für die, die im Lehm und auf
Wiesen
Zwischen Mädchen und Mauleseln liegen, die toten
Soldaten, bestimmt –
Klag ich winzig wie brennendes Laub klagt im Feuer um
diesen
Breitengrad, diese riesige Lunte, die glimmt,
Wenn in der Hand ich der Nachtwachen äscherne Früchte
Namenlos halte ins Schweigen, vor dem ich mich flüchte.

Ihr zuckt mit den Lidern noch einmal, indessen sich räkeln
Auf ihren Hüften die Frauen, die einst euch betört.

Hypothetische Heimat! Eure Koppelschlösser umhäkeln
Die Tropen mit bronzenem Grün, das der Hitze gehört
Oder dem Regen Koreas. Er wird euch nicht schonen,
Und nur Erde wird noch eure Namen bewohnen

Oder wir, wenn wir mutlos uns schlafen legen
Mit einer Handvoll von Dingen, die uns noch verblieb,
Argumenten der Nacht. Wir sehn sich bewegen
Eure Lippen vom Wolfsmilchgeschmack, der euch trieb,
Den bittren Geschmack eures Lebens, unendlich
verkleinert
Von unserm traumlosen Schlaf, in dem er versteinert.

(1951)

Gedicht für den Frieden

Der Krieg geht weiter. Das zarte Zündholz erlischt schon
In deinen Augen, das Glück. Die Umarmung wird kürzer
und enger
Und unser Atem – der zwiefache Nachtlaut – verwischt
schon
Wie ein Rumfleck am Boden. Auf deiner Wange steht
länger
Endgültiger Abschied wie trostloser Mond auf Kanälen,
Darunter der Frühe mißfarbene Schatten sich quälen.

Immer wieder dies Achselzucken, dies Harren und
Lauschen
Auf den Wind, der die Tränen nimmt, sich über Schläfern
erhebt,
Wind der Liebkosung und Wind, du, der Trennung, drin
bauschen
Sich Stimmen wie Kleider, eh sie das Schweigen begräbt.
Ohne Ende Lebwohl, Leuchtfeuer noch einmal, dann
Schwärze,
Undeutliches Blitzen von Waffen bei zuckender Kerze.

Gespräch mit den Messern! Die Nahkampf-Szene spielt
schlecht sich

Auf Straßen zu Ende mit Schreien und Sterbegeruch.
Es legt der Tod einem jeden anders zurecht sich:
Beim beizenden Brennen des Sommers im Stechmückenflug,
Im Heuschreckenlichte Ägyptens, erstickt in Kombüsen
Oder zerrissen von Luft unterm Singen von Düsen.

Der Krieg geht weiter. Ich habe noch deine Augen
Einen Augenblick auf der Netzhaut, eh sie im Jenseits zerbricht:
Leichte Bilder des Eben-Noch, die nicht mehr taugen
Vor der Last des Umsonst und unter dem jähen Gewicht
Unvorbereiteten Sterbens, dem gespenstischen Schrecken
Unerklärlichen Himmels, seinem Vom-Tode-Erwecken.

Der Schatten des Engels erhob sich wie Fremde
Und versank – ein Reflex, der rasch sich zerlegt.
Der Krieg geht weiter. – Ich spür ihn wie unter dem Hemde
Das trockene Brusthaar, das sich beim Atmen bewegt
In der Stille des Traums, des Traums von den glücklichen Jahren
Mit dem Duft roten Grases, dem Rascheln von Frauenhaaren.

Und ich verbringe mit ihm diese Nacht, die wirksam mit Dolchen
Ist und die Circe im Blut mir durchbohrt:
Den Genuß und was läßlich ist. Winke den Strolchen,
Den trägen Gespenstern, mit Augenhöhlen, umflort
Schon von Ewigkeit, gebe ihnen das Zeichen,
Sich auf mich zu stürzen. Aber sie zögern. Sie weichen.

Sie lassen mir Zeit. Ich erhebe noch einmal die Stimme.
Ein kleines Flüstern wird es. Ein knisternder Laut
Entringt sich dem Dunkel, daß winzig im Haifischmaul glimme
Die Hoffnung, der Friede, das schutzlose, unnütze Kraut,
Die zierliche Freude, aus hellen Gesichtern errichtet,
Gewebe der Schönheit, das sich zu Leben verdichtet!

(1951)

Im Rückspiegel

Auf goldener Scheibe
Dreht sich uns im Rücken
Die Stadt aus Glas
Mit langschenkeligen Häusern,
Bewegungen der Autos
Vor zarten Mauern.
Die Spiegelbilder ihrer Straßenzüge
Stehen in der Luft wie Flamingos
Und kröpfen die Stille: –
Apokryphe Tiere ...

Durch deine Augen – lebendige Teiche –
Sprengt lautlose Reiterei.
Hinter deinem Mund
Hört alles Lächeln auf,
Beginnt die Ratlosigkeit der Welt,
Beginnt die Sprachlosigkeit der Welt ...
Dein leichtes Profil
Wird zur Wolke.
Die Flamingos werden sie lieben,
Indes ich zurückbleibe mit meinen Händen,
Die ich zum Ruf an die Lippen halte.

(1951)

Drei Orangen, zwei Zitronen

Drei Orangen, zwei Zitronen: –
Bald nicht mehr verborgne Gleichung,
Formeln, die die Luft bewohnen,
Algebra der reifen Früchte!

Licht umschwirrt im wespengelben
Mittag lautlos alle Wesen.
Trockne Blumen ruhn im selben
Augenblick auf trocknem Wind.

Drei Orangen, zwei Zitronen.
Und die Stille kommt mit Flügeln.
Grün schwebt sie durch Ulmenkronen,
Selges Schiff, matrosenheiter.

Und der Himmel ist ein blaues
Auge, das sich nicht mehr schließt
Über Herzen: ein genaues
Wunder, schwankend unter Blättern.

Drei Orangen, zwei Zitronen: –
Mathematisches Entzücken,
Mittagsschrift aus leichten Zonen!
Zunge schweigt bei Zunge. Doch
Alter Sinn gurrt wie ein Tauber.

(1953)

Orte der Geometrie

Orte der Geometrie:
Einzelne Pappel, Platane.
Und dahinter die Luft,
Schiffbar mit heiterem Kahne

In einer Stille, die braust.
Einsames Sich-Genügen
In einem Himmel aus Schaum,
Hell und mit kindlichen Zügen.

Alles wird faßlich und Form:
Kurve des Flusses, Konturen
Flüchtender Vögel im Laub,
Diesige Hitze-Spuren,

Mundvoll Wind und Gefühl
Für blaue Blitze, die trafen
Körperschatten, die sanft
Schwankten wie Segel vorm Hafen.

(1953)

Krümmung der Ferne

Krümmung der Ferne,
Blicken entzogen,
Wie ich sie gerne
Fasse als Jenseits:

Landschaften mit Schiffen,
Heiter in Bäumen,
Wimpeln und Pfiffen,
Seefahrerblusen.

Leicht aus Gedanken
Mittags errichtet:
Meer, dessen Flanken
Unruhig schlagen.

Rötliche Schuppen
Glänzen am Strande.
Tanz von Schaluppen
Unter dem Winde.

Krümmung der Ferne!
Arglos dahinter
Zärtliche Ahnung,
Land ohne Winter.

Spiele der Wärme,
Torsen im Laube,
Hell, ohne Alter;
Während der Glaube

Aufsteigt im Rauche:
Unschuld der Schwebe,
Aus Luft und Anmut ein
Loses Gewebe ...

(1953)

Soldatengedichte

Generale siegen, Soldaten fallen.
Japanisches Sprichwort

I

Ihr seid natürlich auch nur
Aus Rauch und Wasser, wenn man
Euch allzulang hantieren
Läßt mit dem alten Tod.

Und gestern, heute, morgen
Ist er euch sehr gewogen: –
Von Leichtmetall die Schultern,
Die Augen immer schon

Gerichtet auf den nächsten,
Aus Kunststoff Arm und Nacken,
Gebiß aus Jacket-Kronen
Und überhaupt euch gleich

An Dasein, das sich seltsam
Verflüchtigt – Rauch und Wasser –
Wenn ihr mit schwarzen Tüchern
Aus den Kasernen winkt.

II

Das ist wohl so: Pistolen,
Gewehre sind zerlegbar
Wie Krieg und Frieden oder
Ein Lichtbild auf der Brust.

Ihr übt euch seit wie lange
Schon ein auf die Gebärden
Neutraler Luft, die langsam
Vor euch zu Staub zerfällt.

Imaginäre Schützen
Längst selber! Stahl und Rose
Entglitten euren Fingern
Und überleben euch.

(1954)

Politisch

I

Sicherheit: Daumenabdruck
Auf einem Papier, das stimmt
Und auf jeder Polizeistation
Weiterhilft!

Demeters Furche ist unfruchtbar,
Wenn ein Maueranschlag es anordnet.

Die Knie der Götter
Sind ohne Belang:
Physische Bildungen des Zufalls.
Ein Parteiprogramm dagegen
Ist immer frei
Von solcher Unschuld.

Spricht wer
Von Circes Haar, den vegetabilen
Banden der Anmut,
Ganz aus Laub geschaffen?

Ein Paß ist besser als
Ein Traum zu lesen.

Politisch: eine Hand
Wächst aus dem Boden,
Achtlos dem andern einmal abgetrennt!

II

Falte die Decke.
Lösche die Lampe.
Die trügerische Anästhesie
Des Dunkels ist verantwortungslos
Wie der Schlaf.

Falte die Decke.
Lösche die Lampe.

Die Nacht birgt wie Bernstein
Eine Mücke: Dein Gedächtnis!
Dein Gewissen!

Falte die Decke.
Lösche die Lampe.
Der Staat, das ist
Der steinerne Gast.
Er erscheint: allen Abwehrgesten
Zum Trotz.

Falte die Decke.
Lösche die Lampe:
Die Zeit ohne Dokumente
Ist dennoch nicht im Anbruch.

Falte die Decke.
Lösche die Lampe.
Schon nähern sich Schritte
Deiner Tür. Wirst du dich
Ausweisen können?

Falte die Decke.
Lösche die Lampe.
Deine Stunde wird
In jedem Fall schlagen!

(1954)

II

Ziemlich viel Glück

Ziemlich viel Glück
Gehört dazu,
Daß ein Körper auf der Luft
Zu schweben beginne
Mit Brust, Achsel und Knie,
Und auf dieser Luft
Einem anderen Körper begegne,
Wie er
Unterwegs.

Die Atmosphäre macht
Zwei innige Torsen aus ihnen.
Unbemerkt beschreibt ihr Entzücken
Zärtliche Linien in Baumkronen.
Eine ganze Zeit noch
Ist ihr Flüstern zu vernehmen,
Und wie sie einander
Das schenken,
Was leicht an ihnen ist.

Glücklichsein beginnt immer
Ein wenig über der Erde.

Aber niemand hat es beobachten können.

(1955)

Die Stimme

Er ging ihrer Stimme nach.
Der Abend stieg wie Wasser
Und überschwemmte seine Augen.
Aber er ging ihrer Stimme nach.

Die Nacht war leicht wie Bluthänflingsbalg.
Er wog sie auf der Fläche seiner Hand
Und ging ihrer Stimme nach.
Als er schließlich wußte,
Daß sie unter toten Federn begraben war,
Redeten seine Finger
Noch einmal mit ihr
Und schufen ihr Singvogel-Echo
Für die Weile Erinnerung,
Die als Gesicht über schwarzen Dickichten
Vergeht.

(1955)

Unterhaltung

Zwischen Daumen und Zeigefinger
Halten sie still ihre Wassergläser.
Hin und wieder
Setzen sie sie an den Mund,
Während die kleinen Feuer
Ihrer Zigaretten sterben.
Sie haben sich viel zu sagen.
Deshalb sind die Bewegungen
Ihrer Beine unter dem Tisch unruhig.
Nervös scharren sie
Mit den Schuhen.
Aber überm Tisch zwingen sie sich
Zu Anstand und Ruhe.
Es gelingt ihnen gut,
Die Wassergläser nach einiger Zeit
In die Luft zu stellen
Und dort schweben zu lassen.

Unterdessen bilden sie Sätze,
Die nur unterhalb des Herzens
Verständlich sind.

(1955)

Ein heißer Tag

Im Fluß umarmen sich die Spiegelbilder
Der Liebenden.
Der Mittag hat Achseln
Aus feuchten Schwertlilienblättern.
Man sagt: ein heißer Tag.
Oder: der Wind geht
Dem Duft der Lavendelstauden nach
Wie ein Mann einer Frau.
Einer hält seine linke Hand
Vor die Augen.
Der Nachmittag bürgt
Für das Gleichgewicht der Welt.
Abends öffnen sich
Die Blusen der Mädchen
Von selber.

(1955)

Tausend Jahre

Tausend Jahre
Mein Gesicht,
Wenn es bei deinem ist.
Tausend Jahre die Dahlie,
Die ich für deine Augen kaufte.

So lange Zeit, zu warten,
Seine Lippen zu verschließen
Und andere sterben zu sehen!
So alt die Zärtlichkeit,
Wenn nur noch dein Nacken gilt,
Das blaue Wasser Luft, in dem er
Badet!

In der Nacht
Legen sich unsere Hände zusammen
Und schlafen tausend Jahre.

Bis dich jemand bei dem Namen ruft,
Der einmal dein war,
Ehe er mit mir altern wollte ...

(1955)

Lange genug

Für Fritz Usinger

Lange genug
Hat meine rechte Hand
Ihre Pflicht getan.
Ich habe sie kürzlich
Einer fremden Frau mit Pony-Frisur
Ins Marktnetz zu Kraut und Fischen gegeben.
Meine linke Hand
Ruhte lange genug
Im Schlaf an meinem Gesicht.
An einen Kinderballon gebunden,
Trug sie nun der Wind davon.
Noch manches andere
Werde ich ablegen,
Wie man abends seine Kleider ablegt:
Zuletzt die Zärtlichkeiten der Luft
Für das, was übrigbleibt,
Wenn alles verschenkt ist.

(1955)

Marine

Der Ventilator
Sollte nie abgeschaltet werden.
Während der heißen Stunden
Schläft die Bordkatze
Zwischen leeren Mineralwasserflaschen.

Alle Küsten sind
In Rauch aufgegangen.
Die blaue Membrane des Himmels
Dehnt sich. Sie wird
Zerreißen, ehe man sich
Im Schlafanzug vom Liegestuhl erhebt.

Die Brandwunden des lateinischen Wermuts
Heilten auch heute nicht aus.
Der Kapitän ist eine Erfindung derer,
Die vor uns das Schiff verließen.

Gestern nacht noch war sein Gesicht
Vom Kompaß beleuchtet,
Dessen Nadel schon geschwächt ist
Vom nahen Orkan, den man zu melden vergaß.

(1956)

Das Schweigen

Ehe der letzte Gast
Das Café verläßt,
Umarmt er stumm die Frau
Auf dem alten Foto
Im Hauseingang.

Der Mittag, die Morgue der Pflanzen,
Bricht lautlos von draußen herein.
Er faßt nach den Brüsten, die sich
Wie das Lichtbild
Vergeblich wehren.

Das Schweigen fällt mit Spinnen
Über die Tische her.
Den Reisenden zeigt es
Den falschen Weg, so daß sie
Sich im Licht verirren.

Ihre vom Sommer entblößten Körper
Hängen tot
Im Schatten eines Walnußbaums.

(1956)

Siegreiche Vegetation

Damals fiel auf,
Daß den Kindern ihr Spielzeug
Leid wurde.
Sie rauften Büschel wilder Narzissen.
Die Katzen
Stellten fremden Gewächsen nach.
Die Augenblicke unterschieden sich
Voneinander wie rote und weiße Geranien.
Das Leben verlor
Sein Selbstbewußtsein.
Es glich der Zartheit
Einer Hundepfote.
Die Vegetation siegte in Blättern,
Die unter die Blusen krochen.
Man verschenkte Sträuße
Unbekannter Blumen oder die Schatten
Alter Bäume.
Und die Schönheit verging
Hinter langen Wimpern.
Der Anblick der Pflanzen
Machte Brust und Hüfte
Überflüssig.

(1956)

Die Gewalt

Sie kam aus ihrem Versteck
Und erweckte totes Metall zum Leben.
Die letzten Unterhändler
Streiften die Handschuhe über ihre Finger
Und gingen. Ihr Lächeln
Zahlt sich in keiner Münze mehr aus.

Sie kam aus ihrem Versteck.
Der Erdstrich, auf den ihr Blick fällt,
Ist verloren.
Die Türen springen auf.
Die Fenster zerbrechen.
In die Augen streut man
Asche und Mörtel.
Lippen schließen sich
Unter Faustschlägen.
Die unreine Nacht hält
Überfälle und schwarze Minuten bereit.
Bald werden die Herzen
Aufhören zu schlagen
Hinter dem Vorhang von Ruß.
Sie kam aus ihrem Versteck.
Sie wird Hand an uns legen.
Noch dürfen wir die Häuser verlassen
Und in den Glühbirnen-Himmel sehen.
Aber in den Vorstädten
Sind schon Spruchbänder gespannt.
Bald werden die Straßenkämpfe
Uns erreichen.
Bald werden wir allein sein
Mit den Gewehrmündungen.
Wer unter uns ist der erste,
Der an seinem Tische
Vornüber sinkt? ...

(1956)

Die Freiheit

Sie flieht vorüber, in sich gekehrt.

Die Leute sagen, sie habe den bösen Blick.
Aber sie hörte in der Nacht
Das Gespräch mechanischer Waffen.
Sie sah gerade eben noch in der schneidenden Luft
Die Zeit als großen Vogel,
Der davonfliegt: – die Hoffnung.
Sie sah das alte Blut aus dem Boden steigen
Und sich mit neuem verbinden.

Sie flieht vorüber, in sich gekehrt.

Die Leute sagen, sie habe den bösen Blick.
Aber plötzlich waren aus den Hüften
Maschinenpistolen gewachsen.
Noch die Statuen hatten
Auf sie gefeuert.
In jedermanns Arme
War der Tod gelegt.

Sie flieht vorüber, in sich gekehrt.

An der Ecke wartet auf sie
Der schwarze Wegelagerer: –
Gewalt, mit unbiegsamem Metall
In den Fäusten!

(1956)

Auf der Flucht

Das Streichholz zerfiel,
Das man seinem Gesicht näherte.
Er floh. Doch ließ er zu,
Daß wenigstens Zehen und Finger
Durch die Wand wuchsen,
Die ihn von anderen trennte.

Jeder durfte im Mörtel
Das Bild ergänzen,
Das er sich von ihm machte.

So erschien manchmal ein Eber,
Dem ein fremdes Insekt
Oder ein Vogel folgten.
Die Gestalten wechselten, in denen
Er sich auf der Mauer zeigte.
Nachts lag sein Flüstern
Auf dem Glas benachbarter Fenster.
Von fern beobachtete er die Wirkung
Auf die Träume der Mädchen.

Aber von ihm wird niemand mehr
Gewahren als die Spuren
Einzelner Glieder
Im lotrechten Weiß des Kalks.
Nach und nach verschwinden sie ...

(1956)

Schlaf

Während ich schlafe,
Altert das Spielzeug,
Das ein Kind in Händen hält,
Wechselt die Liebe ihre Farbe
Zwischen zwei Atemzügen.
Das Messer im Türpfosten
Wartet vergeblich darauf,
Von einem Vorübergehenden
Mir in die Brust gestoßen zu werden.
Auch die Mörder träumen jetzt
Unter ihren Hüten.
Eine stille Zeit. Schlafenszeit.
Man hört den Puls derer,
Die unsichtbar bleiben wollen.
Die Weisheit der unausgesprochenen Worte
Nimmt zu.

Behutsamer blühen nun
Die Pflanzen.
Es sind keine Augen da,
Die sie bestaunen können.

(1957)

Erwachen

Sage ich zum erstenmal: Rose?
Ich nannte früher
Unrechte Namen.
Die Minuten, die
Meine Finger umschließen,
Haben kein Gewicht.
Wenn ich es spüre,
Wird es wieder zu spät sein.
Doch jetzt hat der Tag noch
Eben aufgeschlagene Augen.
Die Nacht zog sich
Hinter die Lider zurück.

(1957)

Verrufener Ort

Gerade eben noch
Rann das Wasser
Von den nassen Schindeln.
Eine Gruppe berittener Hirten
Bog um die Ecke
Und hielt die Mützen
Unter den Regen.

Nicht einmal eine Staubwolke
Blieb von ihnen zurück.
Immer noch riecht es hier
Nach kranken Tieren.

Das Echo von Pistolensalven
Schläft wie eine Erscheinung
An den Stallwänden.
Doch überschlägt sich keine Stimme mehr
Im Tode.
Der letzte Hahn
Wurde längst geschlachtet.
Sein kopfloser Schatten
Taumelt noch manchmal
Im Kreise.

(1957)

Interieur

Ein paar Schritte zwischen Stuhl und Stuhl
Ohne Dämmerung zwischen den Fingern.
Nirgends ein toter Punkt, da überall Gefühle
Nicht durchzusetzen waren.

Der Raum ist freundlich
Zu geschlossenen Türen.
Er bleibt zurück
Mit zeichenlosen Wänden.

Vom letzten Spiel die Karten
Liegen noch am Boden.

(1957)

Robinson

I

Immer wieder strecke ich meine Hand
Nach einem Schiff aus.
Mit der bloßen Faust versuche ich,
Nach seinem Segel zu greifen.

Anfangs fing ich
Verschiedene Fahrzeuge, die sich
Am Horizont zeigten.
Ich fange Forellen so.
Doch der Monsun sah mir
Auf die Finger
Und ließ sie entweichen,
Oder Ruder und Kompaß
Brachen. Man muß
Mit Schiffen zart umgehen.
Darum rief ich ihnen Namen nach.
Sie lauteten immer
Wie meiner.

Jetzt lebe ich nur noch
In Gesellschaft mit dem Ungehorsam
Einiger Worte.

II

Ich habe zu rechnen aufgehört,
Wenn ich auch noch Finger habe,
Die ich nacheinander ins salzige Wasser
Tauchen kann.

Insekten und Tabakblätter
Kennen die Zeit nicht.
Die ich früher vergeudete.
Mein letzter Nachbar,
Der das Waldhorn blies
(Er hatte es einst einem Volkslied
Listig entwendet),
Kam auf See um.

Zuweilen fällt ein bißchen Sonne
Auf den Tisch, unter den ich die Füße
Strecke.
Ich brauche keine Sehnsucht mehr
Zu haben.

III

Diese Gewohnheit, irgendwo sehr lange
Auf einem Stuhl zu sitzen
Und zu horchen, ob es
In einem regnet
Oder in der Leber
Der Skorpion sich noch rührt!

Gezählt sind alle Blitze,
Alle Streichhölzer, die übrigblieben.

Bis man es leid ist
Und den letzten Wimpel
Im Meer versenkt.

(1958)

Altertum

Es regnet Tauben für Fotografen.
Die lateinische Luft
schläft über dem Feuer
der Kastanienbrater.

Man kann steife Hüte tragen,
da nie ein Sturm aufkommt.

Küsse und Bonbons
wachsen jedem in den Mund
wie in einer Oper von Paisiello.

Sage mir endlich, daß du
genug davon hast!

Die Nacht steht schon
mit schwarzen Schenkeln
vor der Tür.

Sie führt dich
an offene Gräber.

Das Altertum lebt in ihnen
mit längst geronnenem Blut.

(1959)

Der Sonntag

Zeit ohne Blut und Ruß.

Immer kommt der Sonntag
vom Grab der Makart-Bukette.
Er trägt seine eigene Vergangenheit
auf Händen
und ruft den Spaziergängern
'Bravo' zu.

In den Wohnungen
blieben Blumen
mit abgeschnittenen Hälsen zurück.

Zeit der bösen Blicke!
Sie ertrinken mit den Fliegen
im Milchkaffee.

Eine große, gelbe Tür springt auf.
Langsam beginnt es zu regnen
auf alle, die im Todesschlaf liegen.

(1959)

Beginn einer Liebe

Zuerst Pupillen, wie von Atropin
vergrößert.

Wer fällt in den blauen Brunnen?
Wer deckt den Himmel zu?
Wer redet von der Hand,
die keine andere wäscht?

Später die Nähe
von Zähnen und Zunge.
Wahrsagen ist leicht.
Kein Vogel ruft
„Kuckuck" dazwischen.

Was kommt, ist ohne Gedanken.
Wer deckt die Träume auf?
Wer schreibt mit kleiner Schrift:
Die Nacht hat schwarze Achseln.

Ich habe lange nicht
so tief im Schlaf gelegen.
Allmählich lernt man wieder:
Die Brunnen trocknen aus.

(1960)

Weiß

Weiß. Ein zerschnittenes Tischtuch.
Jemand schwenkt es: weiße Hand
des Ostwinds.
Einer sagt, es schneit.
Allmählich
schlägt die zerschnittene Luft
die Augen auf vor Kälte.

Schnee ist schön zum Schreiben.
Einen weißen Brief lang
fügt sich die Zeit und duftet
nach Frost und Äpfeln,
bis sie schmilzt.

(1960)

Tag in Deutschland

Tag mit blauen Fingernägeln,
mit deutschen Augen, nichts
für Freunde von Logarithmen.

Am Brunnen wird das Blattgrün
gewaschen, bis es weiß ist:
Staub von Gefühl, mit dem sich
schreiben läßt, zum Beispiel:
gotisch oder mit Gewehren.

Am Tisch der Wein:
er macht die Trinker schwarz.
Sie fallen mit ihren Seelen
durch die offene Nacht.

(1960)

Etwas endet

Nimm ein Märchenbuch
auf die Knie.

Was war
außer einem Ritt durch Wasser?
Kurz ist die Reise
von Grab zu Grab.

Die Vergangenheit
bleibt eine Landschaft
mit Frauen, die sich schnell
entfernen.

Das Ende kommt
beim Blättern in Bildern,
die niemand mehr
sehen will.

(1960)

Kindheit

Kerzenlicht in einer Flasche:
Kindheit.

Das Herz des Dunkels glühte
als Holzkohle.

In der Flußmündung
riefen die Schiffe einander
bei Namen
bis die Nacht vorüber war.

Ein Traum erschien
als Galionsfigur
an der Zimmerdecke.

Laub, grüner Gazeschleier.
Ich war eine Wassertaube,
die sich verflogen hatte
und über der Weser klagte,
dem grauen, schlagenden Butt.

(1961)

Schreiben

Papier, auf dem sich
leichter Wind niederläßt.

Unbedachte Linien: Wellen
eines Wassers, das die Hand
aus der Luft schöpft, Worte
auf meinem Tisch wie
Liebespaare, Körper
von Pflanzen.

Papier: wie schönes Wetter,
drauf zu schreiben,
vergeßlich wie das Glück,
Girlande, welkend umgehängt
der Gegenwart des Todes.

(1961)

Auf der Straße

I

Luftige Architektur der Beine
beim Wettkampf der Radschläger.

Ort der Taschentücher und
Kraftworte in einem
von Händen geschüttelten Licht.

Leute ohne Stundenplan
halten die Finger in den Wind
und freuen sich auf ein Wiedersehen
mit ihrem Spiegelbild
bei Regen.

Die Landwirtschaft
starb als Gras zwischen altem Pflaster.

II

Grau bis in die Bilderbücher,
hinter Fassaden aufgeschlagen.

Man schifft sich
mit ihm ein
und sagt verlegen,
es regnet immer noch

oder: ich trage
einen zu großen Hut.

Automatisch
werden die Augen offengehalten.

Fürchte dich
vor keinem Erstickungstod
auf hoher See
unter Menschen.

III

Lärm der Wasserfälle

Ich gehe in einer Staubfahne
auf Zehenspitzen,
um niemanden zu stören.

So komme ich weit,
ohne meine Schritte
zählen zu müssen.

Sie bleiben zurück
wie der Geruch
von frischen Plakaten,
die mit Fäusten drohen.

Der Papierhändler
wartet geduldig
auf das Erbleichen
der Mauer-Grimassen.

IV

Ohne Orthographie
eine Gegend mit Reitern
und Radfahrern.

Ein Schauspieler
sagt sich selber auf,
weil der Morgen
so schön ist.

Stimmen und Geldstücke
fallen aus Fenstern.

Komm, Luft, kleine Schwester
über dem Asphalt,
mit soviel Erinnerung
an oben, wo es
keine Geräusche gibt!

(1962)

Die Vorsicht

Ständig ändert sich
über meinem Haus die Wahrheit.

Die Luft vor meinen Augen
ist nicht die Luft
an meiner früheren Hand.

Sie steigt
wie eine wetterwendische Katze
in den Baum, wenn ich
mit einer Wasserlache
rede.

Im Rücken einiger Gartenblumen
bereite ich mich vor
auf die Zuverlässigkeit ihres
unvermuteten Welkens.

Zaghaft entzünden sich
im unbekannten Fenster Kerzen,
wenn ich an die Nacht denke.

(1962)

Angesichts einer Landschaft

Diese Landschaft wie ein
nationales Lied.

Ihr vielzugrüner Bart im Wind.
Er ist zu alt
für die Vögel, die sich
in ihm paaren.

Dazu ein Himmel
mit leisen Sohlen,
Gedichthimmel,
großer Augenaufschlag.

Der grüne Anstrich überall.
Er färbt die Finger
und die falschen Töne.

Die nationale Luft
steigt in die Luft.

(1963)

Im Frieden

I

Frieden. Die ruhigen Leute
lassen ihr Haar wachsen.

Die rücksichtsvolle Prosa
ihres Umgangs.

Scharfe Luft, wenn eine
Halbwüchsige in einer
Kasernenruine pißt.

Meine Blume blüht
dauerhaft.

Liebet eure Feinde:
geregelte Gleichgültigkeit.

Ländliche Tage überall,
unschuldig wie Heuhaufen
aus der Kindheit
Restif de la Bretonnes.

Keine großen Geläute. Frieden.

II

Die schlechtbezahlte Tätigkeit
des Erkennens.

Ja, die Stadtränder mit den
schönen Betonmischmaschinen!

Hans und sein Glück
auf der tätowierten Brust.

Die übergelaufenen
Fallschirmspringer
sind seit langem gestorben.

Mein Freund, der Pastetenbäcker.

„Die Liebe erinnert uns
an unsere gute Erziehung".

Die errechnete Zukunft
ist eingetreten:
Langeweile.

III

Sich gehenlassen.

Nur noch auf einer Briefmarke
zu erkennen: der Staat.

Die Schwermut macht Fortschritte:
Schifferstündchen
unter langsam faulenden
Fischen.

Kleine Früchte, geformt
wie ein Tumor.

Sieg der Ellipse
über den Tod.

Dahinleben.

(1963)

Melodie

Langsam, langsam.
So schnell
vergißt eine Melodie
ihren Anfang.
Valéry liebte Gluck.
Ich sitze in der Luft
mit einem Lied unterm Hut
oder mache es anders
in einer Falternacht
pour le piano, ohne Alter,
drei Terzen weit, vier
Quarten im Dunkel.
Man kommt voran,
wenn man den Mund öffnet.
Das Singen besorgt
ein anderer.

(1963)

Jubel

Auf einem Felde
spielende Kinder –
unversehens steigen sie
als Lerchen in den Himmel.

Der Jubel läßt sich nicht
fangen.

Tränenlose Augen leuchten.

Der Fuß spürt nicht
das erste zertretene Gras.

Das Leben ohne Schlaf –
seine Speise heißt Licht.

Ein herabgestürzter Ast
beginnt zu blühen.

(1963)

Trockene Luft

Trockene Luft wie
Prosa von Stendhal.
Kühle Abenteuer der Herzen
neben dem Ammenmärchen
aus zu vielen Früchten
und herbstlichem Pulverrauch.

Die brechenden Augen des Wildes
sehen den Ruhm der Jäger.

Das Stilleben kleiner Gedichte
hat den Geschmack von Weinbeeren.
Mit großen Schritten
wandern Schatten
durch leere Zimmer.

(1963)

Toter Herbst

Oktober –
eine Zinnvase mit
künstlichen Blumen.

Zirrhose des Lichtes.
Der raschelnde Alptraum
Wind, in Stunden
mit verhängtem Gesicht.

Er schwenkt Fähnchen
über einem Forum
schwarzer Ackerfrüchte.

Das alte Jahr
mit Aschenhaar
lebt einen Reim lang fort.

(1963)

Begrabene Zeit. Winter

Begrabene Zeit.

Der Winter fällt
als tote Amsel
aus dem Nußstrauch.

In den Medaillons
frieren die Verstorbenen
vor Liebeskälte.

Ihre ansteckende Traurigkeit,
wenn aus Lippen ein Mund wird,
der flüstert:
so weiß, so fern.

(1963)

Es wird grün

Undankbares Handwerk,
zu beschreiben, wie es
grün wird.

Bäume wechseln die Farbe.
Weber verbrennen
grünes Tuch unterm Himmel
im ländlichen Dunkel
einer Dorfgeschichte.

Leichte Schritte. Einer
trägt Blumen und Vögel aus.

Seine Spuren auf einer
Kinderzeichnung.

Ein Gelände aus dünnen Strichen
gerät in Bewegung –
erwachende Graphik.

Das Grün siegt
in den Träumen
der Spaziergänger.

(1964)

Regen

Regen wie
zu lange Sätze in
einer toten Sprache,
Latein des Cicero.

Salamanderzeit.
Die warmen Körper
beginnen zu frieren.

Jemand beugt sich
über feuchtes Papier,
um das Begräbnis
des Lichts zu beschreiben.

Die Spur der Schnecken ist
zäh wie das Gedächtnis
alter Leute an frühere Tage.

(1964)

Schöner Herbst

Totes Wild
wird aus dem Schußfeld
getragen.

Schöner Herbst, Sonate
von Baldassare Galuppi,
hohe Zeit
für Mythologen.

Barbaren fallen
als West-Sturm ein
ins Abendland der Früchte.

Gegenständlichkeit der Luft.
Jeder kann sie umfassen.

Der letzte Apfel
bleibt in ihr als Sonne
zurück.

(1964)

Vorläufig

Vorläufig bleibt
meine Hand handfest.
Brentanos Nachgefühl
„Wie steigst du so ganz leise" –
zwischen den Fingern
zerfällt das. Und du,
schönes Märchen, beginnst
vor meinen Augen, wenn alles
anders wird.

Vorläufig bleibt
meine Hand in der Luft
hängen, in glücklicher Lage,
auf deinem Nacken, wie steigst du
so ganz leise und vorläufig
dem Druck unserer Hände
entgegen.

(1964)

Entstehung einer Stadt

Unvorbereitete Straßen
bekommen Häuser
aus kleinen und großen Steinen,
mit Menschen,
die vor die Tür treten oder
durch Gardinen fallen,
ihre Augen im Schoß
der Nachbarin. Einzelne Bäume
werden eine Allee.
Nach jeder Richtung
sind Fenster geöffnet
mit widerrufenen Nachrichten
über Spaziergänger mittlerer
Größe. So geht das gesellig
weiter. Das Wachstum
ist nicht mehr aufzuhalten.

(1964)

Seestück

Da angelt kein Mensch
einen Schellfisch
vor lauter Küste!
Verschiedene Dampfer
fahren vorbei, beliebig,
als wäre überall Wasser,
das bis auf den Grund
naß ist. Die Oberfläche
bleibt schiffbar und blau,
eine Postkarte lang,
die man von Bord schreibt.
Gefühl für die Nautik
hat niemand, solange
er nicht an Land steht
und winkt.

(1964)

Ohne Anstrengung

Ohne Anstrengung,
nur so, gedankenlos
dieses und jenes – den Tag
als Wäscheblau auf der Leine,
Ravels künstlichen Finken
in der kichernden Luft, „ich fühle
sein Herz schlagen", ein fremdes
Bewußtsein verlieren und weiter
zu kommen versuchen,
spurlos die echte Landschaft
mit richtigen Bäumen
auf sich beruhn sehn,
ohne Anstrengung, so weit wie möglich
den Kinderhimmel zu blau belassen –
nur so.

(1964)

Ariel

Auf irgendwas
ein Gedicht, wie wenig,
denkt man, und turnt
den Handstand im Wind
aus anderer Richtung.
Die Zehen tragen den Himmel,
die Wolke wie Frauenhaar
weht durch die Luft, und so froh
bleibt ein kleiner Engel.
Sein Bilderbuch hält er
mir vor. Meine Übung
macht müde, am Ende
kommt man doch wieder
auf seinen Füßen zu stehn.
Irgendwas
ließ ich aus, vielleicht nur,
wie zwischen den Beinen
die akrobatische Landschaft
ganz oben ist, dauernd
zu hoch.

(1964)

Gefährliche Augenblicke

Gefährliche Augenblicke für
einen Landschaftstext:

die Wärme atmet mit
brüchigem Brustkorb.

Sand fiel durch Augen
ins Dunkle.
Nur schwarze Tuberosen
breiten sich aus.
Die wichtigen Blumen
beginnen zu dursten.

Kein Eingeweihter, der
sie wahrnimmt.

Das unverständliche Zeichen
eines Fensterkreuzes
bei der Geburt der heißen
Luft.

Heute kommt niemand
vor meine Tür, der sich
meines Namens erinnert.

(1964)

Einen Garten zeichnen

Mit feuchtem Bleistift
einen Garten zeichnen –
niemand kaut Blumen
in einer Landschaft ohne
mythologische Wesen.

Reden, die nichts besagen
in der unruhigen Bewegtheit
der Luft.

Bis an den Hals
reichen die Gedanken
an die zu Pflanzen
gewordenen Frauen.

Ende des Abenteuers
mit einer Karaffe
grüngefärbten Wassers.

Der Mai steigt
mit grünen Worten
auf eine Bühne von
Narzissen und waagrecht
gespaltenen Tierpupillen.

Katzenhaar im Wind –

es läßt sich auf der Handschrift
der Gärten nieder.

(1965)

Erfahrung mit Blumen

Erfahrung: Wiederfinden
eines Motivs.
Zum Beispiel
alternde Schnittblumen in
einer Hand.

Dahinter
der sichtbare Text
einer Landschaft ohne Tod,
mit zuviel Pflanzengeruch
durchlässiger Buchstaben.

Später das Blumenthema,
wiederholt von anderen
Fingern.

Das Bukett fällt schließlich
müde durch die einverstandene Zeit,
von der man nichts
erfährt.

(1965)

In der Mittagswärme

Wärme – ein Tier
mit rosa Zunge.

Ein schattenwerfender Körper
winkt einem anderen.

Langsam bewegt er
sich durch die unvollständige
Geschichte des Mittags.

Platonische Idee
der Kühle.

Ein Brunnen verteilt
Spuren Feuchtigkeit.
Sein linguistisches Wasser
verstummte –
Ausbleiben der Verständigung.

Die Märchen beginnen
mit einer Trockenheit
der Kehle.

(1965)

Sommerbild

Bild aus leuchtender Tinte:
niedriger Himmel,
unter dem Vogelblut trocknet.

An ihren schweren Profilen
tragende Ulmen.

Gewicht
zusammengedrängter Luft
über Gegenständen.

Die Pflanzen wachsen nicht mehr.

Bruchstücke von Schatten,
die das Licht flecken.

Frauen, Gefangene
ihrer kühlen Haut.

Das Geräusch von Schritten
erstickt im undurchsichtigen
Grün.

(1965)

Biographisches Gedicht

Biographisches Gedicht –
Liebschaft einiger Worte
mit der Lautlosigkeit.

Ein elegischer Körper
erwartet die erregten Hände
des Augenblicks,
an dem die Adjektive sterben.

Es bleibt Zeit
für die Geschichte
einer Mädchenhaut.

Sie endet im
unmerklichen Altern
bei Spaziergängen
durch empfindsames Gras.

(1965)

Vergänglich

Die begabte Jahreszeit
fällt mit Schnee und Birnen
durch Luftschlösser
zwischen Januar und Januar.

Ich verstecke Stunden
hinter Sätzen.

Vergängliches Warten
auf Krebs und Schüsse.

Ein verdutzter Mund
schweigt vor Gewißheit.

Freundlich schneidet
ein Messer ins Fleisch.

Eine Person verliert sich
in einer anderen, ohne
ihren Namen zu nennen –
anonyme Poesie.

Geräuschloses Sterben
von Empfindungen.

Ruhig kann man
den Schrecken besehen
in den offenen Augen
von Toten.

(1965)

Zeit

Zeit: etwas
das die Taschen
feucht von Blut macht.

Es regnet Leben
aus offenen Körpern.

Die Tage und
ihr stilles Geschäft
mit Menschen, die verloren
gehen.

Ein Monat malt
dem nächsten sein Bild
in den Sand,
ohne Verwandtschaft
mit dem, was kommt.

Kein schönes Wetter
verändert ein Karzinom.

Die geordneten Papiere
verbrennen Jahr um Jahr.

(1965)

Stundengedicht

I

Das Morgenrot wie sonst.
Dann wird es regnen.

Langsam sehe ich mir
durch die Finger.

Vieles fühlt sich
wie immer an.

Rosen für den Dichter
blühn früh schon aus der Hand.
Später warten
die ersten Stunden mit gesenkten Blicken.

So geht das weiter.
In den Taschen trocknet
das eigne und das fremde Blut.
Der Tag verstreicht.
Die Augen: immer noch
mit einem leichten Horizont beschäftigt.

Das Licht bleibt eine Tugend
für den Mittag.
Es fällt gedankenlos
auf Gegenstände.

Der Tod der Stunden
erreicht mich langsam,
prüft die Hände,
die sich auf Zifferblätter legen.
Die komplizierte Landschaft
wird einfacher. Die Uhr
hat ein Gefühl für Schatten.

Beherzte Perspektive
hält nur kurz
das Dunkel auf.

Das Alter stellt
die Lampe auf den Tisch.
Der Körper wird Geschichte,
lautlos von Haut gehalten,
weiter weißes Nachtfleisch.

(1965)

Stundengedicht

II

Der Morgen hat viele Augen.
Vorsichtig zwischen den Fingern
fühle ich seine Nähe.

Der Tag hat Stoff für Bilder.
Er kommt, zwei Farben
im Arm.

Das Wunderland entsteht.
Die Bäume blühen nach oben.
Ein Mädchen lebt
für einen Liebesreim.

Das Mittagslicht zerbricht
schon in der Ferne.
Heiße Bäder
nimmt der Fluß.
Nichts bleibt verborgen.

Ich bewohne endlich
den eigenen Körper.

Dann die Zeit,
in der die Zeit sich ändert.
Die Oberflächen sind
noch einmal gut zu sehen.

Viel Silber in der Luft
kommt auf.
Der Westen leuchtet.
Ein Schattenriß
steht an der Wand.

Am Boden haftet das Dunkel.
Mit gestrecktem Arm
faßt es nach mir.

Die Nacht wird lang sein.

(1966)

Der Juli

Der Juli
fällt ins Haus
mit frischen Himbeeren
wie manche Brustwarzen
aufgerichtet unterm Hemd.

Er trägt Staub und Durst
in die Ecken.
Gib mir – sage ich –
was du hast, zum Beispiel
Gemüse für den Magen,
ein leichtes Bett ohne Decke
für ruhelose Körper.

Der Juli
geizt mit Schatten.
Ich wünsche mir kräftige Augen
für eine Vogelschau: darunter
alles, was es zu sehen gibt,
Liebe, Handanlegen
und bis in den Mund gebräunte
Hitze.

(1966)

Die Liebe

I

Die am Fenster stehend stirbt,
Sehnsucht. Atemlos
lebt die Liebe
im steifen Schnee oder jetzt
mit den künstlichen Blumen
im Arm,
die Wünsche nach oben
gekehrt,
den Kleidern entwachsen.

Ihre Spielsachen kommen
mit auf die Reise.
Ungekämmt, eine Puppe im Wind,
vergeht sie langsam
in der Luft, die ihr
die Luft nimmt –

bei geschlossenen Augen,
ohne Gewicht.

II

Es ist still im Haus.

Die stille Oberfläche des Gefühls.

Etymologische Rosen
blühen sprachlos
für die Augenblicke,
in denen ein Körper
nicht mehr Körper ist.

(1966)

III

Karol Kröpcke
BÜRGERLICHE GEDICHTE

I

Sein bürgerlicher Schwanz,
der für Geld mir
von hinten hoch kam
in die offene Dose,
hinderte mich nicht,
Gefühl für den Gegenstand zu haben,
der für Geld in mir
tätig war,
ruhig und mit Gefühl
für Zeit, die Geld ist,
während mir das Loch
langsam naß wurde und ich
mich hüftaufwärts immer stärker
nach vorn krümmen mußte,
stehend, während er stehend
seinen Stengel an die Gebärmutter drückte,
heiß und langsam, und seine Eier
irgendwo hinter mir schaukelten,
ich nach hinten griff und
zwischen Daumen und Mittelfinger
die Hoden preßte, bis er für Geld
entlud und mir sein Inneres
langsam aus meinem Paradies lief,
langsam die Innenfläche
des linken Oberschenkels herunter,
und ich mich wieder aufrichtete.

IV

Er stellte seine Pinkelmaschine ab,
die ihr zwischen den Schenkeln oben
den Rasen begossen hatte
und das übrige Moos
in den Achseln, schließlich noch
ihren schwarzen Skalp in seinen
Händen – mir reicht's und ließ
sich endlich auf ihr
nieder, in der Pfütze,
die eine entleerte Blase
hinterläßt, und schob,
was er hatte, ohne Vorhaut
dorthin, wo es ihre Anatomie
möglich machte,
mit Vorsatz allmählich,
allmählich so tief
wie möglich in Möse und Mastdarm
und überall in günstige Körperstellen,
bis er ihr ruhig im Halse stecken
blieb und sein Sack ihr
ins Gesicht schlug
als das Eiweiß abging,
und sie schluckte, was er ihr
zu bieten hatte.

VII

Der Junge – wenn er fertig war –
strich mit seinem weichen Schwanzende
der Alten über die Titten
mit den besonders weiten Warzenhöfen,
daß die fetten Knospen
noch einmal eregierten.
Sie hielt sich ihn
an Tagen mit einsamem Zeitvergang
für ihre abgenutzten Körperteile,
die sie ihm zum Verbrauch darbot,

wenn sie länger ohne Sperma
geblieben war
und sein Glied sie schnell
von hinten spießen mußte,
aus der Hose heraus, im Stand,
während sie sich über den Tisch
mit Essenresten beugte
– gutes Essen muß sein –
und ihr Schließmuskel rhythmisch
zuckte und sich dem Tempo
der Vögelstöße anpaßte,
die sie genoß wie die
Hände des Halbwüchsigen, der mit ihnen
ihr Gesicht flach auf die
Tischplatte drückte.

VIII

Sie ging jedesmal aufs Klo,
um es mit dem zu machen,
auf den es ihr für eine Viertelstunde
ankam.
Ihrem ausgeprägten Geruchssinn
kam das zugute.
Im verschlossenen Scheißhaus,
bei günstiger Stellung, ließ sie
den Mann über der Brille langsam
ihr Pißloch lecken, so daß sie
jederzeit ihr Wasser
durch seine Gurgel schicken konnte,
danach
von seiner Zungenspitze
den Hintern wichsen.
Sie hatte ihn gern sauber,
wenn er ihr mit seinem Laban
die Arschtür weitete,
bis sie ihm – bei günstiger
Stellung – Werkzeug und Eier
mit dem beehrte, was man
einen zu groß geratenen Furz nennt.

IX

Ein Steifer kam ihr von vorn,
ein Steifer von hinten herein,
gleichzeitig, der eine von unten her,
von oben der andere.
Sie war ein Sandwich
zwischen zwei Männern,
die ihre Kraft ihr
in den Bauch bliesen,
in dem sich die beiden Schwanzspitzen
nahe kamen,
in der Dunkelheit ihrer Höhlen,
während die fremden Fleischstücke
immer höher nach oben krochen
von innen her auf die Brüste zu,
bis der heiße Kaviar in ihr
zu wandern begann und sie ihn
schließlich hinter der Zunge spürte
und ihn dann den beiden
in ihre Fressen spuckte.

X

Anmut, sagte er, ich will Anmut,
mit seinem mehlweichen Ding, nackt,
in Stiefelschäften, als er ihr
die Lederjacke über den Kopf schob.
Im Dunkel, wenn niemand sie sieht,
fühlt sie sich anders an, und stopfte
ihr den Mund mit Leder, damit er
ohne Widerstand in sie hinein kam,
mit seinem Schlagstock besser
unter die Beine und besser
den harten Gummi springen lassen konnte,
ehe er ihr rasch
den Kitzler kaute, und sie
mundtot danach seine Erektion
spürte, die ihr Rückgrat

wie ein Messer traf und
den schnellen Erguß in Höhe
der Lendenwirbel.
Faschist,
hörte er sie manchmal nach ihm
stöhnen, später, wenn es ihm
wieder zu rasch passiert war.
Anmut, sagte er, ich will Anmut.

XII

Schwanzspielen macht Spaß wie
Kacken an windgeschützter Stelle,
wenn der Sack ins Gras hängt,
in das man sich erleichtert,
und dann hockend
den hängenden Pimmel zu fassen kriegt
und die rote Fick-Spitze freilegt
und sich alles, was einem gehört,
aufstellt aus Natur und man
im Freien ins Wichsen kommt
und den Apparat in seiner ganzen Länge
mit beiden Händen bedient
und so richtig drauflos macht
und nichts sieht als seine
Wichs-Stange im Freien,
die auf und ab schießt
und die Luft pimpert und einem
schließlich ihre Sahne
ins Genick schickt,
wenn man es ihr geschickt
hinhält.

XIV

Ich will, daß du mich
bearbeitest, wenn wir
unterwegs in der richtigen Gegend

sind, richtig geeignet, daß man
jemanden zwischen den Büschen
fertig macht, mit Gewalt,
und mit Gewalt der Frau
seinen Wichsapparat zwischen die
Beine stellt, nachdem man
ihr die Wäsche abgeschafft hat und
sie auf der Erde ist und
der andere über ihr
zur Sache kommt und
solange zustößt, bis sie
nicht mehr kann und
seinen Schlauch in sie
den Sack-Inhalt spritzt und
weiterfickt, bis es ihm
weiterkommt und sie
daliegt und nicht mehr kann
und so weiter.

XVI

Wenn du rot siehst –
was soll Revolution?
Du meinst das anders
im Bett oder wo gerade
etwas los ist mit dir und
deinem Zubehör und es
auf das vorhautlose Rot
des Steifen mit dem roten
Harnröhren-Ende ankommt
und du vorurteilslos
auf den richtigen Typ reagierst
und ihm deine rote Natur
auf der Stelle in den Arsch schiebst
mit seiner schönen Muskulatur
und er dein Fick-Tempo
in seinem Darm dirigiert,
wenn du den Jungen gekrümmt
vor dir hast und er dabei

noch deine Hoden bedient,
während die eigene Portion
ihm vorn in der Waagerechten steht,
vorhautlos, und ihr langsam
etwas Sperma da vorn austritt
und du ihm beim Arsch-Vögeln
die eine Faust in den Nacken
schlägst, die andere
in die Eier.

XVIII

Sie konnte es gut mit ihrem
deutschen Schäferhund, dem sie es
von jung an eingerichtet hatte,
ihr über zu sein, wenn sie
den roten Slip nur wenig
zur Seite schob, und der Rüde
so an ihre Dattel kam
mit seiner scharfen Rute
und sie schnell besprang.
Das ging wie ein Uhrwerk,
wie sie es ihm von jung an
eingerichtet hatte, als sie
an dem bürgerlichen Tier
Gefallen fand und sein Fell
zum erstenmal deutsch auf dem Bauch
spürte und er auf deutsch
als Hund bei ihr ankam
auf dem richtigen Wege
ohne Übung, wenn sie scharf
nach ihm war und es ihm einrichtete
und er geradezu deutsch von vorn
als Hund auf ihr stand
mit spitzem Werkzeug
und das Uhrwerk ging,
sie sich unter ihm hin und her
warf und es ihr rasch mehrmals
kam unter Jammern, während
die scharfe Tierzunge ihre Brüste

bestrich mit viel Speichel und
viel Speichel ihr im Mund stand
und die Möse schäumte und sie
vor Freude ins Kacken kam
bei der deutschen Besamung.

XIX

Ohne Umstände knöpfte sie der anderen
die Bluse auf, riß ihr den Halter ab
und griff sich ihre Brüste,
stopfte die Titten in den Mund,
sog sie ab und fuhr ihr
dabei ohne Umstände in die
Cordhose ans Loch,
vögelte es mit zwei Fingern,
dehnte die Falte stehend.
Stehend kam ihnen das Vergnügen
an ihren anatomischen Einzelteilen
gegenseitig mit Genuß durch
arbeitende Hände und Zähne
aus dem Stand.
Ihre Fotzen schmatzten,
während sie sich gegenseitig
die Ohrmuscheln leckten
und ihre Zungen im
anderen Mund spielen ließen
und beide unten zuckten.
Sie hatten nur noch
eine gemeinsame Möse, die
unter Wasser stand,
bis die eine der anderen
beim Umarmen den linken Daumen
durch den Schließmuskel trieb
und den Fick ohne Mann
an ihr hinten fortsetzte,
indessen die Figuren
langsam nachgaben und
langsam übereinander fielen
ohne Umstände.

XXI

(Nach Hubert Selby)

Die Jugendlichen standen da
im Kreis herum, während
einer von ihnen die
nicht mehr junge Frau an der
Erde hinmachte
und in sie wie in eine Kuh
fickte, ganze Arbeit leistete
mit seiner Latte und die anderen
ihre steifen Latten aus den Hosen
stehen hatten und sich gegenseitig
einen herunterholten, weil sie es
nicht mehr aushalten konnten
und über die beiden spritzten,
die an der Erde waren,
bis sie nacheinander bei der Frau,
die nichts als fette Fotze war,
dran kamen
und sie jedesmal ihnen ihre Beine
auf den Rücken schlug, wenn sie
fertig wurden, der nächste
seinen Bengel in sie zwang
und ihr die Weichteile weitete
bis zur nächsten Runde
und sie schließlich sie am Boden
alle gemeinsam bepißten,
weil sie so schön still war,
und jemand noch auf den Einfall kam,
sie als richtiges Klosett
zu benutzen.

XXIII

Laß deinen Langen ruhig weiter
in die Vase hängen und Blumen
unter Wasser setzen.
Das gibt mehr her als Regen

im Frühling, wenn du nicht
an dich halten kannst
und es tun mußt und
in die Tulpen schiffst. Es können
auch Nelken sein im Sommer,
nach Biergenuß, verbrennen
müssen sie sowieso danach
und du bist jedenfalls dein Wasser
los und kannst den Pimmel
frei bewegen in der nächsten
Frau.

XXV

Er gab es der Alten tüchtig,
die er sich unterwegs bei guter Gelegenheit
gegriffen hatte, um ihr
das alte Organ zu bürsten.
Er riß sich ihre graue Lochwolle
durch die Finger, ehe er
seinen Tiefbohrer in sie schickte
und ihr das alte Gefühl im Bauch
besorgte, abwechselnd
von vorn und von hinten
und ihr hustend alles Eiweiß
durch die Gegenden jagte,
über die sie verfügte
und sich hustend in ihrer Hängetasche
zwischen den Beinen einrichtete
bis ihr altes Leben in sie kam
und sie schön ausgevögelt unter ihm
in ihrem alten Saft kochte
und Rotz und Wasser ließ,
er ihren alten Kadaver
am Boden schüttelte
und ihr gründlich
die Kehle drückte.

Alltägliches Gedicht

I

Land vermessen, in den Sack gehau'n,
genau die richtige Tätigkeit.
Einer denkt preußisch,
straft sein Weib, die Kinder.
Sie nimmt den Ohrring ab,
wenn der ihr Maß nimmt,
der hier Übung hat.
Gefühle gehen in Gedichte ein –
ein bißchen Leuchten wie ein kurzer Satz.
Man ist am Leben, wenn man
seine farbigen Hemden zählt.
In Kleidung geht man
durch die sonnigen Zimmer
und tut in seiner Ecke,
was man will.

II

Immer öfter sich die Hände waschen.
Vor dem Spiegel lasse ich Haare,
kämme mir die Unschuld als Frisur
nach vorn
und stehe da und lasse stehen,
verändere rein gar nichts.
Nichts geht mir
über Eigentum.
Eine Menge Stoff für Verse
liegt da herum.
Hüte, Hanteln sammle ich
und trage Obst vorbei
und Blumen und die Gegend
atmet auf, wenn ich die Finger
endlich trocken habe.

III

Alles möglichst einfach. Selbstverständlich
fließt der vorhandene Fluß
geradeaus, vorbei am Fenster,
das man morgens aufstößt,
Luft bekommt so gut.
Der Flußwind weht ins Hemd,
strammes Leben, Morgen, der in Hosen fährt.
Der Tag wächst langsam in den Muskeln.
Das Wasser dampft von unten aus den Ufern.
Ruhig fliegen Vorhänge ins Zimmer,
in dem noch Nacht steht, überflüssiges Eiweiß,
die Schweißzeichnung im Kissen.
Selbstverständlich
verliert sich das. Das Licht
besucht nun jeden Gegenstand.

IV

Das leuchtet ein –
die Wochentage, sparsames Wetter,
sechsmal das Frühstück
im Handumdrehen, mit verschlucktem Speichel.
Dienstag und Donnerstag erröten nicht.
Das hat Hand und Fuß.
Wasser schwankt im Glas,
wenn man nicht hinsieht.
Vor einer Mauer
holt man Atem
ohne zweierlei Gnaden,
spürt sein Fleisch durch die Taschen.
Der Anzug hält sich aufrecht
für die schöne Blume
im Knopfloch.

(1967)

Nicht so schwer

Manchmal ist es
gar nicht so schwer,
die Luft aufzuhalten,
die überflüssiges Papier
und Türkentauben
fliegen läßt.

Ich stecke sie mir
bequem in die Taschen,
und aufs Geratewohl
versuche ich mich
in leichten Bewegungen.

Meine Gefangene
trägt mich sanft
nach oben, überläßt mir
einen Sitz auf der Wetterfahne.
Das gefällt mir,
wie ich mich so
mit der Windrose drehe.

(1967)

Müdigkeit

Die Luft ist heißgebackener
Staub.
Mit verklebtem Auge
lebt schattenlos die Müdigkeit.
Langsam fällt eine Hand
aus der Tasche zu Boden.
Die mit Wasser begossenen
Blätter erinnern an Grün.
Vergeblich versuche ich,
eine Beziehung herzustellen
zwischen einer stillstehenden Uhr
und dem Licht.

(1967)

Adieu

Die Äpfel mit roten Backen,
von Robert Reinick gedichtet –
ein rüstiger Herbst
erkennt die eigene Vergangenheit.

Es wird früher dunkel.
Lampenanzünder haben
eine Menge zu tun.
Der Staat läßt jetzt
Briefmarken drucken
mit froher Ernte.

Neuer Wein gehört dazu.
Er hinterläßt im Mund
Kupfergeschmack.
Das erwartete Adieu
in der Luft.

(1967)

Wintergedicht

Die Kälte kommt aus der Luft,
die von keinem Blatt versteckt wird.

Das Feuer verschwand aus Augen.
Feuer ist gut
für Kamine, die Rauch
nach oben schicken.

Jede Fläche wird größer,
wenn sie weiß wird.

Was brennbar ist,
ahnt seine Asche.

Redeworte
werden selten verwendet.

Kalt und dingfest
die Gebrauchsgegenstände.

Es fällt auf, wenn jemand
in schwarzen Kleidern vorübergeht.

(1967)

Im Kalender lesen

Im Kalender lese ich,
wem sein Brot gebacken ist.
Jeder beherzte Bissen
ist vorausgesehen.
Ich halte den Löffel fest
zwischen Daumen und Zeigefinger.
Mein Messer tut
seine Pflicht.
Langsam trinke ich
aus der Tasse
meine Bestimmung.
Es schmeckt mir sogar,
was ich zu mir nehme.
Man hebt mir auf,
was mich umbringt.

(1967)

Familientisch

Der Familientisch verschafft
die Illusion von Familie.
Man sieht an ihm
überall leere Plätze.
Vater und Mutter sind
hinzuzudenken
bei rostiger Gabel, dreizinkig,

einer zerstoßenen Tasse
und behenden Rotweinflecken,
die sich jeden Abend
vergrößern.
Eine Hintertür steht offen.
Jemand schleicht sich hinaus.

(1967)

Schultag

Aus den Schreibwarenhandlungen
stürzen Kinder
mit frisch gespitzten Bleistiften.
Der gekritzelte Tag
entsteht auf liniertem Papier.
Das Schulheft riecht
nach Luft und dünnen Strichen.
Im lustigen Wetter leben
die Rechenaufgaben,
die Botanik mit getrockneten
Jahreszeiten.
Alles wird zur Zeichnung,
mit dem Lehrer
in der unteren Ecke,
mit den Ferien oben.

(1967)

Meinungen

Meinungen sind mir lieb.
Aus Ansichtskarten
läßt sich ihr Schicksal lesen.
Die Landschaft ist als Überzeugung
bequem zur Hand,
belaubt im Sommer, später kahl,

nur manchmal immergrün.
Ich sehe das Gelände
sich ständig ändern.
Oben der Himmel bleibt.
Mit Sachkenntnis
färbt er sich morgens rot: Aurora.
Man denkt an Zukunft.
Doch der Tag wird anders.
Er zieht sich hin.
So weit, so gut.
Die Zeit wird schließlich lang
und unterm Fingernagel
schmutzig.

(1967)

Gemeinsamer Frühling

Das haben wir nun
wieder alles gemeinsam:
einen singenden Baum
mit Vögeln statt Blättern,
die Brennesselkur, den Aufguß
von Huflattich,
das gemeinsame Motiv,
die kollektive Luft.

Uns gehören
die Tauben auf dem Dach.
Die Dose Bier
schmeckt wieder im Freien.
Nun muß sich alles, alles
wenden.

Die leeren Seiten
füllen sich mit Bedeutung.
Das Schreiben über den Frühling
macht allen Spaß.

(1967)

Schöner Tag

Der Tag sieht aus,
als ließe sich heute
weiterkommen.
Man schluckt ein Trinkei,
schnappt Luft.
Geradeaus geht man
auf eine Wolke zu.
Die Spieldose summt im Kopf.
Das läßt sich hören.
Spazieren im Licht
macht Spaß.
Mit angewinkelten Armen
hat man seinen Auftritt
vor einer Wiese
mit schönen Blumen.
Schon gestern war
so ein schöner Tag.

(1967)

Einen Satz lang

Einen Satz lang bleibt
das ansehnlich,
ohne Belastung durch Relativsätze,
Kunststück mit Sonne, Welt –
eine Kleinigkeit, freundlich
bei günstigem Licht,
soviel Gunst obenhin
und bekömmliche Landschaft,
eine wirkliche Szene,
Schauspieler kommen und gehen,
man holt gut Luft,
das Leben hat man schon lange
nicht so gut gefunden in einem Satz
so wie Blumen auf dem Lande
geradeaus wachsend hinter Bänken,

auf denen niemand sitzt,
den goldenen Rahmen
vermißt niemand.

(1967)

Die Macht

Vorübergehend
eine deutsche Redensart
wie aus der Pistole geschossen –
die Macht.

Anfangs klopft sie
mit dem Knöchel
an die Haustür.
Geduld gehört dazu.

Das ändert sich.
Man steigert die Geräusche.
Die Grabinschriften lauten
immer vorsichtiger.

(1967)

Staatsgewalt

Einen dieser sorgfältig verpackten Polizisten
nehme ich aus der Schachtel,
stelle ihn
als blauen Schutzmann
an die Straßenecke
an einem Tag, der mit seinem blauen Wetter
bis zum Lieben Gott reicht.
Die Staatsgewalt lasse ich
mit Stimme
aus einem Buch mit schönen Gesetzen
vorlesen.

Die Passanten glauben ihr,
die Haustiere, die Vögel.
Sie halten an und staunen,
daß alles so gut geht.

(1967)

Der Rest

Der Versuch,
Körperstellen zu beschreiben.
Die Luft ist
ohne Bewegung.
Die Sätze
rühren sich nicht.
Eine selbständige Hand
ruht auf einer fremden
Hautfläche.
Ein Torso ist
ohne Gedächtnis für ein
an den Leib gezogenes Bein.
Mit meiner Linken oder
Rechten suche ich
nach dem verlorenen
Zusammenhalt.
Langsam verschwinden
im heißen Zimmer
an den Wänden die Bilder.
Die wortlose Berichtigung
von Beziehungen
begnügt sich mit einem
Rest an Aufmerksamkeit.

(1968)

Besuch kommt

Ich habe mir
zurechtgelegt,
was ich brauche:
eine gediegene Fußangel, Kuchen-
stücke, Bierwärmer,
diese beliebten
Kleinigkeiten der Gastfreundschaft,
besonders schöne Messer,
alte Fotos, stockfleckig,
ein Terzerol unterm Tischtuch
an geeigneter Stelle,
Fleckenreiniger, kalte
Pastete vom Wild,
eine Gläserpyramide,
eine aufmerksame Stutzuhr,
eine gestreifte Katze
zum Schmeicheln.
Ich sitze
unter meinen Habseligkeiten,
glücklich, sie dienstbar
machen zu können.
Wenn es läutet,
schwärze ich den Kaffee.
Langsam blättert
eine Zeitung
ihre Todesanzeigen auf.
Das macht die Zugluft.
Sie kommt von der Tür,
die ich öffne.

(1968)

Besuch geht

Vieles blieb unbenutzt.
Die unbeschädigte Wohnung
erholt sich in Ecken
von Fingerabdrücken, Mund-
geruch und Handtüchern.
Die verteilten Bukette
blühen auf als schöne
Blumen ohne Wiedersehen
mit denen, die sie
mit Sitte und Papier schenkten.

(1968)

Weltmaschine

Sanduhren, Attribute
der unsichtbaren Weltmaschine,
langsam laufend und poetisch
als Erscheinung –
man erfährt Ablauf
von Geschichte als etwas,
das durch Finger fällt,
während fröhlich auf Leute
geschossen wird, die
nicht mehr verwendbar sind.
Mit Genuß wird Vergangenheit
verarbeitet als Zukunft.
Die Botanik der Träume
will gelernt sein,
um aus ihr Nutzen
zu ziehn für Utopie,
die mit Grausamkeit
nicht geizen soll.
Die letzte Karte ist nie
verspielt. Schon morgen
werden wir mehr wissen.

(1969)

Hitze

Erfrischt
von ein paar Geräuschen, die es
früher hier nicht gab.
Das Licht rückt jeden Morgen
weiter vor, methodisch,
mit seiner einfachen Linienführung
im Zement.
Man kommt ohne Worte
ziemlich weit, während man
erfährt, was man schon weiß –
Hitze, wie üblich. Der Sommer
klebt am nassen Körper-Umriß.
Abends werden Linden duften,
möglichst wie im Volkslied.
Vorher die ermüdende Graphik,
die der Staub überall hinterläßt
auf Blättern und Sätzen.

(1970)

Schlafen

Ich werde das später
als Traum ausgeben,
wie ich daliege mit Hand und Fuß
bei leicht geöffnetem Mund
und verschwunden bin in einer Gegend
ohne Sinn und Luft,
gründlich tot, aber leicht
zufriedengestellt von wirklich schönen
Bildern, die nichts bedeuten,
Farboberflächen ohne Hintergrund
und gottgegebene Eigenschaften,
nur Abstufungen einiger Farben,
die wechseln und die bloß
da waren, wenn sie wieder
verschwinden, und ich langsam

mit seitwärts gedrehtem Gesicht
ein Taschentuch auf den Augen
spüre.

(1970)

Bilder

Bilder kommen
ohne Syntax aus.
Die Freiheit als Plakat
hat einen vollkommenen Körper,
der sich angenehm ansieht
und die Wahrheit unterschlägt
wie alle Fahnen, die man sich
an den Hut steckt unterwegs
beim Weiterkommen in einer
Gegend, in der man sich
auszukennen glaubt –:
Leben, das eine ganze Menge
aushält, aber nicht stimmt,
wenn man es gegen das Licht hält,
und das so tut,
als sei es vollkommen unterscheidbar
von Abbildungen oben genannter Art.

(1970)

Nichts weiter als Leben

Nichts mehr. Nichts weiter
als eine Kleinigkeit wie
unterbrochene Handschrift
im Schulheft vor mehr als
vierzig Jahren.
Kein Geheimnis: Vergangenheit.
So war das mit diesem und jenem,
ein umgeworfener Stuhl,

kalte Betten ohne Geruch,
Augen, die in Bäume sehn
und auf Gewalttat, Händeringen,
Kopfschütteln und sparsames
Gefühl – du edles Wild,
nichts weiter als Leben,
das einen verläßt, geduldig,
bald oder jetzt, jetzt schon,
zu früh, sagen welche, zu spät,
meinen sie.
Zurück bleiben diese
dichten Bäume von damals,
am grünen Abhang gemalt,
wo ich umher mich leite,
die andern Körper, die bekannten,
auf mich gerichteten Augen.
Es ist Zeit, sich fertig zu machen.

(1970)

Weitermachen

Ich gehe um einige Straßenecken
und habe eine bildhafte Darstellung
von Zeit zwischen März und Oktober.
Der Bildausschnitt gefällt mir,
in dem ich mich bewege,
langsam, auf Veränderung zu,
ein Sterben an irgendwas, während ich
vorläufig einfach weitermache –
wie darüber schreiben,
daß man noch am Leben ist,
unter verbrauchten Gegenständen
und Eigentum, das leuchtet,
Verzeichnissen ohne Inhalt?
Einiges wartet darauf, daß ich mich
nicht mehr wehre.
Leuchtende Insekten
stehn in der Luft.

(1970)

Warten

Manche warten
auf das Erscheinen des Glücks –
ein Profil, auf die Mauer geworfen,
in Reichweite der Tür.
Der Tod ist ein Zeit-Trick,
mit dem Leben vorher,
in dem man das Gefühl hat,
überall zu bluten,
ohne zu wissen wohin.
Die Zeit geht vorbei.
Alles hängt zusammen –
ich meine, sieh genau hin:
„im Falle der Kulturbeschreibung
erscheinen die Individuen
als einfache Einheiten".
Was wir wirklich machen wollten,
ist warten auf Leute,
die uns Worte in den Mund legen,
an denen man erstickt.

(1971)

Immer noch etwas wert

Ganz offen gelangweilt –
eine Null das alles: der gleichgültige
Geruch anderer Leute.
Man muß etwas erfinden,
um das auszuhalten, nicht gleich
SING DEIN LIED, DICHTER,
aber erschöpfte Sprache zum Vergnügen
gebrauchen, sich ein frisches
Handtuch geben lassen, erleichtert
sich selber einholen,
ohne an seine Mörder zu denken:
Schwäche, Schwäche – mache
ein schnelles Geschenk daraus.

Sich wieder erleben
in Kleinigkeiten ohne Perspektive.
Das bleibt immer noch etwas wert.

(1971)

Keine Ideen

Keine Ideen – dafür Gebrauchsgegenstände,
mit ebenbürtiger Luft darüber.
Seit langem nicht mehr Rilkes Dinge
in der Tabakstille, die
ein Raucher im Zimmer zurückläßt.
Komm bald – Gefühl für das,
was man mit der Hand umfassen kann:
eine Rotweinflasche, einen Fuß
mit seinen Zehen.
Was brennt denn jetzt, Feuer?
Es läßt nicht nach.
Ich bekomme mit offenen Augen,
was ich brauche. Gebrauch und Verbrauch.
Laß das alles brennen für dich
und dem Dunkel danach das Übrige.

(1971)

Die Haut, in die man gesteckt ist

Das mechanische Spielzeug meiner Kindheit,
Phantasie, in die Jahre gekommen,
früher ein Mittel, nicht gesehen zu werden.
Lampe und Schrank sagen mir,
daß ich wohne, ohne mich zu haben.
Man gewöhnt sich an die Haut,
in die man gesteckt ist.
Wirklichkeit – eine Bilderfolge,
durch Auswahl gesteuert.

Dazwischen Schlaf, Nebeneinanderliegen,
das Herannahen des Todes.
Sie trug irgendein Kleid,
durch das sich ihre
Beine und Schenkel zeigten.
Vergiß alles. Das Herannahen
irgendeiner Zerstörung.
Was machen wir mit diesem Leben?

(1971)

Das Bild, das man hinterläßt

Langsam fortgehn, ohne daß jemand
etwas merkt.
Ich verstehe nichts mehr.
Eine Tür in die Nacht öffnen,
nicht schwanken, sich entfernen,
als könnte nichts geschehn.
Man hinterläßt das Bild,
das sich manche von einem machen,
mit dunklen Stellen.
Langsam fortgehn, sein Tagebuch
hinter sich lassen,
Gehörtes, Gesehnes verschwindet,
unkorrigierbar,
den Willen ablegen wie
Benennungen –
Nacht, ein Wasser,
das vor den Fall kommt,
ein Rauschen, das man
nicht mehr wahrnimmt –
Tod, der einen endlich übernahm
vom Leben, das man führte.

(1971)

Der Baum

Dann war da dieser Baum.
Nichts weiter als grün,
wenn es soweit war,
mit einem Schatz von Blättern und Vögeln,
Schatten, je nach Tageszeit,
bei schönem Wetter,
ohne Umwelt, für sich,
mit Gewitter und Leuten,
die sich kurz unter ihm liebten,
den Kopf voll Sonne –
ein Gedicht wert wie dieses.
Dieser Baum. Ich warf
einen Stein nach ihm.
Er kam nicht zurück.
Ich bestieg ihn langsam
und verirrte mich
in einem fernen Land.

(1971)

Für immer

Für immer Zeit verlieren.
Schnee beginnt um mich
für immer zu fallen
ohne Heimweg und Rückkehr.
Das ist so einfach wie
im Sommer sich für immer
ins Gras fallen lassen
und zusehen, wie es weitergeht
mit einer gedankenlosen Landschaft,
die sich zerstören läßt
für immer und die man
schließlich leid ist, wenn man
lange genug Frühling gesagt hat.

(1971)

Ganz gut leben

So ist ganz gut leben –
mit Freundlichkeit, beinahe wie sie
Brecht verstand, solange
man Rosen im Schrank
als Gedicht betrachtet,
reine Freizeit, ohne Angstbilder
oder Matthäi am letzten,
ein Liebhaberstück wie Privatleben.
So ist ganz gut leben –
ein Langzeitprogramm ohne
Zufall und Notwendigkeit,
doch mit dieser Freundlichkeit
ausgestattet: ein schöner Anblick
und ganz normal idiotisch,
solange man durchhält.

(1972)

Mehrmals

Einiges ist
zum mehrmaligen Gebrauch
eingerichtet –
Tassen, Teller, Körperöffnungen.
Jemand wird schließlich
zum Inhalt seiner eigenen
Geschichte.
Ich werde es wieder tun.
Ich werde, was ich gesagt habe.
Bis in den Bereich der Fiktion
verschobene Bilder –
mehrmals, immer wieder
sich rasch erinnern,
ein absolutes Tagebuch.
Dies ist geschehen.
Es war aufgeschrieben –
Leben als mehrfacher Orgasmus,

Schüsse, zu Boden rollende
Augäpfel, ein einfaches Dasein.
Kennt ihr das Gefühl,
jemand sieht zu, ohne
daß man es selbst weiß?
Mehrmals, immer wieder
leuchtender Abfall,
die reine Ordnung der Mathematik
oder der Kinderwunsch,
sich unter einer fremden Achsel
zu verstecken.
Mehrmaliger Gebrauch
des Todes vorm Tode.
Du bist mehrmals vorher dran,
ehe es dunkel wird
und niemand mehr
Gute Nacht sagt.

(1972)

Schlaflied

Schlaf jetzt oder tu
wenigstens so.
Unser weltliches Zimmer
wird kalt wie dein Handgelenk,
wie Haut an Haut
in der Kälte, die kommt
wie Winter oder was man
dafür hält, hüftabwärts.
Schlaf jetzt, ich mache
dir kalt, was sich anders
anfühlte – Liebe.
Meine Finger in deinem
Achselhaar oder wohin sie
immer finden in diesem
kalten Lied.

(1972)

Regen

Das ist wie Regen draußen.
Du kannst bei Nacht
an ihrer Seite sein
und dir etwas einfallen lassen.
Eine sanfte Maschine – Regen.
Du kannst die Autos wie Schiffe hören
draußen im seltsamen Leben
und dein Taschenmesser vorm Fenster
rosten lassen, weil du es
doch nicht benutzen wirst,
mit dem Totenschein schon
in der Anzugstasche.
Das ist wie Regen draußen.
Du tust es nicht.
Du kannst bei Nacht
an ihrer Seite sein.
Dein Körper ist schon weiter.
Zwei können einschlafen.
Du wirst nicht zustoßen.
Eine sanfte Maschine – Regen.
Man trennt sich, ehe ein Unfall
wirklich angenehm gewesen wäre.

(1972)

Konversations-Gedicht

Du kannst mir eigentlich
Leben beibringen.
Es ist nie zu spät,
damit anzufangen.
Die theoretischen Engel
sind nachts ohne Unschuld,
wenn sie dir zeigen,
was los ist, und ihr
Plastikblick auf deine
Hose fällt, du eigentlich

weißt, was kommt, es aber
doch noch einmal
beigebracht haben möchtest,
ehe du dich ins Feuer schickst
und in Flammen aufgehst
über einem kalten Körper.

(1972)

Porträt

Mit der einen Gesichtshälfte,
dann mit der anderen
Menschenmögliches tun –
zuviel Licht aushalten,
besehen werden von
wechselnden Personen
an verschiedenen Orten
im Tagesdurchschnitt, während
dem Himmel nichts fehlt
und das Leben in zwei gleiche
Segmente zerfällt,
physiognomisch stillhalten
und das sein, was die andern
zu tun fürchten –
durchhalten in einer bestimmten Sache,
da sein, um angestarrt
und vergessen zu werden –
ein Schaustück ohne
Tränen in den Augen,
eine Blume aus Draht
oder anderes, das sich
rasch herstellen läßt,
um herumzustehn für
Vorübergehende,
ohne melancholische Finger,
die sich plötzlich bewegen.

(1972)

Ich bin mir nicht zu gut

Ich bin mir nicht zu gut
für einiges, das geschehen könnte.
Nichts geschieht, kein
Stummfilm mit zu schneller
Handlung, höflich verschwindend
hinter unbekannter Regie.
Natürlich kein Blut
auf dem Schreibtisch –
ich schreibe nicht auf,
was ich verlor in einem Nebensatz
oder beim dritten Läuten
an der Wohnungstür.
Nichts geschieht. Ich will nicht
die Welt retten. Ich versuche
mit meinen Worten
durch feindliche Linien zu kommen.
Dafür wachsen noch manchmal
meine Finger durch fremdes Haar,
besorge ich täglich mir selber
den Tod mit allem, was recht ist.

(1972)

Dasselbe Lied

Immer dasselbe Lied –
nur so. Ich lebe.
Diese kurze Melodie.
Nur nicht zuviel auf einmal.
Ich zähle nicht die Tage.
Keine Rede von ihnen bei
wiederholtem Lagewechsel.
Ich hab's. Das genügt
für heute, das bringt
manchmal weiter, wenn ich
vor anderen Türen bin
und nachts ein richtiges

Fenster leuchtet wie ein Punkt
genießbarer Schönheit.
Es hilft mir nichts,
daß niemand hinsieht,
wie ich am Leben bleibe.

(1972)

Zu spät

Jetzt erst komme ich auf den Gedanken,
nebenan zum Beispiel, morgen vielleicht schon,
werde ich neugierig (wie eine Katze),
nehme ich wahr, daß in Ansätzen,
jetzt erst habe ich das Gefühl,
überall, gestern vermutlich schon,
hinter mir möglicherweise,
finde ich eine Beziehung,
ist mir so, als ob ich,
werde ich neugierig (wie eine Katze),
fühle ich plötzlich –
ist es so.

(1972)

Bescheid wissen

Du bleibst am Leben,
so lange du gebraucht wirst.
Das ist ganz einfach wie
ein kurzer Satz. Du siehst
noch hin, wie einer
eine Frau besteigt,
etwas aus Liebe tut oder was
er für Liebe hält.
Nichts kommt zum Vorschein,
was man nicht schon kennt.

Inzwischen ist er fertig
wie mit anderen Sachen des Lebens.
Du hältst dein Haus
tatsächlich noch offen
und Gäste kommen wie sonst.
Du kriegst die Augen nicht zu,
auch wenn die Gegend
ein blinder Fleck ist.
Daß du Bescheid weißt,
reicht dir noch lange nicht
zum Aufhören.
Selbst bei einem Schuß,
der daneben ging,
sagst du nicht nein.

(1973)

Zu nah

Einfach zu nah. Man kann sich anfassen.
So wird man einander gleichgültig.
Man sieht sich nicht nach dem Tode.
Vorher spürt eine
deinen Samen in sich
und geht ganz ruhig
aus einem beliebigen Zimmer.
Das war so wie anderes,
das nicht stimmte.
Später merken manche dir an,
daß du erledigt bist.
So nimmst du dich aus – als Eindruck,
ohne Rückkehr zu deinem
letzten Jawort.
Eine Atempause genügt.
Das zufällige Leben
geht ganz ruhig
ohne dich weiter.

(1973)

Für kurze Zeit

Eine Landschaft, minutenlang,
mit vom Wetter geprüften Bäumen,
Grasgeruch an Körpern, Bestandsaufnahmen
vom Gefühl und Erde zwischen den Zehen,
Gedächtnis für Lehmann, die Atmung bei Ostwind,
Minuten Klaviermusik von Fauré oder
Liebesbewegungen mit dem bekannten Höhepunkt,
auch Gedichte für kurze Zeit, wie das Kippen
aus kleinen Gläsern, scharfes Wasser für Phantasie,
minutenlang die Nacht, die
im Buche steht, lästige Schlaflosigkeit,
für kurze Zeit der Überfluß an Fiktion,
die Annahme, daß es so weiter geht,
schöne Augenblicke um nichts,
mit dem zerschnittenen Bild
von synthetischem Leuchten verbracht –
manches hältst du wirklich
nur für kurze Zeit durch,
alles kostet.

(1973)

Mittag

Es ist gerade mal wieder nichts los.
Aus Höflichkeit zeigt die Uhr,
daß es Mittag ist.
Ein feines Geräusch wie Lebenserwartung
kommt auf und verschwindet.
Man ist einfach da.
Am Himmel ist Licht an.
Die Luft ist zu süß, wie gewöhnlich
bei dieser Windrichtung.
Wenn man geradeaus geht,
riecht es nach Eierkuchen.
Aber das könnte schon wieder
Chemie sein. Die Arbeitnehmer

machen jetzt Pause.
Bei geschlossenem Autofenster
fährt man den eigenen Körper
spazieren, die Seele,
sein Glück mit der Zeit,
die vorbei ist wie Landschaft,
auf Null angekommen.

(1973)

Wohin ein Schiff gehört

Ein Schiff gehört ins Wasser
oder als Öldruck an die Wand,
wie es unter gekämmten Bäumen
auftaucht, ohne zu scheitern.
Natürlich gehört es auch
ins Buch, in dem man
über Seegefechte lesen kann
und wie die Ruder brachen
unter Knirschen, während man
im Zimmer einem alten Grammophon lauscht
und Obst aus Papiertüten ißt,
seine Erlebnisse aus zweiter Hand
verarbeitet und froh ist,
dabei zu sein, wie auch auf dem Wasser
Geschichte gemacht wird.
Man läßt sich in seinem Nachdenken
über die Tatkraft anderer
nicht unterbrechen
und ahnt, daß das alles
nicht nur aus glücklichen Tagen
bestanden hat, wie bei diesem Schiff
an der Wand, das durch Laub fährt.

(1973)

Richtiger Herbst

Ich sehe auf einer Karte, wie
seine Kunstfarben in Holstein auftauchen,
dann als Rostflecken
langsam nach Süden auslaufen.
Eine winzige Glühbirne als Sonne
liegt über der Republik.
Mein richtiger Herbst zieht durch
Hessen rheinaufwärts
mit allem, was recht ist,
Reformhäusern, Müllkippen,
wie die Wettervorhersage deutsch,
im Herzen akademisch.
Kein Maler verübt für ihn
Selbstmord.
Schon brennt am Bodensee
ein Wald Rotbuchen
in den bekannten Farben.
Man muß rasch hinsehn,
ehe die Geschichte des Impressionismus
zu Ende geht.

(1973)

Das Glück

Auf einmal unterhalte ich mich
tatsächlich ganz gut im Dunkel
als ob jemand im Zimmer wäre.
Du erscheinst in der Türöffnung.
Das braucht seine Zeit, um es zu glauben.
Das wiederholt sich nicht. Ich sehe
dich wirklich so, langsam,
mit dem Gefühl, daß alles stimmt.
Es ist gar nicht so schwierig, und ich bin
fast sicher, die Nacht fängt so an –
ein ruhiger Anblick wie eine Geschichte.
Mir steht jetzt der Sinn nach keinem

Beweis, ich fühle mit einem Mal
mein Leben als fremde Begebenheit
mit diesem Glück als kurzer Erscheinung,
gar nichts besonderes, aber doch etwas,
das ich mir gefallen lasse,
wirklich allein mit mir und im Irrtum
über Verschiedenes, im Abschied
aufgehalten über Nacht,
für mich im Liegen sprechend
über etwas, das ich nicht kenne.

(1973)

Sieh dir das an

Sieh dir das an, das könnte
einer sein, der einfach weg geht
aus seinem weltlichen Leben,
nachdem er sich mit einem Rest
Saint Emilion den Mund gespült hatte,
der höflich verschwindet, ohne Panik
seinen Abgang voraussah, als er sich
zum erstenmal fragte, was er hier solle
unter anderen, die das alles
ganz selbstverständlich hinkriegen.
Niemand gab ihm Feuer fürs Weiterleben,
und die sinnliche Revolution
verschaffte keine Erleichterung.
Von diesem Augenblick an
fiel es ihm nicht mehr schwer,
sich zu sagen, daß es
ziemlich gleichgültig sein müsse,
in welche Richtung man sich
entferne.

(1974)

Eine flaue Sache

Eine flaue Sache wie
diese schwierigen Zusammenhänge
zwischen Frühjahr und Phantasie.
Ein Körper mit seinem Krebs
kann noch einige Zeit schön sein,
ehe er seinen Tod bekommt.
Man kämpft mit Übelkeit,
nennt es emanzipiertes Leben.
Ein bißchen Selbstbewußtsein genügt –
in nassen Kleidern schlafen
nach der Liebe, die so gut roch,
Vogelschreien, und Rotwein im Halse.
Später das Alter, flau.
Erzähl davon, wenn es soweit ist.
Ein Körper mit seiner
tödlichen Entzündung wird leicht.
Er wird seinem Ende zu
schlafen.

(1974)

Die Wirkung von Chemie

Die Wirkung von Chemie – eine Traurigkeit
kommt auf. Es regnet draußen.
Man muß die Schichttabletten
vor Nässe schützen.
Jeder Körper ist anders traurig.
Das Verlangen nimmt zu nach jemandem,
der nicht da ist.
Es ist als beginne ein bestimmter Vogel
zu singen.
Nein, glücklich ist man nicht,
wenn man durch Tagträume geht
unter Leuten mit anderer Sprache.
Es regnet in unsere Augen.
Die Mißverständnisse nehmen zu
bei offener Tür.

In welcher Gegend hält man sich auf?
Träumerische Demokraten
starren uns nach.
Wir müssen uns lieben,
denken sie.

(1975)

Fragmentarischer Tag

Fragmentarischer Tag. Etwas
ist nicht in Ordnung.
Man sitzt zu lange bei Tisch,
lacht von Herzen oder blickt
sich plötzlich nur an.
Unter der Haut sind wir alle
Fleisch und Blut.
Alles ist Glückssache.
Jemand zerschnitt sich den Finger
beim Öffnen einer Flasche Mosel,
trank hastig, als hätte er es eilig.
Keiner bringt sich in Sicherheit,
weil es zu heiß wird.
Die ausgeatmeten Stunden vergehn
gleichmütig im heftigen Grün.
Wie lange hält die Zeit uns zusammen?
Wie lange hält man das aus?

(1975)

Keine Zeit verlieren

Du hast keine Zeit zu verlieren.
Die fremde Frau, dir gegenüber,
denkt: er ist alt.
Wir wuchsen. Wir veränderten uns,
schlafen auf eine automatische Weise
oder seit langem schlecht.

Die Welt wird nicht deutlicher,
während man eine Musikbox bedient.
Ein Schnellkursus in Marxismus,
das rasche Essen, die Liebe
im Zugabteil zweiter Klasse, rasch,
ändern nichts am Zustand
der Schläfenadern.
Manchmal ist Warten schön.
Vielleicht öffnet sich eine Tür
und alles ist anders.

(1975)

Stimmung

Die Stimmung ist defensiv.
Musik kommt über das Wasser
von weither mit der Dämmerung,
die ist wie ein Blutbad
am Stadtrand und seinem
leerstehenden Beton.
Man wird passiv, läßt das zu –
die Richtung des Rauches wie
eine vorüberziehende Landschaft
und daß fast alles anders ist.
Man sieht nur halb hin,
ohne persönlichen Notstand,
während Ulmenblätter fallen
auf einem blassen Foto,
das wichtig ist.
Die poröse Oberfläche der Welt
ändert sich ständig.
Immer liegt irgendwer im Sterben.
So wird es bleiben.

(1975)

Gedicht für Norddeutschland

Die üblichen Schiffsbewegungen
auf der Unterweser –
ich war im Kieleranzug Sindbad
während der Wirtschaftsdepression
der späten zwanziger Jahre.
Rimskij-Korsakows Scheherezade
war mir so unbekannt
wie andere Wassermusik.
Ich blieb an Land. Arbeitslose
spielten Leben in den Deichanlagen.
Die Zukunft bestand für mich
aus Deutschaufsätzen mit
schlechten Noten, später mit besseren.
Man merkt selten,
daß man aus seinen Kleidern wächst.
Ich nahm mir nicht vor,
groß zu werden.
Ich bekam es umsonst,
in den Tagen darauf
als ich sah, wie Leute liebten.

(1975)

Aussicht

Aussicht auf wenig, es sei denn,
man nähme das ernst,
was an Kleidern hängenbleibt,
Staubschrift in möblierten Zimmern
und das solide Altern eines Kinderdrachens
in einer Baumkrone
seit letztem Herbst.
Eine Person verschwindet hinter
einer Bauhütte.
Du winkst ab. Du kennst das schon,
die Wiederholung von einigem,
das nicht weiter kommt,
wie diese Aussicht auf nichts.

(1975)

Tatsächlich heiß

Es ist tatsächlich heiß.
Das macht schamlos, du sollst
deinen Jubel haben, aber
was heißt das anderes als
dir die Glückshaut abziehen lassen
von Leuten, die Bescheid wissen.
Das geht ganz rasch im Schatten:
im Stehen lieben auf nächstbeste Weise,
heiß bis zum Hals und feucht
das alles wie bei anderen
Arbeitsvorgängen, die Eile haben.

(1975)

Warnung des Sommers

Am Laub der Bäume
tauchen gelbe Flecken auf –
eine unkorrigierbare
Warnung des Sommers.
Man geht im Regenmantel geradeaus
durch eine Gegend mit Falläpfeln
und vergessener Müllabfuhr,
die man nicht zitieren kann
in richtigen Landschaftsgedichten.
Manche Leute wollen alles haben,
sagt man. Sie bekommen
die Unfreundlichkeit der Welt umsonst,
mit Schnee im Rücken,
der morgen fallen wird.

(1975)

Man hat es in sich

Man hat es in sich, Leichtsinn,
eine Notenschrift, Lerchen oder Libellen
wie eine private Belohnung.
Meine Kinderkrankheit war schön –
ein Mangel an Zusammenhang.
Ich höre, wie Leinen zerrissen wurde.
Ein trockener Ton.
Alles war in Weiß getaucht.
Männer mit zu breiten Nacken
redeten, was ich nicht verstand.
Das Lernen einer Regel war schwer.
Mein Körper entschloß sich,
mit sich allein zu bleiben.
Ich versuchte es später
mit einer Addition von Formen.
Die sonderbaren Dinge
wurden leicht.

(1975)

Einerlei

Das ist doch einerlei:
was ist dies für ein Tag?
Du sammelst Kartengrüße
und weißt die Zeit nicht, die
ganz ohne Sinn vergeht, ganz ohne dich,
mit deiner rechten Hand, die schreibt
und deiner linken in der Tasche.
Das ist doch einerlei.
Du gibst nicht auf im Halbschlaf
mit einer Frau, die ganz wie du
ist, depressiv, mit einer Angst
vor allem. Gibst den Ort nicht auf,
der dich längst festhält.
Du kannst nicht anders,
bleibst und siehst

dir zu als einem, der zu früh
das Blatt aus dem Kalender reißt,
bis auf die Augen starr,
erstarrt bis auf den Grund
des Lebens, das sich so
von ihm entfernt.

(1975)

Wahre Gefühle

Unsere wahren Gefühle – zusehen
können, was andere besorgen.
Wir reiben unser Knie, wenn der Herbst
auf bemalter Leinwand erscheint,
mit von Vögeln angefressenen Birnen
und Hölderlins holden Schwänen.
Der Winter beschleunigt
die Vorstellungskraft wie ein bestimmtes
Geräusch des Winds, der das Eis bricht.
Bevorstehender Frühling fördert
Privatleben. Man läßt sich gefallen,
was bloße Gegenwart ist
und morgen eine große Wiese
für gute Wünsche.
Überhaupt geht schnell vorüber,
was nicht aufzuhalten war.
Was bleibt ist die Pflicht,
ruhig weiterzuleben.

(1976)

Psychische Geschichten

Nichts ist los. Niemand wird
überlistet. Man ißt
und schläft gern, hält sich
an den Durchschnitt.

Was ist los? Was ist vorbei?
Natürlich gibt es auch
psychische Geschichten.
Da wird es schwierig.
Du kannst dir auf einmal
nichts mehr vormachen.
Es ist Gefühl dabei unter anderem.
Dein Blutdruck verändert sich
tatsächlich schnell.
Die Angst ist da, sprachlos,
im Handumdrehen.
Du weißt nicht, ob du
dich rühren sollst.
Du bewegst dich nicht.
Der Schrecken ist lautlos.

(1976)

Zum Verwechseln ähnlich

Zum Verwechseln ähnlich und ganze Männer
mit den richtigen Autos, Frauen,
von weitem ein Anblick, sonderbar,
wie einfach es ist, graues Haar zu bekommen,
Fleisch anzusetzen an den üblichen Stellen.
Das Grüne draußen blieb grün.
Zu große Brüste und gewöhnlich schlaff,
nicht zu beschreiben, es lohnt nicht
hinzusehen, da könnte jeder kommen
und sagen: ganz wie bei uns.
Man kennt das. Du hast
nicht mehr genügend Zeit,
um die Augen zu verdrehen.
Die Paare bleiben schamlos
Mund an Mund vor den Leuten.
Häuser, wie Glas, leuchten
bei günstigem Licht.
So war es schon immer.
Jetzt bist du dran

wie die andern.
Du verstehst das nicht gleich.
Es ist nur deine Stimme,
die spricht.

(1976)

Am Leben bleiben

Man besteht darauf,
am Leben zu bleiben,
zählt an zehn Fingern,
was man für Glück hält,
sieht in verschiedene Gesichter,
läßt sich grüßen und grüßt zurück,
empfindet physische Reife.
Licht fällt in gerader Linie,
wenn Mittag ist und
die Emotionen gedämpft sind.
Ich laufe nicht mehr Wörtern nach,
wenn ich dicht neben dir schlafe
und nicht merke, wie schnell
man scheitert und schweigt.

(1976)

Kein Weltverlust

Ich fand nur ein Wort dafür,
sagte es nicht, stand auf
und ging. Mein eigener Name
verschwand mit mir,
verwahrlost, draußen, die abgebrannten
Zündhölzer im nächtlichen Rasen.
Liebte ich so? So wurde ich behandelt,
depressiv, ein einzelner Vogel,
der dicht am Fenster sang –

ein zu schöner Vergleich für diese
ungeordnete Melancholie,
die zurückbleibt, die Leber frißt,
langsam, die geduldige Krankheit,
mit Rotwein gefüttert das Gedächtnis
für Nachtwiesen während eines
menschlichen Sommers.
Kein Weltverlust für andere.

(1976)

Diese alten Männer

Diese alten Männer, die niemand
mehr ansieht, Hausierer mit Phantasie,
reale Nullen, bei Abschaffung ihres Lebens,
unter Bäumen im Park wartend
auf nichts anderes als auf Vergangenheit –
eine Landkarte aus Staub.
Versteckte Sätze leben in ihnen weiter
im trockenen Mund.
Einige haben ein schönes Gesicht
für Augenblicke. Beinahe körperlos,
sagt man. Wer weiß etwas
von diesen schmalen Figuren,
die sich entfernen?

(1976)

Verhaltensweise

Das Anzünden eines Streichholzes –
eine nachgemachte Bewegung.
Man verfügt über bestimmte Verhaltensweisen,
kennt sich aus, ohne zu wissen.
Die unbeschnittenen Bäume
sind unterdessen dem Himmel näher.

Du legst wie andere
deine Hand über die Augen,
um besser ins scharfe Blau zu sehn,
das den Sommer nachahmt
mit hohem Blutdruck und dem Drang,
körperlich nachzugeben,
im Stehen zu schlafen oder zu lieben
und nachgemachte Wörter
wahllos zu verwenden.
Der Mund kennt sich aus,
der sich öffnet.
Er spricht nach,
was niemand wissen will.
Die triebhafte Sprache bleibt so
in Übung.

(1977)

Dann verliert sich das Interesse

Dann verliert sich das Interesse
an Meinungen, ohne Übergang,
wie sich Logik verliert
auf einer mit Filzstift gekritzelten
Skizze von Umwelt.
Es regnet schräg.
Das geht niemanden etwas an.
Es gibt keinen Übergang
vom Aufatmen zum raschen Umfallen.
Ich weiß nicht, ob mein Gesicht
noch in Ordnung ist, wenn ich
mich umwende und einen Schluck
Wasser im Mund behalte,
ehe ich Gefühle abschüttele,
während Leute rein- und rausgehn,
die nicht wissen, was sie
wirklich machen wollen und
so weiter in Bewegung bleiben
und jemand hinter mir ohne Überzeugung sagt:
oh, mach das noch einmal!

(1978)

Redensarten

Es gibt jederzeit Redensarten,
die man beim Tod von Bekannten
verwenden kann.
Ich will nichts beschönigen.
Entfremdung findet rechtzeitig statt.
Ich hörte die Tonlage „Ah“.
Es kam schläfrig, klang nicht einmal
wie „keine Überraschung, Leute!“
oder „Ich hab' gesehen, wie sie ihn küßte.“
Das Licht über dem Buchenlaub ist ziellos.
Ich denke mir, daß auch diese Bäume
rechtzeitig gefällt werden.
Ich habe den Fortschritt im Gefühl.
Was gibt es Neues?

(1978)

Freier Fall

Und überhaupt: gib auf.
Aber hänge nicht gleich am Kleiderhaken
oder an der Dusche im Bad,
verschwinde noch nicht um die bekannte Ecke,
wenn es auch für dich
nichts mehr zu tun gibt.
Es ist noch etwas zu früh,
die Zunge zu zeigen
und mit steifem Glied zu baumeln.
Vorläufig scheust du noch
diesen Anblick und wartest ohne Panik
auf einen freien Fall,
der nicht endet.

(1978)

PLOPP

Bedien dich oder vergiß es –
in einem kühlen Grunde
da geht so ein gewisses
PLOPP dir aus dem Munde.

Da kommt die Kaugummiblase
dir schon wie Sprache vor.
Da wird dir kalt um die Nase,
seit man den Bart dir schor.

Da ist auch kein Volkslied mehr.
Du brauchst nur weiter zu kaun.
Das Mühlrad nebst Zubehör
ist nichts für die Kaugummifraun.

Und PLOPP steht das Herz dir stille.
Das war schon das Leben: das war's,
wie bekannt, mit erstarrter Pupille.
Der Tod hängt im Ansatz des Haars.

(1980)

Da kommt die Müllabfuhr

Da kommt die Müllabfuhr.
Wie gut sie es wieder macht.
Das gibt endlich Bewegung.
Man sieht es sich an und lacht.

Das feine Essen von gestern
in den Eimer, Gott sei Dank,
mit Zigarettenkippen
schön auf den Abfallhang.

Ab in die Gegend jetzt!
Keiner spielt hier Gitarre.
Jemand steht hinter dir,
hebt ruhig eine Knarre.

Wie heißen die Leute bloß,
auf die sich schießen läßt?
Die Namen wechseln ständig.
Das gibt ein richtiges Fest.

(1980)

Nichts Neues

Schlechtes vom Menschen. Nichts Neues also. Die Leute,
sie sind so und wollen es hören und sehn.
Vor deinen Augen brennen die sichern Papiere von heute.
Jeder Feuer läßt sich durch deine Finger besehn.

Deine neurotischen Finger bewegst du bei jedem
Lichtschein.
Man geht der Regie der Erscheinungen nicht auf den
Grund.
Nichts Neues also, wie Sein oder Nicht-Sein.
Du besorgst dir die Himmelfahrt selbst. Das ist nicht
gesund.

Aber was ist es? Du bekommst doch die Motten,
so oder so, wie du weißt. Man ist doch im Eimer,
steigt privat in die Luft mit denselben Klamotten,
besingt den persönlichen Sarg ganz melodisch als Reimer.

(1980)

Du gingst im Walde

Du kannst sinnig in den Wald gehn,
denkst, niemand sieht dir nach,
kannst einfach weiter bei HALT gehn.
Da spürst du den Schulterschlag.

Dein Ausweis stimmt und weiter
gehst du im Wald für dich hin.
Der sah aus wie der Fahndungsleiter,
kommt dir nebenbei in den Sinn.

Du bist nicht der Gesuchte.
Deine Taschen sind ganz leer.
Von allem, was recht ist und unrecht,
merkst du erst hinterher.

Du bist für diese Tugend,
gehst weiter, nicht aggressiv.
Die Täter: das sind die andern.
Du suchst nur den Anweisungsbrief

im Baum, versteckt im Walde,
in dem es nach Eichendorff schallt
oder anderen. Warte nur, balde
schnappst du ihn dir, ganz kalt ...

(1980)

Herbstsonett mit Hegel

Den Staub des Sommers unter den Fingernägeln,
den Dieselgeruch noch immer im faulenden Laub.
Verschiedene Beeren leuchten, geschaffen zum Raub
durch Amseln und Winde, die über Baumkronen segeln.

Der Herbst ist anders. Er nennt seine Regeln
und bläst in die Blätter und Blusen den eigenen Staub.
Er brennt in den Gärten. Du frierst schon im Rücken.
Glaub
mir, der ist Dialektiker. Wie weiland bei Hegeln

geht es zu mit der Geschichte beliebiger Jahre,
mal so und mal so. Der greift getrost in die Haare
mit Sturm und macht die Geschichte kaputt.

Der ist nicht zu ändern, der kommt mit den
Regenschauern.
Da hilft nichts. Da gibt es nichts zu bedauern.
Die Furie des Verschwindens landet schließlich im Schutt.

(1980)

Herbstsonett mit Rilke

Altrosa wie Rilke oder wie
eine Ziegelwand im Regen:
das Staunen wird sich legen.
Du gewöhnst dich irgendwie

an Farben. An anderes nie.
Du weißt dich nicht zu bewegen,
im herbstlichen Blättersegen,
reibst dir beklommen das Knie.

Das ist nicht deine Sache.
Du stehst in der Wasserlache
und fühlst: der Herbst ist so –

Altrosa wie Rilke, dann düster.
Da stockt selbst das Geflüster.
Da gibt es kein WIE und kein WO.

(1980)

Terzinen, blauäugig

Alles blauäugig, auch der Himmel,
das Wetter über der Republik
zum besten, bitte, und nirgends Schimmel,

nur Wetter über der Republik
und gutes Sozialverhalten.
Da hat noch nichts einen Knick.

Nur gutes Sozialverhalten.
Das geht schon fast zu gut zu,
noch ohne Altersfalten,

geht das doch wirklich gut zu.
Wenig ist einzuwenden.
Du sprichst dir weiter Mut zu.

Denn nichts ist einzuwenden
gegen geregelte Normen,
die kein Gefühl verschwenden.

Das sind geregelte Normen,
blauäugig wie das Wetter,
mit richtigen Umgangsformen.

Das täglich günstige Wetter
ist doch für alles offen.
Das wird ja immer netter,

ist für zu vieles offen.
Da wirst du leicht verwirrt
und bist schon fast betroffen.

Ob sich da jemand irrt?

(1980)

Sestine vom Nervenkrieg

Oh Tage, sanft wie Nervenkrieg, mit Scheitern
von diesem oder jenem, das man weiter
wie Atmen oder dieses Wachen hinnimmt,
ganz ohne Schlaf, mit aufgerissnen Augen.
Man sieht nur zu. Man fühlt es. Ist beklommen
und kann nichts tun: so ist es doch gewöhnlich?
Nichts hat gestimmt: das ist doch ganz gewöhnlich
und bleibt im Halse stecken, nennt sich Scheitern,
ein Achselzucken wert. Man ist beklommen,
noch ohne Panik und das Ding läuft weiter,
wie atemlos man auch die Sache nimmt,
ganz ohne Schlaf, mit aufgerissnen Augen.

(1980)

Da ist noch Blut

So genau willst du es nicht wissen –
schon vor die Wand gestellt,
gefilzt, geschlagen – bepissen
kannst du jetzt die Welt

aus dem richtigen Winkel
im letzten Augenblick.
Dann bleibt von dir nur Gepinkel
auf dem Boden zurück.

Ein bißchen über der Erde –
bist du schon weggeschwebt.
Da ist noch Blut: komm, werde
leicht, was die Stimmung hebt.

Maschinenpistolen – da kann man
nichts machen. Du bist dann tot.
Man fängt ein andres Gespräch an.
Auch vorher war nichts im Lot.

(1980)

Terzinen vom Fehlschuß. Volkston

Eine Weide, die wuchs am Flusse,
die hing ins Wasser hinein.
Ein Echo war nach dem Schusse,

der traf ins Wasser hinein
und war wohl schlecht gezielt.
Nachdenken muß gelernt sein:

der war nur schlecht gezielt.
Das hängt vom Auge ab
und wie der Zufall spielt.

Vom Auge hängt viel ab.
Wer denkt gleich an den Tod?
Das ging den Fluß hinab.

Niemand denkt an den Tod.
Man braucht nur hinzusehen,
hat seine liebe Not –

man braucht nur hinzusehen,
sieht die Revolvermündung,
den Schützen vor sich stehen –

bloß die Revolvermündung
hinter der hängenden Weide.
Das ist wie die Verkündung

von Killen hinter der Weide.
Du solltest ruhig sein.
Der tat dir nichts zu Leide,

ist wie du ein armes Schwein.

(1980)

Terzinen von Zärtlichkeit

Alles klar und absolut nichts
läuft, Laura: Welt und Himmel sind weggeronnen,
verschwunden im Schein des künstlichen Lichts.

Die Welt und der Himmel, längst weggeronnen.
Es kommt wohl auf anderes an
im Blitzlicht von tausend Sonnen

kommt es auf anderes an.
Wir gehen jetzt davon aus,
daß Zärtlichkeit sterben kann.

Wir gehen jetzt davon aus:
Wir kommen gar nicht zum Frieren
über Nacht im besetzten Haus.

Wir kommen gar nicht zum Frieren
in der mitbestimmten Welt
bei abgestandenen Bieren

in der mitbestimmten Welt.
Wir sind unter Leuten einsam,
wenn die Nacht sich langsam erhellt,

sind wir unter Leuten einsam:
das Grauen, das ist wohl der Morgen –
der kommt uns allen gemeinsam

mit Grauen und ist wohl der Morgen,
der spiegelt ein Augenpaar.
Nichts lief, nichts bleibt zu besorgen,

da Zärtliches sterblich war.

(1980)

Sag endlich was

Sag endlich was: ich hör einen Vogel singen.
Ich seh eine Wiese Narzissen im März.
Sag ruhig: so geht es nicht himmelwärts.
Du kannst es mit Worten zu etwas bringen.

Du trägst mit den Händen ein Licht in das Zimmer.
Sag endlich: es werden die Worte sich finden
wie Mord oder wie ein im Selbstmord Verschwinden.
Du stehst, mit dem Licht in der Tür, wie für immer.

Es bleibt dieses Schweigen als ein Leuchten auf Händen,
zwischen Fingern das Licht, das unsicher scheint.
Du lächelst. Es sind jetzt die Worte gemeint
als stille Gewalttat, wenn Beziehungen enden.

(1981)

Rondel

To whom it may concern –

I

Da hast du – siehst du die Macher –
die Lacher auf deiner Seite.
Du suchst ganz langsam das Weite.
Die Lacher an deiner Seite:
sie spürten die Ohnmacht der Macher.

II

Automatisch die Wochentage
wie ein Spielautomat aus dem Schranke.
Es hilft dir kein kurzer Gedanke.
Da kommt nur Musik aus dem Schranke,
automatisch wie Wochentage.

III

Du machst dir schmutzige Hände.
Du zeigst schon die blutigen Finger:
das war dann dein Leben, geringer
an Wert durch die blutigen Finger …
Du machst dir jetzt schmutzige Hände.

IV

Die meisten haben doch Angst.
Du schiebst Gras in die Zigarette.
Du brennst. Du liegst auf dem Bette,
drückst das Gras in die Zigarette.
Die meisten haben doch Angst.

V

Da hast du die schöne Krankheit!
Ist Ordnung in deinen Papieren?
Das ist wie das Ende von Tieren …
Was sieht man aus deinen Papieren?
Du hast jetzt die letzte Krankheit.

(1981)

Zwischen Null und Unendlich

Zwischen Null und Unendlich
fällst du mir zu.
Auf einmal wirst du
in deinem Wesen verständlich.

Als ich über dich kam,
deine heiße Zunge im Mund,
war alles anders, und
ich bekam, was ich mir nahm.

Eine spanische Wand verstellt,
was es zu sehen gibt.
Man hört nur, wie man liebt
in dieser und jener Welt.

Ein Grammophon verlockt,
und der Puls schlägt überall.
Die Liebe kommt vor den Fall,
wenn Blut in den Adern stockt.

Die zärtlichen Gespenster –
sie kommen ohne Laut.
Wie Dämmrung, mit grauer Haut
oder Lichtschein in einem Fenster.

(1982)

Blindekuh

Wie eine Büste
ins Leere starrend. –
Wenn man nur wüßte!
Du bleibst verharrend.

Du weißt, das Leben
ist viel zu lang.
Gott sei Dank
hast du im Schrank
die Tassen noch zu vergeben.

Du kommst auf mich zu –
dein Lieblingsspiel
mit Rock und Schuh
oder Blindekuh
wird mir nie zuviel.

Weil du hübsch bist, heißt es,
und sanft dazu,
halt ich durch. Du weißt es.

Und Blindekuh
ohne Rock und Schuh
mit dir – du verzeihst es.

(1982)

Beinahe ein Sonett, mit Deutschland

Der Liebesort ist der grüne Wald
oder ist ein Ufer am Fluß,
ein Versteck, in dem man uns suchen muß
in Deutschland: das merkst du bald.

Auch anderswo gibt es grünen Wald
zum Lieben und zum Genuß
und Versinken im tiefen Kuß.
Doch in Deutschland, merkst du bald,

kommt das alles von sehr weit her
und ein Liebesort, der ist alt
oder verwunschen von Gestalt.

Der kommt direkt aus dem Märchen her
von den Brüdern Grimm oder Hauff.
Das nimmt ganz andren Verlauf

und endet im Ungefähr:
da gehn dir die Augen auf
beim märchenhaften Verlauf.

(1982)

Das gibt es doch einfach nicht

Sie hatten einander so lieb:
das gibt es doch einfach nicht,
das ist wie ein echter Hieb

auf das, was hier übrigblieb,
das paßt nur ins Gedicht,
das sich von selber schrieb,
das gibt es doch einfach nicht,
das kommt aus der Märchen-Sicht
und nimmt dir heute das Licht
für das, was noch übrigblieb.
Das ist doch so wie ein Hieb
auf die Wahrheit! Was kann ihr Gesicht
dafür, daß es schön blieb im Licht,
ohne Alter und ohne Verzicht?

(1982)

Das ist unheimlich gesponnen

Das ist doch verwegene Süße.
Das ist doch einfach nicht wahr –
Du bewegst die bloßen Füße.
Du streichst dir ruhig durchs Haar.

Das ist unheimlich gesponnen.
Daran stimmt doch was nicht?
Das sind doch verwegene Wonnen.
Seh ich wirklich dein Gesicht?

Ist das echt? Du hältst die Augen
mir ganz nah vor Augen hin –
Blicke, die sich in mich saugen,
wie betäubt. Ist das noch drin

oder ist das sehr weit draußen
und bestimmt ganz wunschlos weg,
ohne Innen oder Außen?
Märchenhaft – dieses Versteck!

Sagenhaft – versuche beizeiten
hinzusehen, was du siehst.
Staunen von allen Seiten
kommt auf dich zu, wenn du's liest:

„Bis im Anschaun ew'ger Liebe
wir verschweben, wir verschwinden."
Staunen ist ein Wiederfinden.
Was sind Blicke, Augen, Liebe?

(1982)

Das Jahr

Es heißt, die Vögel
singen sich tot.
Das Frühjahr ist schwierig,
weil der Himmel
dreimal so schön ist.
Man spielt mit dem Leben
und merkt es nicht.
In einer Sommernacht
muß einer doch eine
Geliebte haben,
sagt Kleist in Thun.
Diesen Kleist
hat Robert Walser
im Wandern erfunden.
Das Gras
wächst nicht mehr höher,
und Gott im Sommer
ist rund: ein Lichtball.
Später friert man
zwischen den Schulterblättern,
will's nicht glauben.
Auch diesmal der Laubfall
und das Folgende.
Es ist noch nicht kalt,
aber die Freizeit draußen
wird schmal.
Auch in den dunklen,
frommen Novemberwochen
wird Fußball gespielt.
Du suchst ein Taschentuch
und findest die Seele.
Da stimmt etwas nicht.
Das Jahr ist um,
wie's im Kalender steht.

(1982)

Da war doch etwas

Da war doch etwas. Versuche,
ihm einen Namen zu geben.
Manches lohnt sich.
Rasier die Rosenbeete:
sie sind zu schön.
Halt dir die Ohren zu.
Die Sirenen singen.
„Ehe wir Menschen waren,
hörten wir Musik."
Ein Glas Milch in der Hand:
beschreib es. Du findest
nie das richtige Wort
für den Wahn, wenn du
weiblichen Engeln die Flügel
zurückschlägst und ihre
Brüste faßt.
Tu du, was du willst.
Man dreht den Kopf weg,
weil man nicht begreift,
jeder Tod kommt anders.
Die Elektronik fällt aus.
Du bist hilflos.
Du willst nicht mehr leben,
kannst es nicht mehr.

(1982)

Überlegungen

Ein hängendes Seil sieht man aufmerksam an.
Auch an Messer denken, ist gut;
und man unterläßt, was man tun kann.
Es ist schön, wenn man gar nichts tut.
Man merkt doch nichts von der Liebesreise.
Die Oberlippe ist vom Haarflaum bedeckt,
das geknotete Seil bleibt gut versteckt.
Man merkt nichts. Man entfernt sich nur leise,

prüft dieses und das; und physisch ist man
noch da, mit trockenem Mund, und leckt
sich den Stoppelbart, überlegt Tod, glaubt sich weise.

(1982)

Etwas, das uns betrifft

Die Vögel singen nicht die Loreley.
Andere Länder sind patriotisch
und stolz. Hier geht nichts mehr.
Verschreckt und laut zugleich –
hier ist nichts selbstverständlich.
Die Sorgfalt geht nie leer aus.
Wohlfahrt macht kalt.
Stimmt alles. Aber die Türkei
beginnt schon um die Ecke
wie Jugoslawien, Sizilien.
Das ist doch nicht in Ordnung? Oder?
Ich hör immer: Ordnung.
Wasch dich: das hilft weiter.
Anderswo ist anderes ähnlich:
Indien in London,
Algier in Paris.
Die Grübelsucht grenzt schon an Depression.
Sonst: das Perfekte! Liebe DMark,
bleibe hart so lang wie möglich. –
Die plötzlichen Zusammenbrüche!
Da stimmt was nicht. Pelikanol
will nicht mehr kleben.
Die AEG macht Geschichte wie die
ewige Deutsche Bank.
Ist das denn alles
noch regierbar? Nur Mut, sag ich:
ein bißchen Basteln am Sozialstaat:
die Lobbies kreischen und es wird gekuscht.
Man denkt nicht mehr des Nachts
an dieses Land. Man spürt es
in den Knochen. Beinah

kommt Mitleid auf.
Es soll doch alles gutgehn
wie in den Fünfzigern.
Lang her. Noch sind die Arbeitsämter
nicht geöffnet, rund um die Uhr.
Es lohnte sich. Das Deutschlandlied
hört man im Radio über einen Sender
zu jeder Mitternacht.
Die geht vorüber
mit der *einen* Strophe:
„Blüh im Glanze dieses Glückes."

(1982)

Mit verschränkten Armen

Der auch weiterhin bekannte deutsche Paradeschritt
als gymnastische Übung:
ich sehe mit verschränkten Armen zu.
Da pfeift doch jemand aus dem letzten Loch:
Denken Sie oft an so was Gewöhnliches wie den Tod?
Ich muß mir überlegen,
ob ich in diesem Augenblick lebe.
Lieber verliere ich mich
in die verstreute Prosa
des Lebens im Allgemeinen.
Meine Aufmerksamkeit litt
nach einem Gehörsturz,
der zu anderer Akustik führte.
Gymnastik, Parade
gehören ins dilettantische Melodrama:
etwas für Liebhaber,
die nie aussterben.

(1982)

Artig

Artig bin ich, in meinen gebürsteten Kleidern,
ständig die Schuhe geputzt. Da kommt schon
die nächste Handreichung.
Manche sind Schurken gegen sich selber:
Sünde ist das,
und harmlos unter die Leute zu treten,
ist eine Lust.
Zu nichts Rechtem brauchbar, stelle ich lieber Fragen.
Das hat keine Zukunft, denken sich manche, und arglos
fühle ich, wie ich es zu ganz und gar nichts bringe.
Manche denken: ein Schelm. Das Schätzenswerte
wird leicht verkannt, wie das Daliegen
mit einem gegen den Himmel gewandten Gesicht.
Nichts kann mir aufregend sein im beständig ruhigen
Leben,
das Andre, ganz Andre als ich für dumm verkaufen.
Schön: es ist dumm. Das sage ich so. Aber ich lebe dabei.
Ist das nichts? Eine schickliche Gangart.
Ich muß plötzlich lachen. Ich spreche so hübsch
beiseite. Ich wurde gelobt. Für was bloß?
So lebe ich fort und fort.

(1982)

Wagemut

Merke: der schönste Wagemut
ist der am Lebensende.
Du bestellst dir, was du magst:
Romanzen, kleine Phrasen.
Es ist ja nur dein Körper,
den es angeht.
Du zählst zusammen,
rechnest noch mal, wunderst dich.
Lippen öffnen sich zu weit.
Das ist bloß Verführung.
Du lächelst unbesorgt drauflos,

das bessere, das schlechte Los:
kein Glück steht mehr dazwischen.
In einem fort wirst du vergessen.
Du nimmst dich gut so aus.
Rasch sagst du noch:
ich liebe. Und du kamst als Kind
mit Schürze, weißen Söckchen hergelaufen.
Die Namen wiederholen sich.
Einfaches bleibt im Umlauf.
Man wird nicht einmal denken:
Er ist weg. Und: wagte er zu leben?

(1982)

Ich habe es satt

Ich habe
die Aufeinanderfolge der Dinge satt.
Gleichzeitigkeit
bestürzt mich
wie natürliches Glück
oder Dasitzen an einem
langen Tisch ohne Ende,
der sich in der Landschaft verliert,
dort wo Illusion beginnt.
Ich habe es satt,
vom Leben umstanden zu werden.
Es glotzt.
Es reißt mir die Kleider vom Leibe.
Ich habe es satt,
auf diese Weise nackt zu sein,
mit Fleiß und körperlichen Fehlern,
mit Verfall, dem Geruch
von faulenden Galläpfeln.
Ich will allein sein
mit dem Stich in die Vene.
Ich habe es satt,
das Rieseln der Seele
im Rücken zu spüren

und nach ihrer Herkunft
befragt zu werden.
Mach mich mundtot,
bevor ich ein Wort sage.

(1983)

Reifenspiel

Das Reifenspiel der Kinder
kam aus der Mode. Das Springen
aus dem Fenster dagegen hält sich
als Vorgang. Man spricht nur nicht
so gern über den viel zu langen Sturz,
den Aufschlag dann. Ja, man sieht weg.
Man hört nicht hin. Der freie Fall
ist für die meisten viel zu
erfolglos fürs Weiterleben.
Ehe man ausgetrunken hat,
verschluckt man sich vor Schreck.
Das tut nicht gut. Die Zukunft wurde
einfach zu plötzlich unterbrochen.
Wie schön war früher doch
beim Reifenspiel durch unbenutzte Straßen
das Zusehn. Man spielte
beinahe mit.

(1983)

Finger

Du trägst dein Schicksal
am Ringfinger.
Die christliche Ehe ist
nicht nur ein Sakrament,
das heißt, du bist
für dieses Leben dran.

Der Schwurfinger
fällt nicht mehr ab.
Der Ringfinger
ist feiner gegliedert.
Welcher von den Fünf
an deiner rechten Hand
ist für den Abzug der Pistole
gut?
Auch hier hast du
gar keine Wahl.

(1983)

Künstler

Er schneidet sich kein Ohr ab,
nagelt es nicht an die Wand.
Ein Eimer schwarzen Tees
macht ihn durstig nach
einfacher Schreibweise.
Es genügt,
daß eine Mücke in ihr Unglück
summt: das Halogenlicht,
das ihm den Handrücken wärmt
und die kleine Prosa
weniger Sätze.
Er weiß: ein unbekannter Meister
kommt mit einem Blutfleck
am Rockärmel aus,
um jeden Mord vorherzusehn.
Eine fixe Idee
fesselt ihn wie alles,
was vergeblich ist.
Seine Besessenheit
war schon immer der Versuch,
sich über Glück
nicht zu täuschen.

(1983)

Über Biographien

Für eine Biographie ist es gut,
früh zu sterben. Die gestorbenen Dichter
sieht man noch eine Weile als Schwäne.
Sie werden gefüttert. Sie sind nicht aus Kunststoff.

Die hübschen Straßen füllen sich weiterhin mit Leuten.
Keiner denkt an das Ende von etwas. Das ist gut so.
Ein Charakter setzt Staub an, gefühlvoller Vorgang.
Es liegt Schwärmerei in der Luft. Sag mir, wie lebst du?

Keiner merkt meinen Umgang. Ich gebe mir Mühe.
Ich werde verlegen. Ich hab eine Metamorphose
verpaßt und bin zufällig noch da.
Ich lebe ganz gut vom Betrug meiner Sinne.

Ich laß mich nicht füttern. Das Schwanenkleid ist
zu alt, um noch Glauben zu finden
am Rande von Schwanensee, und Tschaikowskij
kam aus der Mode. Die Biographie ist zu lang.

(1983)

Vexier-Gedicht

PERTINAX – nicht aus dem Comic,
ein römischer Kaiser,
vor oder nach Septimius Severus.
Man denkt an Verschiedenes.
An Gallien
oder an ein Waschmittel,
auch geheimnisvoll anregend wie
Werbung für ein Stimulans.
Vielleicht blühte eine Pflanze
gleichen Namens, die Linné
nicht mehr benennen konnte.
Ahnungen trügen, aber man ahnt
das Besondere.

Ich erinnere mich nicht,
daß in Frankreich jemand
seinen Hund so rief.
Für ein Aphrodisiakum
fehlt es an etwas,
auf das es ankommt.
Ich bin ratlos, schlage im Lexikon nach.
Schlechte Phantasie reicht nicht aus.
Es gab ihn wirklich.
Sieh du nur zu
im richtigen Nachschlagewerk.

(1983)

Harmonium

Ich höre Harmoniumspielen.
Mein kalter Körper erwärmt sich
auf der Matratze am Boden.
Ich denke: er könnte schweben.
Er ist doch sonst nicht fromm
und liegt nur ausgestreckt.
Die Zeit wird kommen, wo man
die gleichgültigen Gesichter
nicht wiedererkennt, und gottlos
geht es weiter. Die Groschenhefte
blättern inzwischen die Welt auf.
Rechtschreibfehler merkt keiner.
In der Nacht dann das Klopfen, das Husten,
die Schritte sind spannend, doch wenig
bedeuten sie, wie das Gehen
auf nackten Sohlen zum Lager,
auf dem ich liege und liebe
mich selber. Ich kann es besonders
schön beim Harmoniumspiel.
Und der Körper, die Anatomie
ist gottlos. Dies fehlt mir und jenes;
und anderes hab ich wie andre,
den Schweiß, die Muskeln, das Streichholz,

das ich zwischen den Zähnen kaue.
Das Haar wächst nach.
Narziß ist totgesagt.
Das ist mir gleich. Ich lebe
von langen Blicken auf mich selbst gerichtet
während drei Kriege draußen
– und jeder für sich –
passieren, innen und außen
für immer getrennt bleiben wollen
in der Nacht, wenn Panzer rollen.

(1983)

Lernprozeß

Von langer Hand. Mit bloßem Kopf.
So geht es zu in dieser Welt.
Ich singe und es kommt kein Ton.
Mit Worten wird nichts gut gemacht.

Ein kindlicher Sopran ist schön.
Vereinzelt wird die Erde hübsch.
Zu lang erwachsen bleibt der Mensch.
Ich denke so. Ich denke nichts.

Von ganzem Herzen wünsche ich
ein Windspiel, Herbst und Laub dazu.
Was weiß ich, wie gewissenhaft
die Einzelheit im Bilde ist.

Ein Kleiderstoff, empfindungsvoll
rauscht er vorüber. Fassungslos
begreife ich Zusammenhang
von langer Hand, mit bloßem Kopf
und stütze ihn und denke nach.

(1983)

Tod als Schneemann

Wenn der schöne Schnee fällt, steigt das Fieber
mit der langen Angst mir in den Kopf,
und ich dreh an meinem Mantelknopf,
denn der Schneefall wird mir immer lieber.

Und ich werde eingeschneit und werde
als ein sanfter Schneemann angestaunt.
Wer vorbeikommt, grüßt mich gutgelaunt,
denkt sich ein Gespenst aus weißer Erde.

Ausgestopft mit Schnee, beginnt erst richtig
Dasein. Fröhlichkeit wird wichtig
einem endlich sichren Ende zu.

Ruhig werde ich in Nichts zerfließen.
Lieber Regen wird den Tod genießen,
und die lange Angst verging im Nu.

(1983)

Täglich

Es bleibt ganz still. Die Fliege summt so schön
im leeren Zimmer, sitzt auf meiner Hand.
Sie wird mir in der Stille so bekannt
wie alles, was ich mag. Draußen der Föhn

kommt als Sturm in den Kopf, und sein Gestöhn
im Holz der Bäume wirbelt Laub und Sand
als Wolke in die Luft, und allerhand
geschieht. – Komm, und verwöhn

wie das Insekt die Hand, laß zu,
daß ich den Worten trauen kann, die du
mir ernsthaft sagst: du bist zu jung.

Weißt du: es braucht fast nichts geschehn.
Es ist nur dies Gefühl, täglich zu gehn
den alten Weg zur Hinrichtung.

(1983)

Warten

Ich wußte, du würdest nicht kommen.
Es war vier Uhr nachmittags.
Eine Ulme stand da. Ewigkeit
sah so aus. Es gibt
keine Untreue, aber das Aufschlitzen
von Briefen wie ein Stich
mit dem Papiermesser
aus einer anderen Zeit der Tugend.
Wie duften Ulmen?
Sie kränkeln.
Die Ewigkeit stirbt langsam
an einer schleichenden Krankheit.
Ich werde nie sehen,
was du jetzt tust.
Vielleicht klingelt das Telefon
in deinem Zimmer
vier Uhr nachmittags.
Eine weibliche Stimme ist streng,
sagt: falsch verbunden.
Die Ulme duftet nach Krankheit.
Im verwilderten Gras davor
steht eine Libelle still, sieht mich an
bis zum Ende meiner Gewißheit,
wenn ich nicht mehr
Zahlen zusammenzähle
beim Warten: ich weiß,
ich hatte den schnellen Atem
des Kindes, das horcht.
Ich knöpfe mechanisch
den Jackenknopf auf
und schließe ihn wieder.
Für irgendwas
mach ich mich fertig.

(1984)

Der Augenblick ist da

Der Augenblick ist da.
Du hast genug,
verläßt das Zimmer nicht mehr.
Das Ticktack der Spieluhr
ist das einzige, das stimmt.
Du läufst hin und her über
abgeschabte Teppiche mit
Goldfäden. Draußen
lebt man weiter laut und kalt.
Geräusche sind ein Kreischen
im Ohr.
April und Mai und Junius
für Leute, die scharf sind
auf Lautlosigkeit, und die
frieren überall im Kopf
und zwischen den Beinen:
ferne Monate schon
für Hölderlin früher.
Laß ihm seine Dämmerung.
Die nützlichen Dinge
stellen sich tot.
Du faßt sie an. Und draußen
kommt man bequem weiter.
Erfolg hat, wer den Hausschlüssel
in der Tasche vergißt
und Bescheid weiß.
Banknoten fallen vom Himmel
und verrückt wird,
wer das Ticktack im Ohr
nicht vergißt,
die Spülung zieht
und Überlebensfähigkeit
abrauschen läßt.
Der Augenblick ist da.
Das Rauschen verschwindet.
Du alterst innerhalb
von Minuten.
Du schleppst dein Skelett
in die Zimmerecke,

läßt es dort stehen
für immer.

(1984)

Im Alter

Im Alter
träumte ich häufiger
von meinen Spielsachen
in der Badewanne.
Später die Umarmungen.
Das Wasser knirschte
unter den Körpern.
Im Trockenen sang ich
Vokale für das Laub,
wenn es wuchs oder
im Herbst mundwärts
fiel.
Ich gewöhnte mich nie
an Schmerzen.
Man half mir,
die tödliche Zeit
zu vertreiben.
Die Lust wuchs
am Unerklärlichen.
Mein Verhalten wurde
schließlich mißverständlich.
Ich lachte ins Gesicht.
Meine Zunge zeigte ich
jedem Spiegel.
Er erblindete
an meinem Atem,
den ich für Leben hielt.

(1984)

Die lange Reise

Er weiß nicht, was er tut. Er wußte nie,
wie ihm geschah. Er legte Hand
an sich. Er ist benommen. Sein Verstand
verliert sich in der feinen Melodie,

die aus dem Dunkel um ihn kommt und die
er kennt. Aus einem andren Land
kommt sie. Wer in ihm Zuflucht fand,
ist wunschlos. Und er summte sie

seit langem schon. Er geht ihr glücklich nach
und wunschlos, halb betäubt, halb wach,
nach Art der Glücklichen. Und diese Weise,

das Lied, das Glück, das glückliche Verschwinden
in der Musik, läßt ihn sich wiederfinden.
So geht er fort auf seine lange Reise.

(1984)

Als es soweit war

Als es soweit war
und ein paar Nachttauben glucksten
„träume, träume" oder
noch etwas Schöneres
vom Himmel fiel,
dachtest du nicht mehr:
So sind Gedichte
betäubend und keiner
hält noch die Augen auf,
spricht schon im Halbschlaf
die Worte nach.
Kehrwieder oder Kehraus
waren schon wieder nicht
zu unterscheiden:
ein Reim, eine innere Blutung.

Als es soweit war
am Morgen,
war alles noch fröhlicher
als früher nach vorn gerichtet.
Die Tauben hockten wie immer
da, wußten nichts mehr
von sich, und die Hähne
krähten gehörig,
wie morgens von jedem erwartet,
im elektronischen Wecker.

Landschaft nach meinem Herzen

Eine Landschaft nach meinem Herzen,
ohne Baedeckers Sachlichkeit.
Es gibt sie nur, wenn ich
mich erzählen höre.
Luft von der Farbe des Pernod
ist zu französisch, und
verwildertes Grün gleicht dem
deutschen Herzen von 1800.
Die Reiseführer behalten Gefühl
für kräftiges Schuhwerk
und den Augenblick der Sonnendächer.
Erzählte Wälder sterben nicht,
solange der Atem geht.
Ich steige weiter
in den Schnee gegrabene Treppen
in Oslo hinauf. Fackeln brannten
im Weiß. Jetzt leuchtet
ein Feuerzeug auf.
Bei geschlossenen Augen
wurden mir Blumen nachgeworfen
in der Nacht, in der mich
ein gewalttätig langsamer Vollmond
verfolgte und
zwischen Kopf und Fuß das Herz
anders schlug.
Blüten werden nicht mehr

über mich ausgestreut.
Ich hatte heißes Blut wie Öl.
Heute schwellen die Venen
immer mehr.
Adernstränge sind meine Landschaften.
Die skandinavische Schneefackel
ist lange gelöscht.
Ich tanze im Traum
nicht mehr unter Wasser.
Klar sehe ich
die zu dünnen Schatten
kahler Obstbäume.
Aber ich komme nicht mehr dazu,
Frühling zu sagen.
Vielen Dank für
die Fotos von gestern.
Herzlos bin ich nicht.
Meine Schreibweise
wird täglich zufälliger.

Die Tage wechseln

Die Tage wechseln.
Orte sind grün oder gelb,
riechen nach geröstetem Kaffee.
Versteckte Sätze sind erlaubt.
Man vergißt sie
oder merkt sich den Hinterhalt,
in den man gelockt werden sollte.
Mit trockenem Mund
kommt die Antwort.
Die Zunge liegt
schwer im Mund.
Wechselndes Licht
geht in ein Grün über,
das beruhigt wie
Fingerspiel, wenn
fremde Hände es sich
gefallen lassen

und stillhalten.
Gelächter unterbricht alles.
Ich will
die Kurve deines Rückens sehn,
die Biegung des Nackens.
Grün oder gelb die Orte,
an denen man Sand aus den Kleidern
schüttet: Liebe ist so.
Sie brennt ab in Minuten,
ein ausgebranntes Haus.
Mit Gefühl sieht man zurück,
wagt noch einmal,
in der zweiten Person zu reden.
Komm, höre ich mich
an deinem Nacken flüstern.
Als meine Zunge
dein Ohr erforschte,
legte ich neuen Brand ans Haus.

Alt genug

Eine Menge Dinge passieren überall
jederzeit zum letztenmal.
Das erste Mal ist
lange her. Wenn er
alt genug und albern ist
für einige, glaubt jeder,
daß in ihm noch allerhand los ist,
und er läßt es wimmeln
von kleinen Abschieden.
Der Wortschatz wird leichter.
Man vergißt nie genug
von dem, was jetzt vorüber ist.
Reizende Leute, überhaupt
verschiedene Arten von Menschen,
merken nichts von dem,
was nun fehlt:
ein großer Happen Leben,
die reelle Liebe und eine Menge

Abwechslung bei enger werdenden
Arterien.
Eine Arie aus der Oper:
die Leidenschaft.
Man nimmt sich nun die Freiheit,
nennt sie fliegende Hitze.
Später erst sagen andere,
wie schlecht man in Form war.
Das hat nichts zu bedeuten.
Erheblich schöner dagegen
wirkt Frohsinn, wenn er
hinzu kommt.

Ich will bequem leben

Ich will bequem leben, dachte
ich liebevoll.
Aber der Satz
blieb im Halse stecken.
Und aus dem Halse
hing mir die Zunge
nach den Erbrechen
der schmackhaften Seele.
Die Umwelt war lieblos,
führte weiter ihr Essen zum Mund.
Ich aß einmal
ziemlich alles gern,
bis ich im täglichen Umgang
die Mahlzeit unterbrach
und ich aus Eigensinn
zu Schwachsinn überging.
Persönliche Lustigkeit
fiel dabei auf
wie dieser Wunsch
nach dem bequemen Leben,
das mir nicht bekam,
so daß es mir unpässlich
bis zum Kopfe wurde.
Kopflos sah ich mich

auf mein Schafott zurennen.
Lieblos war die Umwelt,
arglos nur verliebt
in elektronisches Spielzeug.

Einfach und deutlich

Überall ist eine Menge Volk
unterwegs, weil doch
Sonntag ist. Man faßt sich
an den Händen und
unter die Haut.
In Frankreich roch es früher
nach caporal. Kernseife
war bei uns im Wesen:
schöne Nachmittage
mit schwachen Stellen, einst,
nun mit allen denkbaren
Geräuschen. Ohrenbetäubend
ein kurzer, amerikanischer Fluch.
Ein zahmer Star schnarrt ihn,
bekommt Rosinen dafür.
Jeder hat seine eigene Geschwindigkeit.
An Hauswänden
nimmt die Aufklärung
der Analphabeten zu.
Alles ist einfach und deutlich,
und Kommunikation
bleibt ein einsames Wort.
Einige scheinen in die Kleider
von Toten gesteckt:
Intellektuelle.
Fußballspiele wurden
um einen Tag vorverlegt.
Anfangs brach es manchem
das Herz.

Manches

Manches gibt es,
für das man nichts kann.
Eine Ader platzt, und
du siehst zu, wie eine
Gesichtshälfte sich verfärbt.
Wahrnehmung ist
ein Spitzen des Mundes:
der kaute bittere Kirschen
und verzog sich.
Du dachtest, es galt dir.
Abneigung oder Zustimmung
sind manchmal nicht unterscheidbar.
Im wehenden Gras gehst du
weich, zertrittst
Damaszener Pflaumen –
eine besondere Obstart,
sagt man dir.
Der Zufall will,
daß dir eine Melodie
im Kopf bleibt ohne Worte –
die sind vergessen
wie manches,
das dich lieb hatte
und es nicht sagte.

Bitter

Zufrieden macht man sich
mit dem Trinkgeld davon.
Du siehst die lederne Hand,
– sie macht Kasse –
den Handschuh, darunter
die Krankheit. Ansteckend
ist das Leben. Du zahlst es
soeben mit Banknoten aus.
Vorteilhaft dagegen Voraussicht
und bitter. Du hast

am Körper die Flecken.
Das Jucken bleibt dir nachts –
Satyriasis statt
Schlaf in Armen,
die erdrücken.
Blau im Gesicht
wirst du sein:
so kann man verenden
oder auf andere Weise –
Kniekehle, Handrücken
noch frisch verfärbt.
Lebenslang rochst du nach Angst,
bitter. Die Haut,
die sich schält, riecht so.
Du hältst dich zu lange
bei dem auf, was unerbittlich
übriggeblieben.

Schön

Schön wie die Wiederholung
eines Handgriffs.
Zugleich gibt es dich: tödlich
für mich, rein und manisch.
Schön wie Täuschung
oder eßbare Materie
und das, was übrigbleibt
von Sucht: tödlich.
Schön: auf pathologische Weise
berührbar und mit den Händen
essen, was man mag.
Schön wie
jeden Sommer den Winter
vergessen: er ist
so tödlich wie plötzliche
Blutzuckerschwankung,
wenn du dich besitzen läßt,
unrein, noch eben frigide.
Später der weiche Staub,

gemalte Augen: schön
wie die Bewegungen des Mundes
beim Sprechen. So höre
ich zu: einer fremden Grammatik.
Wie lebt man?

Abfahrt

Bei der Abfahrt
in die letzte Jahreszeit
steigt mir das Blut
in die Ohren,
zuweilen fällt nichts
mehr ein als
ein tückischer Titel
für nicht mehr Geschriebenes.
Was braucht man auch
schließlich anderes zu sein
als ein Fahrgast nach unten.
Jeder beliebige Punkt
ist einem recht:
die Ankunft erlebt man,
ohne zu staunen.
Leben bleibt unterschiedslos
mit dem letzten Datum zurück.
Ein feiner Gesang noch,
ein Blutdruck, ein Rauschen:
ohne Übergang möglichst
täuschend endet es so
im Kalender.
Du glaubst noch zu denken:
es reicht.

Worte

Mit Worten gerät man in Schuld.
In Eintracht lebt keiner mit ihnen.
Ich spür meine Ungeduld
und daß sie zur Täuschung dienen.

Gebranntes Kind scheut das Feuer.
Ich bin das gebrannte Kind.
Ich scheue vor Worten, je neuer
die täuschenden Worte sind.

Ich habe Glück mit den Sätzen,
wenn ein Zufall die Worte lenkt
und sie glücklos sind, nicht verletzen
und man nicht an ihr Schicksal denkt:

an ihr Kommen und Gehn und daß sie
im Munde bereits benommen
und sterblich werden und was sie
treibt, um zu nichts zu verkommen.

Ein Gedicht entsteht

für Elisabeth Borchers

Am Anfang bleibt noch im Gedicht geheim,
ob bald ein Baum mit seinen Blüten brennt
im Frühjahr oder ob sich jemand trennt
von jemandem. Man weiß noch nicht den Reim

auf etwas, das entsteht, das nur im Keim
erkennbar ist: Zuneigung, Zärtlichkeit. Wie nennt
man etwas, das noch keiner kennt
bei seinem Namen? Um darauf beim

rechten Namen besser zu benennen,
was sich bekennt zu Blühen oder Brennen,
zu Abschied oder jener Wiederkehr,

die viele Namen hat und im Gedicht
jetzt Einsicht heißt oder auch nur Verzicht
auf einiges: ein nun und nimmermehr.

Sterblich

Sterblich bis auf die Knochen.
Manchmal ist es soweit.
Du kannst auf nichts mehr pochen,
auf keine Ewigkeit:

die ist vom Himmel runter
geholt. Und ohne Trost
bist du. Denn gar nicht munter
ist dir: es wird verlost,

was bleibt von Haut und Knochen,
was hält von Hand bis Fuß.
Da kommt nur noch gebrochen
das Wort zum Abschiedsgruß.

Gewißheit

Ich fühle mit Gewißheit dies:
ich spielte hoch, und ich verlor,
was ich als Staub vom Tische blies.
Ich kam mir als ein Fremder vor,

bei Leuten, die mir ins Gesicht
versprachen, was man niemals hält.
Ich fror. Ich wußte lange nicht,
wie kalt es sein kann in der Welt

und daß ich unter Leuten war,
die ich für meine Nächsten hielt.
Sie glichen Freunden um ein Haar,
die wußten, daß man stets verspielt.

Manchmal

Manchmal geht mir noch immer
etwas im Kopf um. Ich glaub:
es werden die Tage schlimmer.
Da versink ich in meinem Staub,

in dem Gefühl, daß doch alles
im Kopf nicht an seinem Platz
ist und besten Falles
ein Gefühl für nichts als die Katz.
Man sieht dem Rollen des Balles
nach wie dem liebsten Schatz.

Das geht im Kopf um für immer
und ist im besten Fall
etwas, das übrigbleibt. Schlimmer
als Verschwinden überall
und ein weithin rollender Ball.

Unter einem Dach

Sie lachen die ganze Zeit.
Man findet sie zu vergnügt.
Was spielen sie für ein Spiel?
Ein Spiel, das manchen genügt,
ein Spiel, das immer gefiel:
es braucht eine Kleinigkeit,
bis man begreift, daß es trügt.
Es braucht eine lange Zeit,

bis uns das Lachen vergeht.
Man spürt es nach und nach,
wie es ernst wird und wie es steht
mit uns unter einem Dach,
woher der Wind uns weht.
Wir liegen lange wach,
und die schöne Zeit vergeht,
wie wir unter einem Dach.

Bare Münze

Was man für bare Münze hielt:
als Katzengold rollt es vom Tisch.
Sein Leben zahlt man bar oder stiehlt
es heimlich als bloßen Wisch –
ein Leben: nicht Fleisch und nicht Fisch.

Und bar gezahlt, heißt, nichts verschenkt,
nichts unter den Tisch gekehrt.
Aber frisch gewagt, ist schon halb gehenkt:
ein Träumer, wer anderes denkt,
wenn er sein Bares verzehrt.

Die bare Münze. Der bare Hohn
schlägt als Lachen ihm ins Gesicht.
Das bloße Leben: was gilt es schon?
Es zählt oder es zählt nicht,
je nachdem, was man sich verspricht.

Angenommen

Angenommen, du weißt:
jeder Tag ist gefährlich.
Und was es wirklich heißt:
du bist entbehrlich.

Es durchkreuzt die eine
Liebe die andre. Und
angenommen, daß keine
hielte, aus welchem Grund

auch immer. Denn ungeschützt
lebt es sich weiter, nützt
man, knüpft und zerreißt

Liebschaft. Und was es heißt
zuzusehn, lernt sich bald.
Mancher Tag wird nicht alt.

Was tu ich?

Was tu ich? Ich weiß nicht: mitunter
weiß ich nicht mehr, was ich tu.
Es geht ein Vorhang herunter.
Ich sehe dem Ende zu.

Ich lese. Ich schreibe. Das sagt sich
einfach. Doch scheint es nur so.
Ist das alles? fragt man und fragt sich
es selten genug. Man beklagt sich
doch lieber und glaubt, nirgendwo

sei noch etwas zu tun, es sei nutzlos,
noch etwas von dem zu machen,
was andere taten. Ganz schutzlos
lebt sich's fort unter Siebensachen.

Ade

Du kommst so wie du gehst. Ich spür fast nichts:
so leicht ist deine Nähe. Und die Schritte
sind leicht, entbehren des Gewichts.
Lautlos bleibt alles. Ohne Worte und Bitte

siehst du mich an, sagst du Ade und nichts
verändert deine Art. Ist es nicht Sitte
in Märchen: dies Verhalten angesichts
der Liebe, das sich in der Mitte

von Zärtlichkeit und Scheiden hält?
Märchen sind anders. Wer dem Wahn verfällt,
daß es noch Wunder gibt, braucht nur zu sehn,

wie sprachlos bleiben Kommen oder Gehn,
der stille Abschied schließlich, dein Ade:
Geruch von Sommerlaub. Im Winter Schnee.

Prosa

Aus: Observationen

Musils Fliege oder Observationen

Gar nichts war. Er gab eine Situation wieder, die sich nie einstellte. Denn immer blieb etwas zurück oder stand etwas bevor, regte sich etwas, das vielleicht unbedeutend und erst zu erkennen gewesen war, wenn Beschleunigung einsetzte. Bekanntlich schrieb Flaubert nie „das schöne Buch über nichts". Und es mochte wenig sein, aber stets häufte sich etwas an, das mehr als eine Staubschicht in einem ausgeräumten Zimmer war. „Wie ein gastlicher Abend verlaufen ist, das sieht man an der Stellung der Teller und Tassen, der Becher und Speisen, wer zurückblieb, auf einen Blick", notierte einst Walter Benjamin in der „Einbahnstraße". Mit einem Blick war noch stets irgend etwas zu bekommen gewesen. Das Nichts, die Dialektik von Sein und Nichtsein, seit Parmenides und bis Sartre, wurde beispielsweise durch die am Ölpapier zappelnde Fliege widerrufen. Musil hatte den Todeskampf, dieses Zappeln um ein winziges Leben in wenigen Sätzen unwiderrufbar gemacht. Vor der Beobachtung, gar der Erfahrung schreckte das Nichts zurück auf subtile Überlegungen, die – meinte er – keiner Observation standhielten.

Mit einem Blick gab es etwas für die Sinne. Selbst die Erkundung der Linie setzte in Bewegung, was in seinen Folgen unabsehbar war. Die Observanten, wußte er, ließen in ihren Strategien nichts aus. Es gab nur einen graduellen Unterschied zwischen bloßer Beobachtung und deren Summe, der Erfahrung. Und der Erfahrungsschatz war gewichtlos und konnte erschreckend sein. Er observierte demnach schon, wenn er ein Auge auf etwas warf und die Frage nach der absoluten Leere verwarf, ja, nicht einmal aufkommen ließ. Das Nagelbett seines Zeigefingers verlief in einem nach unten hin offenen, leichten Oval. Die ovale Krümmung am oberen Ende verstärkte den Eindruck. Er mochte dabei an ein geometrisches Zeichen denken. Er horchte auf das unablässige, kaum vernehmliche Rauschen, das noch keine besondere Tonalität hatte. Es war ein beinahe tonloses Phänomen, das nicht in Zusammenhang mit dem Blutdruck des Trommelfells zu bringen war. Feinste Akustik äußerte sich auf ununterbrochene Art und Weise. Und jenes Rauschen, für das er keinen Ausdruck fand, glaubte er manchmal als Grenze der akustischen Äußerung vor dem nicht mehr wahrnehmbaren Schweigen zu verstehen. Es war wie eine besonders ungestörte Stille, die ein fast lautloses Summen von sich gab und mit dem seinem Horchen geantwortet wurde oder mit dem es vielleicht belohnt worden war. Bereits der eigene Pulsschlag wurde dagegen zu einem vernehmlichen Geräusch, vernehmlich durch seine Regelmäßigkeit. Es verschwand vielleicht infolge der Monotonie dieser Regelmäßigkeit, die pulsierendes Leben endlos in Erinnerung bringen wollte und doch dazu führte, daß er es nicht lange beachtete und es sich dieser Mißachtung fügte. Wahrscheinlich würde es unerträglich werden, wenn man seinem Puls länger als nur für Augenblicke Gehör schenkte. Man würde diese Aufmerksamkeit nicht wieder los. Aus Observierung wurde eine Art Besessenheit, vielleicht sogar Krankheit, die stärker war, als dem Aufmerksamen lieb sein konnte, denn sie begann, ihn zu quälen. Striktes Observieren konnte in seinen Folgen erst gewinnbringend, dann verheerend werden. Und doch war es ihm zuweilen wie eine Nötigung erschienen. Er sah sich genötigt, genau zu sein. Die Gegenstände, denen er sich gegenüber sah, nötigten ihn dazu. Die eigene Anatomie tat es und die Anatomie anderer. Die Einzelheit nötigte ihn, zu erkennen, daß es sie gab und daß es das Nichts nie geben konnte. Unablässiges minimales Geschehen, winzige Vorgänge widerlegten wie jene Fliege die Spitzfindigkeit einiger Denker. Daß es überall etwas gab, bedeutete nichts Philosophisches. Es war eine Tatsache, sie war banal. Tatsächlich nicht der Rede wert.

Er observierte sein Alter, ohne in den Spiegel zu schauen. Er besah sich das zunehmende Anschwellen der Venen, das stärker markierende Aderngeflecht an Händen, Armen und Beinen, das leichte Ergrauen der schütter werdenden, bisher dichten und dunklen Augenbrauen mit dem lebhaft gekrümmten Einzelhaar, das kräftiger war als das einzelne Haupthaar. Er stellte auf diese Art und Weise, indem er mit

Fingern über die Wangen strich, die tiefer werdenden Gesichtsfalten fest, den härteren Verlauf dieser deutlichen Kurven, die sich von den Backenknochen abwärts an den Mundwinkeln vorbei schwangen und sich nach unten verloren. Er ertastete nebenbei solche Veränderungen, Vergröberungen, aber auch Differenzierungen der Physiognomie, die durch sie hervortraten: die Schmalheit, die Durchsichtigkeit, das gleichsam Durchgepustete der Physiognomie. Die Mundwinkel selber verliefen ausgeprägter nach unten, entschiedener den Seiten der Kinnpartie zu.

Er observierte seinen Anblick, das Erscheinungsbild in den Reaktionen anderer, noch untrüglicher: in ihren Reflexen, in den momentanen Überraschungen, in verhohlenem Erstaunen oder gut gespielter Gleichmütigkeit der Wahrnehmung. Er benötigte keinen spiegelverkehrten Anblick. Er erschrak nur noch selten vor Augenblicken, in denen er – nach gewisser Zwischenzeit – mit Blicken gewürdigt oder auf jene zweifelhafte Art wahrgenommen wurde, in der er sich unterdessen auskannte. Er observierte, so gründlich er es vermochte, dies fremde Benehmen, Kichern, Verbindlichkeit, Schöntun, das lauthals Gesagte und das Unterdrückte. Er versuchte manchmal, dem nachzugehen, was nicht gesagt worden war, auf die Schliche und Bedeutungen dieses Schweigens zu kommen oder dessen Unwichtigkeit. Das einander in die Augen sehen schien ihm schon früher den Blick zu trüben. Der gerade und genaue, der warme, der zärtliche oder kalte Blick verschwamm schnell. Er verlor sich zuweilen sogar ins betrübende Unendliche. Er hatte Gefühl vermutet, und Gefühl hinderte beim Erkunden, beim Spurenlesen, beim Festmachen von Merkmalen.

Man muß nicht observieren, um zu einem Ziele zu kommen, um – wie Fachleute sagen – fündig zu werden. Man entdeckt auch anders. Man war dabei, anderes aufzudecken. Berufliche Observanten konnten sich mit solchen Entdekkungen natürlich nicht zufriedengeben. Die zunehmende Krümmung seiner beiden kleinen Finger war als Entdekkung ohne Wert. Sie verriet möglicherweise wenig. Bei seinen Observationen mußte noch einiges zu erraten bleiben: dies nämlich, daß es da „etwas“ gab. Ein Etwas genügte, um es „auf einen Blick“ zu schützen vor der Philosophenmeinung vom Nichts. Eine Mikroangiopathie an bestimmten Körperstellen genügte, um einzusehen, daß es „gar nichts“ nie gegeben hatte, es sei denn als müßige Wörter. Jemand errötete oder erblaßte, und er wollte nicht einmal bei solchen Gelegenheiten etwas erraten. Die Strenge der Beobachtung und das Ausgeliefertsein an Beobachtbarkeit grenzten an jene jederzeit möglichen Observationen, die keine Beutezüge der Neugier waren.

Eine Akne zeichnete für einige Zeit ein Gesicht. Das Erscheinen von herpes simplex am Hals oder unter den Achseln war nicht nur Psychosomatikern eines Nachforschens wert. Musils Fliege kam nicht wieder auf die Beine: „Sie liegt auf dem Rücken. In einem Lichtfleck am Wachstuch. Sie macht Anstrengungen sich aufzurichten. Ihre sechs Beinchen legen sich manchmal spitz zusammengefaltet in die Höhe. Sie wird schwächer. Stirbt ganz einsam. Eine andere Fliege läuft hin und wieder weg.“ Der erste Weltkrieg brach zu gleicher Zeit aus. Und die sterbende Fliege war ein Mini-Epos gegen das Nichts. Es geschah sehr viel. Jemand sah dieser Fülle kleinen Geschehens zu und notierte die Ermeßlichkeit des Geschehens. Es war nicht strikt genug, um weiterzugehen. Er sah Geschehen stellvertretend für anderes Geschehen. Ein Blutfleck auf der Mauer oder auf dem Asphalt der Straßen wurde mit Kreidestrichen versehen. Man observierte für die Akten. Wie menschlich jene Beobachtung bleibt, ersieht man aus dem drei Worte langen Satz „Stirbt ganz einsam“. Ein überflüssiger Satz für eine folgerichtige Observation. Ihr genügt es, daß ein Ding, eine Sache, ein Mensch feststellenswert vorhanden sind. Wie viele Kugeln stecken in einem Körper? Wie viele Schüsse wurden abgegeben? Er sprach unterdessen vom Weitergang der Feststellung; in diesem Augenblick von einer Obduktion. Das mochte folgerichtig sein. Wer observiert, will selbstverständlich nicht Therapeut sein. Er unterzieht sich einer kühlen, beharrlichen Aufgabe.

Es war Beharrlichkeit dabei, wenn er seine persönlichen und andersartigen, gewissermaßen ziellosen Observationen anstellte: wenn er im November die gurkenförmigen

Fruchtstände der Magnolie wachsen sah, eng am Zweig liegende braune Schalen, Kapseln, die sich öffneten und die sehr rote, erbsengroße runde Frucht sehen lassen, eine zierliche Frucht, bei der das kräftige Rot das Auffällige blieb. Die Kapseln hatten winzige Stacheln oder täuschten Stacheln vor. Denn wenn der Finger über die Oberfläche der Schale glitt, spürte er kaum Widerstand. Auch ein dünner, verblichener Samtton überzog das Gebilde, das nach Art einer kleinen Gurke gebogen war. Es gelang ihm nicht, das Ganze genauer zu beschreiben, von dem auch etwas Abgestorbenes ausging; gar nicht so, als seien dies Samen für den Fortbestand des Magnolienbaumes. Es ist eine Frucht des späten Jahres, wenn Laub fällt, der Nebel durch die Kleidung dringt. Er nahm die Novemberfrüchte als etwas, das er – mit einem Blick – in seiner späten Sinnlichkeit gegen eine Abstraktion setzte, die Nichts hieß.

Mit sich reden

Jemand erzählte ihm von einer Beobachtung, die er oft gemacht hatte: Daß auf Pariser Straßen die Menschen zuweilen laut mit sich selber reden, Gespräche führen, Satz um Satz um Satz, und dies unvermittelt, auffallend plötzlich. Der von diesen Erfahrungen berichtete, fügte hinzu, er habe andere gefragt, ob sie ähnliches wahrgenommen hätten. Doch sie hatten es nicht. Der aufmerksame Beobachter begann den Schluß aus dieser Tatsache zu ziehen, daß vermutlich nur ganz wenige – wie er – imstande seien, die mit sich selber Sprechenden im Verkehrslärm zu hören und, während sie der eigenen Beschäftigung nachgingen, die anderen als etwas Besonderes wahrzunehmen. Große Städte lassen ihre Bewohner auf eine Art und Weise allein, vor allem die sogenannten Alleinstehenden, daß diese unwillkürlich zu seltsamen oder exzessiven Mitteln greifen, um ihr bloßes Dasein zu bekunden. Sprechen gehörte seit je zu den einfachen Mitteln, sich vom eigenen Vorhandensein zu überzeugen. Ich höre mich, also bin ich, könnte man sich denken. Sie verschaffen sich Gehör, weil sie es nicht länger aushalten, ungehört zu bleiben in einer abnormen Anonymität, einer Ausgeschlossenheit, zu der niemand beitrug, die sich mit einer gewissen Zwangsläufigkeit ergeben hatte.

Paris war nur ein Beispiel unter anderen. Er selbst glaubte nicht, daß die Pariser redebedürftiger sind als etwa die Kölner oder als es die Römer waren. Er hatte oft alte Leute vor sich hinreden hören, auf dem Lande ebenso wie in der Stadt. Es war für ihn eine Eigenart des Alters und des Alleingelassenseins, zumindest war es ein Sich-allein-gelassen-Fühlen, das zum Reden mit sich führte. Es war vielleicht auch – bei jüngeren wie bei älteren Menschen – dieses Weiterreden mit einem Abwesenden, mit dem man unter Umständen intensiver zusammen war als während eines Besuchs, während eines langen Zusammenlebens. Rahel Varnhagen meinte es sicherlich so in ihren Aufzeichnungen, als sie schrieb: „Man ist nie mit einem Menschen zusammen, als wenn man allein ist. Ich gehe noch weiter, – man ist es nie eigentlicher, als wenn man an ihn in seiner Abwesenheit denkt, und sich vorstellt, was man ihm sagen will." Solche Vorstellung kann der Beginn des Sprechens sein. Er selber hatte nicht selten auf diese Art Umgang mit fernen Bekannten, mit Freunden, Eltern gehabt. Noch ganz jung, war es ihm schon so ergangen. Und Rahel Varnhagen war rigoroser, wenn sie schrieb, daß man erst allein recht eigentlich mit dem abwesenden Menschen zusammen sei, an ihn denke, laut denke, und demnach ins Sprechen gerate.

Auch wenn die mit sich selbst redenden Passanten in den Pariser Straßen lediglich Banales, Beiläufiges, memorieren mochten, schnell zu Vergessendes, Unwichtiges. Der ihm von seiner auffälligen Beobachtung erzählte, meinte anderes. Er stellte sich Notwehr und Zwang, ein Ersticken und ein Verkommen im Schweigen und im Nicht-Angesprochenwerden vor, eine grenzenlose, unaufhörliche Einsamkeit. Ob Robinson auf seiner Insel wohl mit sich gesprochen hatte? Er hatte Freitag. Er mußte ihn vielleicht entdecken oder gar erfinden, um jemanden zu haben, mit dem er sprechen konnte; denn ein Gesprächspartner konnte unter diesen einfachen, abenteuerlichen Umständen zu luxuriös sein. Man kann mit Hunden und Katzen, mit

Tieren ganz allgemein, sprechen. Doch ein Mensch unter Menschen, der mit jemandem sprechen mußte, war in einer anderen, erstickenden, jedenfalls gefährlichen Lage. Er geriet in dieses lebenshaltende Reden, in die abgerissenen, hastigen Sätze, die im Straßenlärm untergingen. Ein Sprechen für einzelne, für die Aufmerksamen. Sein Gewährsmann gehörte zu diesen Aufmerksamen, und er erzählte Beispiele ganz unterschiedlicher Art. Doch am eindrucksvollsten waren für ihn die redenden Phantome, die Vorübergehenden, die Passanten, die Auftauchenden und sogleich wieder Verschwindenden und dann nicht mehr Hörbaren. Und er dachte an die dunkle Tagebuchstelle der Katherine Mansfield aus ihren späten Jahren, dem Jahre 1921, als sie den Tod schon vor Augen hatte: „Das ist ein Spiel, das ich gerne spiele: neben den Toten zu gehen und mit ihnen zu sprechen, die lächeln und schweigen und *frei* sind, ganz und endgültig frei." Eine makabre Notiz.

Diese mit sich Redenden in Paris, beim Verlassen der Metro, hätten sich wahrscheinlich nicht auf Gespräche mit Toten eingelassen. Aber sie suchten – wie Katherine Mansfield – den Umgang mit einer Freiheit, die sie selbst noch nicht besaßen. Sie wollten sich – einfacher ausgedrückt – von sich befreien, von diesem Schweigen, das natürlich kein Lächeln kannte, keine physiognomische Reaktion, nicht einmal den Reflex in einem anderen Gesicht. Es war die Sprache des Alleinseins, die sich derart äußerte, wie es die Sprache des Wartens war, so wie es sehnsüchtig die todkranke Mansfield bald danach in ihr Tagebuch schrieb: „Dieser Nachmittag ist trüb und trostlos, es dunkelt, aber ich warte auf jemanden. Jemand wird kommen und nicht wieder gehen. Er wird zum Abendbrot dableiben, hier schlafen und hier sein, wenn ich am Morgen erwache." Man spürt vielleicht, daß so etwas gesagt wird, wenn Tränen in die Augen steigen und der Nachmittag, das Dunkel, die Trostlosigkeit, das Warten verschwimmen.

Er stellte sich nun vor: wie sein Beobachter diese mit sich redenden Leute, mit den noch elenden Augen, den Spuren melancholischer Nässe, den Tränenspuren im Gesicht, hatte auftauchen sehen, flüchtige Erscheinungen, und wie er sie hatte reden hören: Unverständliches, Zusammenhangloses, Zufälliges, Unflätiges, Fatales, Jammervolles, Lebensvolles. Sie redeten um ihr Leben, gleichgültig, was sie sagten. Sie zogen nicht einmal Grimassen, weil sie ein solches Reden gewohnt waren und sich das Gesicht vor Überraschung nicht mehr verziehen mußte. Sie wußten, was sie da flüsterten, was sie leierten, was ihnen aus dem Mund floß, mit Kaugummisaft oder mit der Krankheit, die sie verkommen ließ, die sie redend untergehen ließ, während einiger Sätze. Dann waren die Versinkenden verschwunden auf der Place Saint-Michel oder auf der Place Maubert, der Rue de la Harpe oder auch in feineren Gegenden. Es war unwichtig, aus welcher Metro-Station sie hervorgetaumelt waren und in welche sie sich hinunterflüchteten. Ihre Körper – so wie sie sich für Momente zeigten – waren vielleicht schon jene „beweglichen Leichen", wie sie Jean Paul einmal in seinen Briefen nannte.

Er besann sich jetzt darauf, wie er manchmal (wann?) mit sich geredet hatte. Es waren meist rechtschaffene und notwendige Befreiungsversuche gewesen. Er suchte nach der Freiheit zu sagen, was mitzuteilen war (wem?). Es war nicht ein Erstickungsanfall gewesen und ohnehin nicht Konfession, vielmehr angesammelte Sinnlichkeit oder Todesfurcht, Begierde oder das Gegenteil. Überhaupt oft: ein Gefühl und sein Gegenteil. Beides sollte Platz haben bei solcher Freiheit des Mit-sich-Redens und bekam seinen Satz oder mehrere Sätze, ein Aufseufzen, eine Seufzeratmung, wie die Mediziner sagen, oder ein Brummen, ein Genuschel oder einen Ton wie Lust und Unterliegen. Es war das „merde", das er loswerden wollte oder bloß ein mit dem Kopfe Zwitschern, die Geilheit der Ganglien, ein Mundverziehen und Lachen, dieses Lallen „Glaubst du an mich?", Erinnerungen wie Belästigungen. Man hatte sich an seinem Unterarm festgekrallt, Finger krallten sich spastisch so fest. Er wollte sich dann von dem befreien, was er nicht wiedersehen und was er zugleich durchaus wiedersehen wollte, jenes Gegenteil einer Sache, eines Vorgangs: eine Quälerei also. So kam er ins Reden. Es war immer schon so ähnlich gewesen. Der Häufigkeitsgrad mochte wechseln. Er merkte sich nicht Selbstgespräche, die dem Mund wie ein Wind entfuhren: „Entdecken sollst du meinen Körper“ oder so ähnlich. Er wollte auch Entdeckungen loswerden. Er sah sich auf die Finger. Er wurde immer nachsichtiger mit den Leuten, die – wenn sie allein waren – mit etwas herausplatzten. Einmal hat jemand nur „Ach“ geseufzt, bei geschlossenen Augen. Und er wollte manchen Anblick loswerden und vertrieb ihn mit einer fremden Derbheit. Es war nicht immer ein „merde“. Er brauchte keinen, der eine Couch bereithielt. Er hatte nicht diese Bekenntnis-Hygiene strenger Calvinisten. Er konnte nicht geißeln und nicht beichten. „Du tust mir weh.“ So war es. Sirenen hatten auch ihm gesungen. Dies war nichts Besonderes gewesen. Er hatte sich nie aus solchem Anlaß Wachs in die Ohren gestopft. Er gebrauchte Ohropax gegen die Stille. Doch die Stille war für ihn eine Droge. Und es war diese Droge, wenn es ihm doch gelegentlich zuviel gewesen war. „Wenn ich allein bin, küsse ich mein Bett, genau, wo deine Lippen sind.“ Er vertrieb die Lyrik, und sie kam als beliebiges, diesmal unpersönliches Gedicht wieder. Er wollte Schmerzen loswerden, geringe, mäßige, aber plötzliche Beschwerden. Er redete gegen diese Phantome an. Manches, von dem er so mit sich sprach, hatte es nie gegeben, würde es nie geben. Warum auch? Es redete etwas aus ihm und redete draufzu. Er redete selten mit sich im Schlaf, aber er hörte noch, wie die Kugel des kniend zielenden Amerikaners am rechten Auge seiner Frau vorbeipfiff, ein winziger Überschallton. Schon hatte ihn die Kellermauer, hatte der Mauerkalk Geräusch und Geschoß geschluckt. Das Weiße des Kalks spritzte kurz über die Kleidung der Bewohner, die vor der Kellerwand standen. Ein Krieg war zu Ende. Er schrie vermutlich in solchen Träumen. Aber am Tage mit sich reden war trauriger. Man kam der Wahrheit näher. Schon Pilatus hatte die Achseln gezuckt. Mit sich reden war auch: sein Leben in Sätzen unterbringen, auf die niemand hörte und die für niemanden bestimmt waren.

In Kupfer gestochen

Er hatte dem, der ihn porträtierte, zwei-, dreimal gesessen und bei dem Zeichnenden allzusehr das gespürt, was er Bemühung, auch Sorgfalt oder die Notwendigkeit der Bewältigung nannte. Der Ehrgeiz spornte ihn an, was gewiß gut war. Er legte nun die verschiedenen, mit Feder erarbeiteten Probedrucke der Kupferstiche auf dem Teppichboden des Zimmers aus. Der Zeichner erklärte ihm die verschiedenen Verfahren des Kupferstichs, bei dem die Zeichnungen derart in Metall-, besonders in Kupferplatten eingetieft werden, daß sie sich abdrucken lassen. Er hörte ihn von kalter Nadel und von dolchförmigem Schaber sprechen. Er redete pedantisch, wie es bei Zeichenpädagogen geschehen kann, vom Vorgang des Ätzens, von Wachsüberzug und Probedruck, der nun vor ihm auf dem Boden ausgebreitet dalag. Es war der übliche, ihm langwierig scheinende Prozeß, den er beschrieben bekam. Der Künstler schenkte ihm zwei Arbeiten auf verschieden grau gehaltenem Papier, darunter einem von feinem graugrünlichem Ton, die Farbnuance war schwach angedeutet.

Es muß gesagt werden, daß er allzu entschieden den Kopf zur Fensterseite des Bücherhauses mit der hohen Fensterglaswand zu drehen gehabt hatte. Aber es sollte ein Enface-Bild bleiben. Was er jetzt besah, waren zwei verschiedene Porträts. Dies mußte wohl beabsichtigt gewesen sein. Auf dem Blatt mit dem diskreten Graugrün sah er sich überscharf physiognomisch markiert. Un visage ridé à la Paul Valéry. Der Hintergrund der rechten Kopfseite war, wie diese selbst, nahezu in der Schwärze verlorengegangen, die auf der Wange, aber auch auf der rechten Kinnpartie lag. Hemd- und Rockkragen verschwanden in einem rapiden Dunkel, das als Kontrast zur anderen Bildhälfte aufgefaßt sein mußte. Die nach links gestellten, aus dem Bild blickenden Pupillen waren dem Zeichner heftiger, suggestiver geraten, als es ihm selbst einleuchtete. Übermarkiert die Falten der linken Gesichtsseite, das Ohr deutlich und schmal, das Kinn insgesamt kräftiger, weit weniger zurückgenommen als in Wirklichkeit, der faltige Hals wie beim Puter, bei großen Laufvögeln, aber verkürzt durch eine Kopfhaltung, die durch die insgesamte Wendung des Gesichts nach einer Seite bedingt war.

Der Zeichner hatte ihn dämonisiert. Er hatte etwas vom suggestiven Gegenüber angenommen: das Enflammierte, Schurkische kam hinzu, eine glimmende Euphorie, die noch nicht als Feuer in den Augen loderte; aber dieser sonderbar ausgezehrte Dämon knisterte allzu sehr. Eine Lunte war in Gang gesetzt. Er wurde auf eine Weise angeboten, die ihm zu heftig war, zu sehr als Überredung mißzuverstehen durch die sich nach oben drehenden Pupillen. Er sah sich exaltiert oder auf eine stark den Beschauer bannende Weise extrovertiert. Diese Physiognomie führte etwas vor, das ihm unbehaglich war. Es war eine aus ihrem Distanzierungsvermögen herausgelockte physiognomische Aufforderung. So schnell durfte Wetterleuchten nicht zustande kommen, es knisterte in Mund- und Augenwinkel, an den Nasenflügeln, die gebläht schienen. Die Gestik war verzerrt, was nicht allein am himmelnden Blick liegen konnte. Eine Leidenschaft des Willens wurde spürbar, die er nie besessen hatte. Dennoch lag in der Überredung durch dieses Gesicht, das das seine war, Ernst. Aber doch der Ernst eines Hingerissenseins, das er sich in Wirklichkeit nicht anmerken lassen mochte, auch wenn ihm eine deutliche emotionale Bewegung, wie der Ansatz zu leidenschaftlichem Reden bei kaum geöffnetem Mund gelegentlich nicht abzusprechen war. Aber indem das Bild unabänderlich blieb, wurde ihm der Ausdruck mehr und mehr unerträglich.

Die zweite Fassung war weicher, aufgehellter, milder. Er sah sich als Prediger aus einer Zeit, die er nicht näher bestimmen konnte. Sie mußte nicht von heute oder gestern sein. Doch das hingebungsvoll Zeitlose, das sich da in der anderen Bildfassung eingeschlichen hatte, machte ihn zum Pietisten, der seinen Voreltern mütterlicherseits vor mehr als einem halben Jahrhundert gefallen haben würde. Der Laienprediger auf dem Kupferstich sprach in ein sanftes Ungefähr. Man mußte sich keine Gemeinde hinzudenken. Bloßes Sinnieren aber war es auch nicht. Dafür war das milde Porträt zu mitteilungsbereit. Er befand sich schon mitten darin, und die Hingebung an die gute Sache war ihm anzusehn. Die Augen wiederum stark, ein Augenaufschlag, bei dem man nicht auf das Sichsenken der Lider wartete: ein wenig der Augenausdruck des Einfür-Allemal, wenn auch nicht „I have a dream“, so doch im Begriff, milde Metaphysik zu vermitteln. Überhaupt war die Physik auf den beiden Drucken allzusehr mit offenkundiger Metaphysik belastet worden, mit dem Bedeutungsvollen und einem Bescheidwissen, das zu diesem Hingerissensein des ersten Kupferstichs hinzukam. Die Energie des anderen Porträts war auch ein Strohfeuer der Augen. Aus Energie war nunmehr Elegisches geworden: weich noch der magere, knappe Hals. Während in beiden Fassungen der Mund richtig proportioniert wiedergegeben war, schien er doch etwas zu voll geraten, was mit den sich öffnenden Lippen, mit dem Ansatz zum Sprechen in Verbindung gebracht werden konnte. Schmallippigkeit wäre wiederum zu wenig gewesen. Ein Schimmer von Sinnlichkeit mußte jedenfalls zu erkennen sein, nur keine Fleischlichkeit des Munds. Für die alten Physiognomiker waren Nase und Mund stets wichtig gewesen. Die Nasen waren auf den beiden Bildern verkürzt und die Nasenlöcher leicht gehoben. Er glaubte ein länger geratenes Organ zu besitzen, das wohl schmal war, aber doch von seiner Länge her das Gesicht mitbeherrschte, auch eine leichte Biegung aufwies. Bekanntlich schlossen die Physiognomiker von einst von dem einen auf das andere, das männliche Organ, und waren der Meinung, daß eine hagere, mehr als mittelgroße Nase auf ein entsprechend ausgestattetes Utensil schließen lasse. Er hatte des Vaters wie des Großvaters Nase geerbt. Beide Male blieb die Stirn übrigens überblendet. Es lag ein künstlicher Lichtschein – das Gegenteil jeder denkbaren Aura – über der hohen und zu glatten Stirn, die erst spät vom Haar begrenzt wurde. Der Scheitel rechts auf den Kupferstichen wirkte wie eine leise Korrektur des Zuviels an Wesen, das dem Porträt von demjenigen auferlegt war, der es im Augenblick des Zeichnens wohl so gesehen hatte. „Wesen“ war hier zu hoch angesetzt in seiner Bedeutung, auch in der milderen Ausprägung. Er war während seines Lebens weder Stoßtruppführer noch Sektenprediger gewesen. Er wollte es mit dem unerwarteten Anblick versuchen. Etwas daran konnte stimmen.

Linker Handrücken

Er kannte keine Handleserin, beschäftigte sich nicht mit Zukunft, vielmehr hatte er seine linke Hand, leicht gespreizt, am Rand des Telefontischchens liegen und sah auf die unregelmäßigen Zwischenräume zwischen den Fingern. Sie erweiterten sich zum Daumen hin. Die Finger waren leicht gebogen. Auf dem mittleren, dem am stärksten gebogenen, nahe dem zweiten Fingerglied, einzelne farblose Haare, die bei der trockenen, zu hellen Farbe der Haut wahrscheinlich ohne das kräftig markierende Geäder nicht aufgefallen wären. So aber war der Haarboden bläulich. Dieses geringe Aderblau überzog zunehmend Finger und Handrücken, ein feines System, das sich verzweigt.

Die Hand war schmal zwischen Speichenwand auf der Daumenseite und dem Ellenrand auf der Kleinfingerseite. Die Sehnen waren sichtbar geworden; so die Sehnen der Fingerbeuger, und das Handskelett war müheloser erkennbar, je magerer die Hand im Laufe der letzten Jahre geworden war. Der Handrücken war immer noch kaum faltig, das Adernrelief aber verstärkte sich zunehmend. Einmal hatten ihn Japaner besucht, denen seine kleinen, nicht übermäßig schmalen Hände aufgefallen waren. Es war mehr als eine Feststellung gewesen. Die Knochen mußten sehr leicht sein, denn er hatte zuweilen ein Gefühl von Gewichtlosigkeit, das Gegenteil von Fühllosigkeit, ein Schweben. Das Handinnere war ihm zu rätselhaft gemacht worden, selbst ohne Handlesekunst und Handlesespuk. Er wollte sich keine Rätsel aufgeben lassen. Der Handrücken war einer der Teile der Hand, die vor Spekulationen sicher zu sein schienen. Geboren war er mit dem Ansatz zu einem sechsten Finger an der linken Hand. Der kleine Finger links wies noch heute eine winzige Hautkuhle, eine lebenslange geringe Narbe auf. Der Auswuchs war noch am Tage seiner Geburt entfernt worden.

Allzu genaues Betrachten konnte den Gegenstand mystifizieren. Es war aber nichts als eine linke Hand, die am Rande des Tischchens lag und die er nun stärker spreizte und im Spreizen zu strecken versuchte. Die Sehnen traten

jetzt noch stärker hervor. Die Finger endeten gleichsam im Oval der kurz geschnittenen Nägel, unter denen die Haut in mattem Rosa schimmerte. Diese Hand war nichts als seine linke Hand, wie gesagt. Sie gehörte zu ihm: ein Körperteil. Aber sie war nicht der Stellvertreter für etwas. Symbolik lag ihm nicht: kein Handauflegen und kein Handerheben, Beschwichtigungs-, Segnungs- oder Schwurhand. Seine fünf Finger waren kein Zeichen für anderes, weder für geheime noch obszöne Gesten, kein V-Zeichen des Sieges, wie beliebt, kein sexueller Wink, wie bekannt. Seine Hand mit dem Pulsschlag am Handgelenk, der ruhig ging und an dem man die Herztätigkeit ablesen konnte. Es war die Pulsader, die oberhalb der Handwurzel längs des Speichenknochens dicht unter der Haut lag.
Am oberen Glied des kleinen Fingers war seit längerer Zeit eine Verdickung zu sehen, die sich an der rechten Hand wiederholte. Sie war zuweilen gerötet, wirkte dann wie angeschwollen und hatte Ähnlichkeit mit einem kleineren Gichtknoten. Beide Verdickungen waren jedoch nach einer Verstauchung zurückgeblieben. Es war keine durchgearbeitete Hand, wie man sagt. Sie hatte nie schwere körperliche Arbeit verrichten müssen. Ihre Arbeit hatte allenfalls in der Vermittlung von Geist und Stoff gelegen. So meinte er jedenfalls. Nichts Handfestes also. Vielleicht ein Handikap. Weder die Rechte noch die Linke taugten für die Handzeichen der Analphabeten, wenn sie ihre drei Kreuze machten. Die Linke war schon deshalb die geschontere geblieben, weil er Rechtshänder war.

Der Handrücken war jetzt sehr hell. Setzte er ihn aber der Sommersonne aus, brannte sich ihr Licht rasch rötlichbraun in die Haut ein. Auch leichte Flecken entstanden: Sonnen- und Hitzeflecken, die meist schnell wieder verschwanden. Er wies beim lebhaften Sprechen, beim Gestikulieren, das ihm eigen war, sozusagen die Handrücken vor. Sie unterstrichen Spontaneität, rasches Reagieren, die Bedeutung gesprochener Sätze. Sie wiesen hin oder wiesen zuweilen ab. Manchmal war es an der Winkelung bereits erkennbar oder an der Art der Bewegung, die sie in der Luft durchführten. Auf Fotografien redete die Linke zu lebhaft, und manche sahen irritiert auf diese unruhige Hand, die ihre Sprache sprach und Blicke auf sich zog, mitunter auf offenbar lästige Art und Weise. Man folgte mit den Augen dem Auf- und Abfahren von Hand und Unterarm. Es war die Schmalheit der Hand, die das Hurtige, Rasche als Eindruck verstärkte. Wenn er mitunter meinte, zwei linke Hände zu haben, so war dies mehr als eine Redensart. Diese Hand war schnell, doch eher ungeschickt, und daß er gern nachts auf der linken Hand schlief, war vielleicht eine Marotte.

Er hatte den Handrücken gern frei, wenn er über einen Gegenstand und jemandem übers Gesicht fuhr. Der durch Manschetten und Jackett halbverdeckte Rücken der Hand versteckte etwas, das nicht versteckt, vielmehr beweglich, erkennbar, ungeschützt sein wollte. Auch der Handrücken hatte die beständige Wärme der Hand, die manche verwunderte. Er fror selten. Handschuhe waren ihm von klein auf überflüssig gewesen. Er steckte aus Laune die Fingerlinge des Handschuhs, den er in seiner Manteltasche fand, auf den Gitterzaun, der die Rosenknospen bevorzugenden Jungrehe abhalten sollte. Solche gespenstischen Fingerschützer würden die Tiere so wenig wie das zu dünne Gitter von ihrem Genuß abhalten können. Denn Genuß überwindet Hindernisse, weil er mit Willenskraft ausgestattet ist. Sein linker Handrücken tastete sich, leicht gekrümmt, über unbekanntes Gelände: einen anderen Menschen. Die Handknöchel berührten die Haut, das Kinn, Wangenknochen, spürten Stirnfalten oder die kubische Form von Schenkeln wie auf Bildern von Délaunay und Fernand Léger. Er berührte mit den Knöcheln Phantasie. Er sah oft nicht hin, wenn dieser Handrücken etwas ertastete. Er führte den Rücken seiner linken Hand langsam von oben an der Wirbelsäule herab. Er spürte Biegung und Haarflaum, griff mit der Linken zum Hörer. Das Telefon hatte zu laut und zu lange geläutet. Es war ihm, als wenn er mit einer anderen als seiner linken Hand die Hörmuschel zum Ohr führte.

Anima

Er mochte sein Schullatein nicht auffrischen, denn er bekam es nahezu täglich – beispielsweise als Botaniker-Latein – zu lesen, so daß er schon meinte, die Pflanzen dufteten lateinisch. Von der Medizin ganz zu schweigen: ein halsbrecherisches und zungenbrecherisches Latein, befand er, so ungeniert wie früher das Latein der Mönche, das Küchenlatein und das feindlich anmutende Latein eines chemischen Präparats. Bei einem elegant kombinierenden italienischen Autor dieser Tage stieß er auf den Satz: „Die Körperteile, an denen am meisten Geruch ist, sind diejenigen, an denen sich am meisten Anima sammelt." Seele wurde hier wieder einmal ihrer unentrinnbar scheinenden Innerlichkeit entführt und der Sinnlichkeit zugeführt, sagte er sich. Las nochmals. Der Satz stank fast vor Seele, was ihn nicht schreckte, denn er entsann sich, wie nahe er von jeher die Anima dem Animalischen – allein sprachlich – als verwandt aufgespürt hatte. Er war hier also auf der richtigen Spur. Und das Animalische hatte er nie abgrenzend, nicht einmal – um Latein zu verwenden – als alternativ verstanden. Er ließ sich nicht dazu verleiten, es gleichsam als die Verwilderung von Anima zu verstehen, als eine besondere Ausscheidung der Seele, wie ihm der elegante italienische Tiefsinn vorgaukelte.

Aber er erinnerte sich an die komplizierte Herkunft des germanischen Wortes Seele, das soviel wie „zu See" bedeutet haben soll. Denn die See war es gewesen, wo man die Seelen vor der Geburt vermutete. Doch sonst war es die bekannte lexikalische Auskunft, die nie befriedigen kann und lapidar von der Gesamtheit der seelischen Vorgänge eines Organismus spricht und vielwissend hinzufügt, daß sie bei Tieren „analog erschlossen" werde, sie sogar bei Pflanzen vermutet werde. Die Rituale, die man von jeher mit der Seele trieb, waren ihm aufschlußreicher als das Numinosum selbst. Er kam vom Latein nicht los. Aber die „Seele essen" war eigentlich ein begreiflicher Liebesvorgang, wie man bei der Liebe das Kannibalische nicht außer acht lassen darf. Animalisch, kannibalisch: es gab etwas Sinnlicheres als den Animismus, die Allbeseelung, die schließlich die Seele als

Staub aus der Supermarktecke fegt, da sie staubgleich an allem haftet. Nur die dabei eintretende Verflüchtigung war jene Verinnerlichung von Seele geworden, die ihm als besondere Aufdringlichkeit zuwider war. Da waren ihm Marcel Jouhandeaus Erlebnisse mit ihr sympathischer gewesen: „Ich glaubte mich zu sehen, wie ich meine Seele spazieren führte", hatte er in seinen „Pariser Bildern" geschrieben. Und vorher hatte es auf der Place Saint-Sulpice, also in seelisch disponierter Gegend, einen zweideutigen Auftritt zwischen Eheleuten, einer jüngeren Frau, einem alten Mann, gegeben. Die Frau skandalierte öffentlich die heikle Eheverbindung, indem sie dem Rosetten-Dekorierten Schande vorführte und damit gleichsam ihre Seele, ihre Wut und Mißachtung zeigte. Sie hatte sich in einer Toreinfahrt plötzlich entblößt, bis zu den Brüsten hinauf, wie Jouhandeau miterlebt hatte, und war so auf den Schnurrbärtigen, den Macho aus der Zeit der Jahrhundertwende, zugegangen.

Guido Ceronetti – so hieß der Italiener – hatte zuvor sinniert: „Das Exkrement wird, solange es im Körper ist, akzeptiert ... Dagegen wirkt es erschreckend und widerlich wegen des Geruchs nach entblößter, anonymer Seele, den es ausströmt." Das mochte gewagt oder auch nur apart aufgenommen werden, es erinnerte ihn an jene andere Entblößung von Seele, wie sie aus der Toreinfahrt vor den Augen von Mann und Menge, dazu noch angesichts des frommen Krimskrams um Saint-Sulpice, getreten war, mit hochgerafften Kleidern. Ihm gefiel jedesmal, wenn Anima – und sei es für Augenblicke und einige Sätze lang – aus ihrem unsichtbaren Gefängnis geholt, geradezu gerettet worden war durch einen Akt der Befreiung, mochten sie wie auch immer ausgesehen haben. Die Anonymität von Anima war ein langer Prozeß gewesen. Christliche Zivilisation hatte sie unsichtbar zur Auflösung gebracht. Sie hatte ihr Geruch und Aussehen genommen, und Allerseelen war übriggeblieben, verblichene Kränze und Taxusgeruch statt des Geruchs von Fleischlichkeit. Die Eingeweide als Sitz angewiesen zu bekommen war menschlicher gewesen: die Leber, das Stoffwechselorgan. Weder Kopf und Herz waren beteiligt gewesen, glücklicherweise. Und allenfalls hatten jene mythischen Geier die Seele, die Leber gefressen. Es war ein

sicherer Sitz gewesen: die Seele als natürlicher Regulator des Stoffwechsels, also auch der Ausscheidungen und ihres Gezischels, wie Ceronetti es nennt. Nichts Ätherisches war daran. Engel wurden erfunden, um Seele ätherisch sichtbar zu machen, mit falschem Schweben, und die italienischen Meister hatten ihre vollkommensten Bilder gemalt.
Aber aus Anima wurde schließlich Dung, Kloake, Abfall von Körpern, die gelebt hatten und gerade an ihren empfindlichsten, leidenschaftlichsten Stellen diesen animalischen Geruch hatten aufkommen lassen, der offenbar für einige unzulässig war: verbotene Körperteile. Es war nicht wirklich Scheu, es war Verlogenheit oder Blindheit der Sinne. Man durfte nicht riechen, nicht sehen, was geschah, vor aller Augen wieder und selbstverständlich geschah. Es mußte erst zu kleinen, verrückten Szenen kommen. Man mußte die Aufmerksamkeit der Polizei, der Sitte, erregen, um überhaupt noch momentane Wahrnehmbarkeit zu erregen für etwas Schändliches oder Obszönes.

Er versuchte, sich die Wahrnehmbarkeit von Anima vorzustellen, und bekam sie in Fetzen wieder, in die Erinnerung zerfällt, und zugleich als Zwerchfellatmung, durch die die Seele lebendig erhalten wurde in sagenhafter Zeit. Er dachte, man müsse sie wieder als dazugehörig empfinden, wenn man den Kuß schmeckte und die Schweißspur am Nasenrücken empfand. Es war diese Kinderlust, am Leben zu schnuppern, wenn man so unwillkürlich auf der Suche nach Anima war, die zu einem Luftgebilde, zur scheinbar durchsichtigen Erscheinung verhext worden war. Damit war erst das Undurchsichtige an ihr aufgekommen, von dem sich einzelne wieder zu befreien versuchten und es auf Kosten von Sittenwidrigkeit und einem aufgezwungenen Widerruf taten.

Er konnte sich nicht von dem Gedanken der Versinnlichung des Stofflosen zum Stoffwechsel befreien, so wie er es damals verstanden hatte, als er in einem Buch, in anderem Zusammenhang, von George Steiner notiert gefunden hatte, daß Samen Wörter seien, kommunikative Produkte. Körperlichkeit, also auch Körperausscheidung, brachte das Empfindlichste, Seele oder wie man sonst es benennen mochte, zum Vorschein, worauf mit Ekel oder Genugtuung, schließlich mit Achselzucken geantwortet wurde, mit einem Reflex des Unwillens und der Überraschung. Animismus bekam auf diese Weise einen schweren, nicht haltbaren Stand, und Animation war zum Dunst von Perversion verkommen durch den verkommenen Gebrauch der Sinnesorgane. Latein verführt nicht zu Abwegen. Es war die Taciteische Sprache, die Sprache Ciceros und eine Sprache, die ihre höchste Beschreibungsfähigkeit für ihn in den Briefen des jüngeren Plinius gefunden hatte. Bereits eineinhalb Jahrhunderte nach ihm ließ Plotin das höchste Schöne wie aufsteigenden Rauch und in der Ekstase vergehen. Seither war Anima, meinte er, auf ihrer Flucht nach oben, und ein Körper stieß ab, wenn er Seele ausschied, die als eine Art Smegma anwiderte.

Ein Gesicht

Er wechselte die Brille und etwas veränderte sich in einem schönen Gesicht, dem ein Rechteck oder ein Quadrat unterlegt schien, wahrscheinlich, um das Oval dieses Gesichts noch deutlicher werden zu lassen vor dem geometrischen, exakten Hintergrund. Das Oval einer menschlichen Physiognomie war nicht rein ausgebildet, wie das die Integralgeometrie über den Umfang der geschlossenen, ebenen Kurve, Eilinie genannt, aussagte, eine Kurve, deren Krümmung überall positiv sei, eine besondere Linie demnach mit ihren vier Scheitelpunkten. Er suchte nicht nach dieser unmenschlichen Ebenmäßigkeit, wenn er die Brille abnahm. Er hatte genau das Gesicht ihm gegenüber gesehen und seine Verhältnismäßigkeit, in der Augen, Nase, Stirn, Mund und Kinn zueinander gesehen werden konnten. Was er vermutlich wollte, war eine geringere Sichtschärfe. Dieses Oval sollte ein wenig vor den Blicken verschwimmen und noch menschlicher für ihn werden, wenn dies möglich gewesen wäre. Er ließ es jedenfalls auf den Versuch ankommen und wollte außerdem, indem er zur schwächeren Brille griff, wissen, wie weit er oder wie wenig er übertrieben hatte, wenn er das Gesicht sogleich als schön ausgegeben hatte.

Schöne Gesichter erinnerten ihn an Makellosigkeit, die es ohnehin nicht gab. Er wollte sich eher der kleinen Täuschung der Unschärfe hingeben, bei der manche Gesichter, meist die minder ansehnlichen und die bedeutungslosen, in angenehmer Unklarheit vorm Auge blieben. Es war das Gesicht einer Frau unbestimmten Alters, das er vor sich hatte. Und das Unbestimmte mochte seiner Absicht, eine gewisse Unschärfe wahrzunehmen, entgegenkommen oder das Gegenteil bewirken: die scharfe Optik war jedenfalls beseitigt, und er konnte vielleicht dem Instinkt seiner Augen vertrauen, wenn er auf diese Weise das Gesicht einer Frau betrachtete, das die Geometrie zu stilisieren beabsichtigte. Ihre reine, endgültige und unmenschliche Form verschwand, während er – mit nichts als einer ordinären Brille ausgestattet, wie man sie beim Fernsehen benutzt – nun erlebte, wie ein weibliches Gesicht zu schimmern begann, wie es umflossen war von einem Haarfall, der die Ohren bedeckte bis zur halben Halshöhe. Der mittelblonde Haarschopf, mit einzelnen aschfarbenen Strähnen, belebte im Fließen den ovalen Gesichtschnitt, begrenzte ihn auch, indem er zugleich die Formung des Gesichts vervollkommnete. Doch das Weiche, Bewegte des Fließens ließ das Haar nicht zu bestimmter Frisur erstarren. Es fügte sich dem Unbestimmten des ganzen Bildes ein, denn was er in der Unschärfe erwartete, war das stärkere Hervortreten des Bildes oder auch der Erscheinung. Das Gefältel der Augenwinkel, um die Nasenwurzel und auch schon an den beiden Lippenrändern hob sich so schwach ab, daß es nicht nennenswert sein sollte. Die Wangen hatten eine schwache Rundung, in die die Backenknochen einbezogen waren. Die Rundung war deutlich von Fülle entfernt wie von Hagerkeit, die der Physiognomie möglicherweise mehr Prägnanz gegeben hätte.

Er gab nicht nur vor, jetzt besser zu sehen, was er „erkennen“ nannte, ohne damit eine Absicht kundzutun, etwa hinter das Gesichtsoval kommen und es ergründen zu wollen. Das Ergründen von Personen mittels des Gesichts schien dem Spintisieren verwandt. Er war für die Erkundung der Oberfläche, der Haut, ihrer Farbe und deren Wechsel, ihrer Atmung, ihrer Poren und wie fein oder grob sie waren, wie weit sie es zu einem winzigen Hautrelief brachten. So ging er jenem Schimmer, der Oberfläche nach und brauchte die Tiefe nicht, die für ihn schon bei der Fläche inbegriffen war. Er verstand sich auf die Beobachtung von Linie und Fläche, die bei jedem anders verlief. Auch das Ausbleiben von Linie besagte etwas.

Mit Ekel hatte er in manche Gesichter seines Alters oder in jüngere Gesichter sehen müssen, die „geliftet“ waren, die es – eine Generation nach ihm – bereits für notwendig gehalten haben mußten, ein verbrauchtes Gesicht mit den Schrecken der Kosmetisierung noch verkommener aussehen zu lassen. Er vergaß hinter der TV-Brille, und was er fand, war das schöne Gesicht einer Frau unbestimmten Alters. Aber warum mußte dieses nichtssagende Adjektiv für ein Gesicht herhalten, das beschreibbar war? Er versuchte es schon mit der Beschreibbarkeit, und daß er dabei nicht weit kommen würde, lag an der einfachen Blöße dieser Hautflächen, die sich zum Oval gebildet hatten, das unverkennbar blieb und das man voraussetzen mußte, wenn man sich auf Wörter oder gar Sätze einließ. Eine Haut lebte und zeigte doch nicht gleich ihre Wärme und ihre Kälte und die Schwankungen solcher Temperatur. Er war auf Ansehen und vielleicht auf Berührung angewiesen. Doch Finger erwiesen sich – wie diese Haut – als unzuverlässig. Er war von der Zufälligkeit ihres Tastvermögens, ihrer Erfühlung abhängig. Dies war zu wenig für den Schimmer, der ihm geblieben war und von dem er angezogen wurde, denn der Schimmer kam von der Haut, wahrscheinlich von dem feinen Fettfilm, der darüber lag, oder aber von ihrer Trockenheit und Sprödigkeit. Die Gesichtshaut, die er nun in Ruhe besehen konnte, bestand ja nicht lediglich aus Epidermis, aus Oberhaut, oder vielleicht aus Papillen und einer bestimmten, sichtbaren Pigmentierung, dieser wunderbaren und überraschenden Einfärbung der Haut.

Ein lediglich schönes Gesicht gab es so wenig wie ein makelloses, so wenig wie es nette Gesichter gab, die – sprach man derart von ihnen – ihm einer Beleidigung gleichkamen. Und er erinnerte sich des sanft tückischen Satzes aus Robert Walsers Prosa „Die Rose“: „Nette Gesichter anzusehen, macht nett." Was mochte an diesem, vor seinen anders bebrillten Augen leicht zurückweichenden Gesicht schön sein? Ein besonderes Zusammenwirken von Teint und Proportion, von Augen, die weder anstarrten noch geschickt die Wimpern hoben, ohne jenen „Blick in die unparteiische Ewigkeit" der Dichter, klar getönte Pupillen ohne zuviel Durchsichtigkeit, wie die Haut ohne zuviel Durchsichtigkeit war, eine gleichsam verläßliche Haut. Die Verhältnisse dieser Front stimmten. Die Lippen lagen einander auf. Die Neigung zum Oval wiederholte sich in den länglichen Nasenflügeln, die auf den geraden Nasenrücken zuliefen. Die Wimpern waren wie die Brauen eine Spur dunkler als das Haupthaar und strebten an der Nasenwurzel vorsichtig zueinander. Es war nichts als eine Andeutung in einem Gesicht, das ruhige Erfahrung vermuten ließ, kein ausgeruhtes Gesicht, aber aufmerksam genug, um auch den Schimmer der Erfahrenheit erkennen zu lassen. Er fragte sich hier nicht weiter, stellte sich nicht Lust oder Erschrecken vor. Dieses Gesicht war nicht leicht denkbar als ein von Leidenschaft aufgerissenes Gesicht. Noch zehrte nichts an ihm, und die von Lust und Schreck geweiteten oder überwältigten Pupillen, die dann nichts als Angst- oder Lustlöcher und bodenlos gewesen wären, kamen ihm nicht in den Sinn. Dieses Gesicht hatte Sinnlichkeit. Doch wußte er seine Sinnlichkeit nicht zu bestimmen.

Abschiede

Im Laufe der Zeit meinte er beobachtet zu haben, daß in Augenblicken des Abschieds, und dies schon nach kurzen Besuchen, bei flüchtigem Adieu und geringen Anlässen, sich bei nicht wenigen Menschen indviduell nur leicht unterschiedliche physiologische Reflexe zeigen. Sie hatten sich ihm eingeprägt. Bestimmte Reaktionen konnten Ausdruck für durchaus nicht bloß physiologisch zu verstehende Augenblicksregungen sein, die er nicht bereit war, als Gefühlsäußerungen zu verstehen. Es ging in solchen Momenten für ihn wie für die anderen, die sich verabschiedeten, kaum um Verstehen. Niemandem gelingt hier Verständnis. Dazu geht es zu schnell.

Er mochte den Vorgang nicht mit Worten betasten, dieses Abschmecken des Abschieds, des kleinen Urlaubs von einem anderen: schon bekommt etwas Bedeutung, dachte er oft, was allenfalls ein kurzes Zeremoniell sein sollte. Manches, wußte er, würde nie zum Abschied gebracht werden, und er fürchtete gewisse Wiedersehen wie ein Wiedererkennen, welches nicht berücksichtigte, daß er inzwischen ein anderer hätte werden können. Charaktermaske war ein Schmähwort geworden. Er besaß diesen Modeartikel nicht in seinem Wortschatz. Durch seine Grammatik jedenfalls irrten andere Personen. Dies machte ihn auch bei Trennungen (vielleicht auch die Partner) unsicher. Aber seiner sicher war ohnehin niemand, und deshalb zeigte so mancher seiner Besucher auch jemand Beliebigen vor, was ihm oftmals nicht unlieb war.

Er hatte es gelesen: „Seinem Abschied voran" war lediglich Rilke gewesen. Im öffentlichen Dienstrecht sah alles anders aus, noch anders als im Verfassungsrecht. Es gab vor vielen Jahren den Reichsabschied. Er wurde seit mehr als vierhundert Jahren nicht mehr gegeben. Er dagegen beobachtete lediglich – wenn es soweit war und manche ihm die Hand gaben, manche den Mund – unterdrücktes Lächeln und angestrengte Lippen, den Faltenzug der Stirn oder Wange, den Händedruck, das Langsame oder Schnelle, das Greifen der Hände.
In der Kürze und Schnelligkeit, aber auch in dem unmerklichen Zögern lag für ihn das, was seine Aufmerksamkeit, seinen Wahrnehmungszwang erregte. Er sah so genau wie wahrnehmbar hin und war, wenn schon nicht hingerissen von den vielen Eigenschaften, die sich ihm zeigten, so doch unmerklich besessen beim Lesen der Abschiede. Die Augen lasen so und verlasen sich vielleicht auch gelegentlich oder entnahmen einem Mienenspiel *mehr*, als es an ihm zu entdecken gab, doch täuschen ließen sie sich wohl selten, wenn Verabschiedungen zwischen Tür und Angel auch noch so spielerisch schienen. Meistens gab es etwas, das nicht zu solchem Spiel paßte: kleine Fehler, kleine Erkennungsmerkmale einer Beziehung. Auf sie kam es ihm an bei Händedruck oder Lippenberührung, bei Wangenkuß oder knapper Verbeugung, bei Nachwinken oder bei raschem oder minder raschem Türschließen.

Besonderheiten waren keineswegs aus den vorangegangenen Unterhaltungen zu erkennen gewesen. Und bestimmte Artigkeiten waren ohnehin ausgestorben: alle Kratzfüße der Höflichkeit und ihre rührende oder auch perfekte Grazie. Zeremoniöses war vielseitiger geworden. Er empfand manchmal: tückischer oder undurchschaubarer, jedenfalls differenzierter. Hinter Saloppheit verbarg sich mitunter mehr Empfindlichkeit des Sichentfernens, als erkennbar wurde. Überhaupt sagte er sich gelegentlich, daß lässige Umgangsformen, Zwanglosigkeit einen natürlichen Charme durchschimmern ließen, der Leichtigkeit besaß, ohne Schnörkel und Gebaren auskam und sogar bei leichter Ungebärdigkeit von bestimmter angenehmer Wirkung auf ihn war. Es waren auch nicht die voraussehbaren Mechanismen, vielmehr wechselnd vorherrschendes, übliches Verhalten: ein Lippenpaar schürzte sich schneller, ironischer, listiger. Man versteckte hier nicht, man ließ vielmehr zu, doch *wie* man es tat, dies war das eigentlich Bemerkenswerte.

Ihm kam es auf das Entdecken von Verstohlenem an. Angedeutetes Augenzwinkern war bereits zu auffällig, etwas von Animierung, einem Wink, der der Intimität eine zu deutliche Bereitwilligkeit gab. Der bloß offene Blick hatte für ihn nicht selten etwas von Starrheit. „Sie mögen sich entwikkeln, aber sie ändern sich nicht." Gertrude Stein schien ihm mit diesem Satz nur halb recht zu haben. Und die „determinierten Gesichter", die Karl Immermann in seinen „Tagebüchern" für bemerkenswert hielt, waren ihm geläufig. Es war ihnen bei diesen kurzen Gelegenheiten des Abschieds nichts abzugewinnen, nicht beim Wunsch, es sich gut ergehen zu lassen. Das Ungerührte oder dessen Gegenteil war ihm gerade bei fremden Augen in Erinnerung, wenn er sie verschwimmen oder allzu fest auf sich gerichtet spürte, wenn es dem langen oder dem kurzen Blick galt, der übrigblieb und endgültig war, der ihm gegolten hatte wie die bewegliche Furchung der Stirn- oder Wangenhaut, überhaupt die Veränderung der Haut in einem Gesicht, das kein Partner- oder Komplizengesicht war. Entschiedenheit noch im Fortgehn zeigte gelegentlich ein verdächtiges Vorschieben des Kinns. Er hatte gesehen, wie kurz der Moment war, wenn sich die Zungenspitze zwischen trockenen Lippen zeigte, zwischen Lippen, die schmal waren oder schmal wurden beim Gruß, ohne Kuß.

Er wollte nicht ausschließen, daß häufiger auf den sogenannten letzten Blick gar nichts zu denken übrigblieb. Abschiede waren für ihn außerhalb von Zuordnung und Anordnung. Es war eine Art Unordnung möglich, ein momentanes Chaos, das aus Gegensätzlichem oder allzu Benachbartem des Gefühls bestand und dabei nichts ausschließen konnte: dies war das Schwierige, manchmal Heftige, zuweilen nur als schwacher Abglanz Erkennbare. Trockene Lippen und schnelles oder zögerndes Verschwinden sind glanzlos, glücklicherweise, und Wortwechsel werden aus bestimmter Entfernung akustisch nicht mehr wahrgenommen. Unhörbar, aber sinnlich wie Lippenlecken, bleibt das Wort, das nicht über die Lippen wollte und mitgenommen wurde: nicht zur Aufbewahrung im Gedächtnis, sondern lediglich, um zu vergessen. Er war nicht neugierig genug, um wissen zu wollen, was da unter Umständen verlorenging oder etwas entschieden beendete.

Im Gehen

Späth dachte manchmal: Musik, das ist wie eine Art Sterben, ohne Körper. Manchmal ist auch Schreiben so, ein Brief, oder das Anschauen eines einzelnen Menschen, für Augenblicke, oder die Pflanzen sind so, in ihren schönen, nicht allergisierenden Einzelheiten – wie Windstille. Er fühlte es im Gehen. Er ging eigentlich so durch Straßen, es waren immer dieselben, mit diesem Gefühl, ein Out-of-body-Gefühl. Gehen ist nicht der richtige Ausdruck. Schweben war auch nicht so. Windstille war so. Aber es gab selten Windstille. Es gab kurze Windstöße. Er ging gern mit dem Wind im Rücken. Es war ein Sich-gehen-Lassen. Getrieben werden wäre ein viel zu deutliches Wort gewesen. Er gab dem Wind, dem kleinen Wehen im Rücken nach und fühlte sich dabei fast leicht. Papier wehte so, oder Blätter zu bestimmter Zeit, auch Rauch, eine Fahne Rauch aus einem Vorgarten. Er verließ seine Wohnung, nachdem er sich vergewissert hatte, daß die Umstände günstig waren.

Es war kein Spazieren, sondern eine Form von Ablenkung, von Zeitvertreib, für eine halbe Stunde und bei wechselnder Jahreszeit. Kurze Entschlüsse. Er setzte einen Fuß vor den anderen, mechanisch. Es war nichts Auffälliges daran. Er rannte nicht nervös, schlenderte auch nicht. Er bewegte sich lediglich, ließ sich bewegen in dieser sanften, täglich zuweilen sich mehrfach wiederholenden Mechanik des Füße-Gebrauchens. Die Füße merkten nicht, daß sie gebraucht wurden. Er schlug Haken, um günstig zum Wind zu bleiben. Manchmal mißlang die kleine List, eigentlich meistens. Er war früher stundenlang umhergelaufen. Das Wetter hatte ihm wenig ausgemacht. Er war dann weniger eingeengt. Er spürte, wie sich diese Einengung steigerte, wie sie ihn umstellte, wie sie etwas zuschnürte, wie er ausgeliefert war, auf eine unausstehlich sanfte Art und Weise. Etwas zog sich zu, um ihn und in ihm. Er verkürzte seine Straßenwege.
Späth ließ auf sich beruhen, was ihn umzingelte, was ihm nachstellte, was er nicht los wurde, was beharrlich war. Endogene Depression ist ein starkes Wort, ein gefährliches dazu. Immerhin eine bemerkenswerte Sache, eine Erkrankung, offenbar durch bestimmte Stoffwechselstörungen hervorgerufen, die in manchen Fällen erblich sind, etwas, das sich der Beeinflussung durch den Willen völlig entzieht. Es gab dieses Problem der Einengung, wie gesagt. Späth dachte an solche Musik, die wie eine Art Sterben ist, etwas Sehnsüchtiges, fast wie Verheerung, die man nicht als Verheerung empfindet, sondern still in den Gliedern, ein bestimmtes Körpergefühl, das dazugehört wie Schweiß an bestimmten Stellen und der Wunsch, sich zurückzuziehen in Gebüsche, Waldstücke, in die Nähe von Pflanzengerüchen in Waldwinkeln. Man war allein in solchen Verstecken, die man wieder verlassen mußte. Es war ein gieriges Alleinsein. Und out-of-body schlug dann um in zuviel Körpergefühl, vorübergehend. Dann war es wie vorher, ganz ohne Benommenheit, und draußen war es wie gewöhnlich: schmutziges, fettiges Wasser, Öllachen und Dieselgeruch, ganz ohne den libidinösen Atem des Chlorophylls.

Späth hatte nun diese andere Art, Bescheid zu wissen, zu übersehen, daß man ein männliches Organ hat, und hatte diese Angst, es zu gebrauchen. Es war verrückt. Oder vielleicht doch ein Symptom der genannten Störung, die manche Erkrankung nennen. Es war eine Angst, wie vor einem Luftzug oder vor Alkohol, den er seit einiger Zeit nicht mehr trank, seit er dies geschafft hatte, weil er es hatte schaffen müssen: Angst vor Spirituosen, selbst wenn sie in Speisen verarbeitet waren, vor der Aromatik des Alkohols, der schönen Luftschwängerung, wenn eine Flasche Arrak geöffnet wurde. Es war die Furcht, die ihn vom Alkohol und von der Sucht träumen ließ, von diesem besonderen Gezogenwerden, war auch wie die Beklemmung, in ein Auto zu steigen und im Auto mitgenommen zu werden, den Gurt anzulegen, neben dem Fahrer oder der Fahrerin zu sitzen. Er fragte sich: war er jemals jemand gewesen? Er wußte es nicht. Er hatte Zweifel, und dann wollte er gar nichts von dem wissen, was gewesen war. Der Wein der Zivilisation war für die Anderen, die nicht diese Schwierigkeiten hatten, die nachts auf die Blase drückten oder auf die Prostata.

Er ging im zu leichten Mantel, schlug den Kragen hoch. Ein sowjetischer Satellit war in Kanada heruntergekommen. Erdaufschlag. Ein zwei bis drei Meter tiefer Krater. Und offenbar war Radioaktivität freigeworden. Einige Meteorologen der Gegend wurden evakuiert. Aber Späth interessierte sich im Gehen für das kleinblütige Gelb des Winterjasmins. Es war seit einer Woche die einzige Farbe im allgemeinen Grau, im Dreck der Farblosigkeit, der verschiedenen Schmutzfarben, zwischen denen das Gefieder einzelner Dompfaffen etwas zu lebhaft leuchtete. Das ergab für ihn ein irgendwie chinoises Bild, wie aus einem winzigen Farbholzschnitt.

Späth wechselte nicht gern das Schuhzeug, wenn er seine kurzen Gänge antrat. Er hatte bestimmte Halbschuhe eingelaufen. Sie schmiegten sich seinen zu schmalen, hageren Füßen an. Sie paßten sich ihnen an oder er meinte, daß sie sich ganz dieser Fußform angeglichen hatten, während die Absätze sich langsam abliefen und schief wurden und die Fußlage in den Schuhen eher unbequem werden ließ. Doch da dies ganz allmählich geschah, spürte er nichts vom Unbequemen. Lästig war nur ein Schuhwechsel. Aber er vermied ihn. Er bewegte sich sicher in den ausgetretenen, steingrauen und mit Kreppsohle versehenen Halbschuhen. Er durfte den Gegenstand nicht spüren, der Schuh hieß und die Zehenballen umgab, den Spann, der den Mittelfußknochen schonte und der Ferse zu bequemer Bewegungsfreiheit verhalf.

Er latschte nicht etwa immer mit denselben Schuhen. Er ging nur lässig in ihnen, täglich. Er spürte sie nicht, spürte keinen Widerstand, der ihn irritiert und seinen Gang verändert hätte, das ruhige Spazieren an Häusern und Gärten vorbei. Manche Bewohner kannten ihn, beobachteten seine Route, grüßten ihn gar. Es war wie eine Art Zwang, eine Neugier oder doch ein gewisser Respekt vor einer Absonderlichkeit, die sie an diesem Spaziergänger durch vier oder fünf einander ähnliche Straßen beobachteten. Späth machte sich leicht beobachtbar. Es war ihm gleichgültig. Wie ihm anderes gleichgültig war im Schlendern und mit dem Winde Gehen und an eine Windstille denken, die es selten gab, trotz des günstigen Klimas der Gegend, ihrem Geschütztsein vor der Heftigkeit und Unberechenbarkeit der Witterung.

Er sah fußballspielenden Kindern zu und mochte die Schönheit der elektrischen Beleuchtung in seinen Straßen, die nach Komponisten aus dem vorigen Jahrhundert benannt waren und oft keine Gehsteige hatten, in denen Autos der gehobenen Mittelklasse parkten und zu viele Hunde an der Leine und ohne Leine entgegen kamen. Es war eine bestimmte Lautlosigkeit um ihn. Doch vielleicht täuschte er sich. Er dämpfte seine gesteigerte und bald andauernde innere Erregbarkeit durch unbewußtes Schrittezählen. Es sprühte auf nasse Blätter. Er hatte manchmal einen metallisch bitteren Geschmack im Munde mit seinen schadhaften Zähnen und einem sich immer wieder bildenden Zahnstein. Es gab keine Gaffer in seinen Straßen. Das war angenehm. Es waren sicherlich wallungsähnliche Zustände, wenn er die flüchtige Vorstellung hatte, daß man wahrscheinlich wahnsinnig sein könnte, durchaus mit dem Bewußtsein dieses Wahns. Er sah Scherbenhaufen um eine Mülltonne glitzern, übertrieben stark, trotz häßlicher Beleuchtung. Nein, es war noch keine Panik, während er ruhig weiter ging und sein Schuhzeug nicht spürte, ihn gar nichts drückte und ihm niemand über den Mund fuhr, der Wahn nach Stimulatorischem verschwand.

Vielleicht ging Späth so unauffällig durch sein Leben, durch einiges, was vorbei war, hinter ihm lag, aber noch nicht soweit hinter ihm, daß Erinnerung ausblieb. Als Kind hatten die Anderen ihn „Schimmel" gerufen, weil er so weißhäutig und hellblond war, so übertrieben hellblaß. Das alles war gestern gewesen. Die Kinder waren ältere Leute geworden, hatten sich verlaufen, waren aus seinem Gedächtnis gekommen, hatten Berufe erlernt, waren im Kriege gefallen. „Schimmel, Schimmel", riefen sie ihm nach oder redeten sie ihn ernsthaft an. Er war in der Schule ein schlechter Turner gewesen. Turnen als Unterrichtsfach sabotierte er. Er schützte irgend etwas vor. Glücklicherweise war er von zarter Konstitution. Man glaubte ihm meistens, und er verstand zu überzeugen. Er überzeugte um so mehr, je unglaubhafter das war, was er als Vorwand angab. Er ersann dieses und jenes und war am Ende fein heraus. Er hatte es leicht in seiner norddeutschen Umgebung, je geübter er im Umgang mit ihr wurde. Die Leute waren schwerfällig und gutgläubig. Er dagegen eher leichtfertig. Manchmal hatte es ihn fast gelangweilt, wie schnell er erreichte, was er wollte, während er heranwuchs und anstelle körperlicher Ertüchtigung – da er unfrisch, nicht sonderlich fromm, allerdings fröhlich und einigermaßen frei wirkte – seine privaten Geschicklichkeitsübungen anstellte.
Späth hatte sein ordentliches Leben und einen ordentlichen Beruf bekommen, den man hier vergessen kann. Er war auch heute noch nicht berufslos, jedenfalls nicht unbeschäftigt. Er sah sich und anderen zu, und er tat dies gelegentlich immer noch, tat, was er erlernt hatte und was nicht zu erlernen war, was mit Neigung oder Abneigung zu tun hat, mit Lust und Gelüsten, mit Beobachtungsfähigkeit und Spazierengehen und Wallungen, in denen er manches sah, was ihn eingeholt hatte: sein Wesen, das ihm die Zeit nicht nur verkürzte, sondern auch einengte.

Man konnte sich ihn tatsächlich am besten im Gehen vorstellen. Man konnte sehen, wie er vorüberstrich, weder zu langsam noch hastig, die Hände in den Manteltaschen oder die Hand mit dem Schnupftuch an die Nase führend, auch mit der Hand über die Stirn fahrend, als habe er einen Widerstand fortzuwischen. Es gab solche Widerstände. Er setzte sich mit Handbewegungen zur Wehr gegen sich selbst, gegen das, was geblieben war: so war seine Lage, unauffällig merkwürdig wie manche leichten Traumnächte, von denen er nicht sagen konnte, ob er nicht am Ende wachend gewesen war, wenn er hartnäckig, wie in der Schulzeit, Lafontaines Fabel vom Raben und vom Fuchs französisch zu memorieren versuchte. – Was einem angehört, wird man nicht los, und wenn man's auch fortwürfe. – So war es mit bestimmten Erinnerungen, Fetzen von Gedächtnis, von lächerlicher Wiederkehr des Winzigen, wenn Maître Corbeau oder Maître Renard auftauchten und der eine den anderen überlistete.

Jetzt spielten Kinder „Terror". Ein Junge trug ein Holzgewehr über der Schulter, nahm es und forderte ihn auf, ihm zu folgen. Er war ernsthaft und verbissen, und Späth wäre ihm gefolgt, wenn er ihm ein Gebüsch oder eine Abhubhalde oder den Winkel eines Kinderspielplatzes bedeutet hätte. Dort hätte man weiter gesehen, ob es zu Visitationen oder anderen Handlungen, anderen Aufforderungen gekommen wäre oder nur zu verlegenem Spielende. Späth wäre gern gefolgt, weil er neugierig geblieben war und gern gesehen hätte, wie ein ernsthaft aufgefaßtes Spiel ausgelaufen wäre, welche Überraschungen möglich gewesen wären und wie geschickt oder dumm der etwa Neunjährige sich beim Ausgang des Spiels oder beim Beginn des Ernstes angestellt hätte, und ob er überhaupt Ernst und Spiel, Aufforderung und Folgen hätte unterscheiden wollen. Doch der Junge mit dem Holzgewehr in der Dämmerung des Spätjahrstages beließ es bei der Spielgeste, wollte nicht mehr, war kein kleiner Wegelagerer oder Versucher. Er war nichts als ein Kind, das gesehen hatte, wie es zuging, was möglich war und wie man Vorübergehende anreden konnte, herausfordernd, einen Augenblick lang, um sich dann zu trollen und wirkliche Spielgefährten zu suchen, die der Mann Späth in Regenmantel und Baskenmütze, mit vergrabenen Händen, nicht ersetzen konnte.

Späth sah der Nadelerkrankung einer Kieferngruppe zu, vor dem Plattenweg eines Hauses, an dem er oft vorüber mußte. Besonders der mittlere Baum hatte gelitten. Es konnten die Folgen der Streuung eines Desinfektionsmittels sein, denn er hatte vor einiger Zeit bemerkt, wie der Kadaver eines Kaninchens durch die Abdeckerei beseitigt worden war und viel staubtrockene Chemie im Gelände verpulvert wurde. Nun krankten die Nadeln. Es hatte etwas von einem besonderen Ekzem. Der trockene Befall, der Ausfall von Leben, das Sterben von Feuchtigkeit, von Harz, von pflanzlichem Sekret, erschreckte ihn jedesmal, wenn er an der Gruppe vorbei war. Es war ein langsamer Austrocknungsvorgang, ein langsamer, aber heftiger Verfall. Er mochte diesen leichten Geruch nach Harz, der an Kiefern oder an Fichten war. Er spürte das Klebrige, Scharfe an den Nasenschleimhäuten. Der Geruch kam zuweilen unversehens, und Späth blieb stehen, ging ihm nach, starrte, wartete. Es roch ein wenig nach Terpentin oder Lack, auch ganz fein nach Alkohol in der Nähe der Nadelbäume.

„Man kann etwas tun oder lassen, bitteschön, das kennt man: einander anstarren, nichtssagend. Du hast bald genug. Du merkst gar nicht, wie schnell es geht. Erst fiel nichts auf, und schon war man auf Bäume gefaßt, die nach und nach ihre Blätter verlieren. Der Mantelkragen wird hochgeschlossen. Du sagst, daß Du auf diese Weise zu frieren beginnst. Laub und verlorene Leichtigkeit unter den Füßen, die Dich durch die Gegend bringen, wenn Du noch Lust hast, einen Fuß selbstverständlich vor den anderen zu setzen. Aber hastig kommt man ins schnellere Gehn, schwitzt plötzlich, lüftet die Kleidung, soweit es erlaubt ist. Laufen ist schon zuviel, zu anstrengend wie vergeudetes Leben, das man hinter sich bringen will. Draußen wird es mit Sicherheit wieder grün werden. Man darf nicht nein sagen zum Lebensmut."

Eine Form der Ablenkung, ein Zeitvertreib. Er ging auch in der zügellosen, der willenlosen Stille des Regens, wenn Minuten sich sozusagen anfassen lassen und sich feucht anfühlen, als wäre die kleine Zeiteinheit etwas Körperliches. Irgendein Glockenläuten war in der dampfenden, kühlen

Luft, als läge die Stadt weit von ihm. Sie war Späth aber nah. Er bewegte sich durch ein bestimmtes Viertel dieser Stadt. Der feine Regen lief spurlos am wasserdichten Mantel ab.
Der abgestürzte Satellit am Baker See: seine Trümmer strahlten wirklich Radioaktivität aus. Kurze Zeit zuvor, so hieß es, sei der Flugkörper über dem Gebiet der Bundesrepublik für die Dauer von zwei bis drei Minuten erschienen, kam ihr im Fall zwischen Passau und dem Jade-Busen schnell näher. Der kosmische Killer suchte sich eine relativ ungefährliche Gegend aus. Späth hatte gelesen, daß etwa zweitausend dieser hübschen Apparate die Erde in genau bemessener Entfernung umkreisen, zu welchen Zwecken auch immer.
Der Regendunst vertrieb einzelne Vögel in Schlupfwinkel der bürgerlichen Gärten, vertrieb in der Dämmerung den großen Buntspecht, die Häher. Die Elektronisierung der Arbeitsplätze nahm auch heute zu und für manche die Neuigkeit der Neutronenbombe. Doch ungemütlich mußte es auch schon während der einfachen Kampfgaszeit gewesen sein und früher schon bei Kämpfen mit blankem Bajonett.
Späth war voll Stimmung. Er kannte eine kurios einleuchtende, dazu lateinisch kulinarische Bezeichnung für ein Blätterteiggebäck, ein sehr schmal anzusehendes, leichtes, gewissermaßen brüchiges Backwerk, wie man es zu Eis nehmen konnte: Opus incertum nannte es sich. So war es mit Leben und Weiterleben: im Regen ziemlich ungewiß in gewissen Straßen mit geringem Fahrzeugaufkommen.

Späth war eigentlich nie allein, wenn er sich Bewegung verschaffte. Seine Gesellschaft wechselte. Sie war vor allem kein Anblick. Sie war angenehm unsichtbar. So war es mit dem, was vorüberging, was geschafft worden war oder mißglückte. Manchmal kam er nicht dazu, sich seine Begleitung auszusuchen. Sie fand sich ein, ehe er begriff oder wissen wollte, wen er neben sich hatte. Manches benahm sich, wie aus einem Brief von ehedem zitiert und wie eine selbständige Geschichte, ohne Anfang und mit unbekanntem Ende. Späth war von Beruf nicht Briefsteller gewesen. Es hätte aber eine geeignete Tätigkeit für ihn sein können. Eben

noch war er Adressat gewesen. Eben war es gewesen, daß Eine geschrieben hatte und wirklich ihn meinte. Er war erreichbar gewesen für jemanden, den es gab. Er hatte ihn jetzt vielleicht neben sich. Es kam nicht darauf an, ob er sich täuschte. Seine Gesellschaft blieb angenehm unsichtbar.
„Ich möchte Dir so sehr gern beim Arbeiten zusehen, nur einen Augenblick lang, um Dich nicht zu lange zu stören. O ja, ich möchte Dich so sehr sehen, und wie es aussieht bei solcher Arbeit, wie Du sie hast. Glaubst Du, daß man die Wörter erraten kann, wenn man das Geräusch einer Schreibmaschine nur hört? Wenn ich dieses Licht in meinem Kopf hätte, so wie ich glaube, daß Du es hast, wenn Du arbeitest, wenn Du Dich so zurückziehst. Weißt Du, daß ich Dir in meinem Bett schreibe? Es ist sehr kalt. Der Tag war so finster wie ein Novembertag. Es regnet für diejenigen, die nicht überzeugt sind, daß es Herbst wurde. Ich muß die elektrische Heizung in meinem Zimmer anmachen. Ich schreibe in meinem Bett. Ich möchte so sehr, Du wärest an meiner Seite. Ich ging den Fluß entlang. Es war wirklich sehr kühl. Aber die Landschaft war wie aus einem Märchen, mit leichtem Nebel über dem Wasser oder im Grund des Unterholzes. Die sinkende Sonne gab der Landschaft eine rosa Farbe. Als ich gestern meinen täglichen Spaziergang machte, dachte ich, wie Du groß, größer als ich seist. Ich mag so denken, und eine Weile ging ich so in Deiner Nähe. Aber von einem bestimmten Augenblick an mußte ich Dich suchen, anderswo suchen, und ich sah mich in der Landschaft suchend um. Ich suchte so und ganz unbestimmt nach etwas, das Dir gehören könnte, weil ich schnell Deine Abwesenheit bemerkt hatte. Es war so schnell gegangen wie vorher dieses neben mir Gehen. Die Traurigkeit ist dann nicht weit, während ich weiter suche."

Es waren nicht die Träumereien eines einsamen Spaziergängers. Rousseau war lange tot, und Späth war anders als er unterwegs, auf immer die gleiche Weise in denselben ruhigen und nun in der toten Jahreszeit abgelebten Nachbarstraßen des Stadtviertels. Seine Füße gingen für ihn, wichen Wasserlachen und Blätterhaufen aus. Er tat nichts anderes, ließ es so geschehen und brauchte es so für kurze Zeit, vormittags, am Nachmittag in der frühen Dunkelheit, bei föhnigem Mittagslicht. Träume gab es nicht. Aber es gab Begleitung, die wechselte. Er war der Adressat gewesen. Er hatte gelesen und war vielleicht bewegt gewesen, damals, es war erst gestern, aber inzwischen war es wirklich lange her, weit fort – diese Worte, die neben ihm gesprochen wurden an einem beliebigen Spätjahrstag von jemandem, der kein Anblick war.

Die ihm geschrieben hatte, wußte, daß er kein Briefsteller von Beruf war, auch nichts Ähnliches tat, aber einer gewissen Tätigkeit nachging, die er nun allein verrichten konnte, in Ruhe gelassen. Eine Schreibmaschine besagt nichts. Späth besaß mehrere Maschinen dieser Art, benutzte aber nur eine, die älteste, aus Bequemlichkeit oder seiner Finger wegen, ihrer empfindlichen Kuppen wegen, dieser Fingerspitzen, die einen möglichst geringen Widerstand beim Tastenanschlag haben wollten. Überhaupt suchte Späth nach geringem Widerstand. Er fand ihn sogar. Es gab Widerstandsschwäche oder Widerstandslosigkeit. Plötzlich war es so, nicht weiter beschreibbar. Etwas fiel weg, etwas gab es nicht, von Anfang an war es so gewesen. Es gab Willigkeit und zu Willen sein. Man konnte sich so etwas überhaupt nicht vornehmen. Aber daß es vernehmlich werden konnte, hatte Späth erlebt. Etwas gab nach. Etwas war so auf sein Wesen – Worte oder Versuche, zu handeln – eingegangen. Hatte sich überhaupt nicht widersetzt, obwohl dies nicht einfach zu erkennen war. Späth witterte solche Verhaltensweisen. Widerstandsschwäche hatte auch etwas einer Auflösung Ähnliches. Er stellte sich insgeheim verschiedene Arten solcher Auflösung vor, im eigenen Körper, im Wesen und im Körper anderer. Bereitschaft wäre nicht der richtige Ausdruck gewesen. Bereitschaft kam öfter vor, Hilfsbereitschaft, gar Nächstenliebe, die wünschenswert waren und denkbar und anwendbar, leicht zu spüren als Sympathie, als etwas, das sofort *da* war und sich zeigen wollte, ganz anders als eine bestimmte Nachgiebigkeit, die weiter ging im Nachgeben, eine Art Schwäche und Fügsamkeit, die sich nicht wehren konnte.

Späth wußte zuweilen, wie wehrlos er war. Er hatte ein zu starkes Bewußtsein von seinen Empfindungen, von dem, was ihm in die Schläfen schoß und den Blutdruckwechsel spürbar machte, eine kleine Veränderung, ein Schwanken, weniger noch als Benommenheit. Doch merkte er die Nachstellung, der er ausgesetzt war, wie ihm ein gewisses Glücksgefühl nicht unbekannt war, ein Vorhandensein von momentanem Glück an einem schönen Tag, der Spaziergänger verrückt machte und den Tagmond vom Himmel scheinen ließ. Späth hatte zeitweise solche leichte, trockene Deliranz, keine Euphorie. „Schön", war eine geeignete Bezeichnung für seinen Zustand, der ganz unsinnlich war und ohne Bewußtsein auskam, so wie er es als Belästigung kannte: zu starkes Bewußtwerden der sexuellen Mechanik, eine Überlegung, die wenig fähig machte und die natürlichen Reaktionen des Organs auf den nackten Körper ausbleiben ließ. Auch Phantasie kam nicht zu Hilfe. Es gab kein Ausweichen in Vorstellungen, sondern nur eine deutliche Unfähigkeit.

So begreiflich wie die Flachhand, hörte Späth jemanden sagen, der es hätte wissen können, der wissen mußte, was er meinte. Ihm war es nie begreiflich in ihrer Fläche. Er wollte freilich nichts vom Handlesen wissen, nichts von den Linien des Handinneren, wenn er die geschlossene Hand, die leicht geballte Hand im Freien aus der Manteltasche nahm und sie ins Stundenlicht, in die träge, matte Helligkeit hielt. Die geöffnete, die flache Hand schien ihm eher unbegreiflich oder nichtssagend, noch in ihrer Ruhe und Erschöpfung. Es war eine Offenheit, die nicht auf der Hand lag und also mißverständlich blieb. Er verstand nicht, mit offenen Händen zu gehen, und die Hand hielt er offen und flach von sich ab. In einiger Entfernung vom Körper würde es nicht anders. Die Linien blieben uninteressant, und das Deuten wäre ihm nicht in den Sinn gekommen. Es gab nur Undeutliches, eine leichte Handfeuchtigkeit, eine unmerkliche Verschwitztheit der warmen und in ihrer Wärme unveränderten linken Hand, die er in Abstand hielt, um sich besser sagen zu können, daß an ihr absolut nichts abzulesen war, nicht Vergangenheit, noch Bett- oder Wolkenliebe. Nichts war ihm zuhand. Er hatte sich nur einen Augenblick im Gehen unterbrochen, das ihm mehr Gewohnheit war als solch ein Händebesehen ohne Streit mit sich selbst oder mit

der Jahreszeit, die schlaff an ihm mit tiefem Luftdruck herunter hing.
Er spürte gehend sein Rückgrat. Das genügte ihm einstweilen. Er spürte noch eine gewisse Beweglichkeit und wie vorsichtig er von ihr gehalten wurde. Sein Skelett führte ihn durch manches Wetter. Stare plapperten hinter Holzzäunen. Jemand, der ihm bekannt war, war an Ohrspeicheldrüsenkrebs gestorben. Die kurze, tödliche Krankheit begann mit einer Thrombose am Unterarm. Eine Unbekannte schrieb ihm: „Gestern oder vorgestern ist mir der Gedanke gekommen: wenn Sie gestorben sind und ich könnte sagen: ich habe zur selben Zeit gelebt wie Sie und habe daraus keine Konsequenz gezogen und überhaupt gar nichts daraus gemacht, dies könnte ich später nicht verstehen. Denn es geht mir oft so, daß ich Leute beneide, die mit anderen zur gleichen Zeit gelebt haben. Also schreibe ich Ihnen, und aus diesem Gefühl heraus, und habe Ihnen eigentlich nichts zu sagen. Ausgenommen natürlich, daß ich mir denke, manche Ihrer Gefühle paßten sofort zu den meinen und daß ich mich dann sehr darüber freue. Eine passende Anrede ist mir übrigens nicht eingefallen."

Späth kam sich – in seinem Leben zurückgehend – manchmal sonderbar vor. Es war wie mit der ausgestreckten, flachen Hand. Es gab nichts zu entdecken. Alles lag offen, und dies war schon alles. Er kam sich wie eine Ausrede vor, wie eine Verlegenheitsfloskel – bitte, so freundlich wie möglich, recht freundlich vorübergehend – so wie er vorüberging, an Jahreszeiten und Baugeräuschen und an Staketen vorbei. „Fluit", sagte der Kardinal am Aschermittwoch, auf und ab gehend, zwischen den Fasten-Tischen der Stadtgesellschaft. Er meinte den anderen, liturgischen „Fluß" des Lateinischen im katholischen Gottesdienst. Fluit. Das zog sich hin, floß herab als Regen gegen Jahresende oder zu Beginn eines neuen Jahres. Es floß in Strömen vom katholischen und ganz indifferenten Himmel über bürgerlichen Einfamilienhäusern, die in ihren gut in Ordnung gehaltenen Gärten ein für allemal untergebracht waren. Fluit. Man mußte es mit ansehen. Späth ging aus sich heraus, allein spazierend oder schlendernd oder nur sich fortbewegend mit dem fühlbaren und noch biegsamen Rückgrat, das er wahrnahm. Er hatte noch Konversation im Ohr, dachte, daß sie eine bestimmte Art sei, Distanz zu halten. Er hielt, während der Unterhaltung, sich jemanden vom Leib. Er war auf diese Art und Weise ziemlich frei, und die Zeit verging wirklich dabei. Dies konnte niemals nichtssagend sein. Es war die kleine Lösung im Umgang mit Leuten, ehe man sich selber wieder zur Beute wurde. Auch dieses war so etwas wie: Fluit.

Man könnte es Gier nennen. Späths Empfindungen und Verhaltensweisen waren oft so: gierig. Sie waren schnell. Sie kamen ihm dazwischen und seinen Absichten zuvor. Es war ein Handikap wie ein Nach-Luft-Schnappen. Gierig kam er dann ins Laufen. Er ging mit kurzen, schnellen Schritten. Er trippelte nicht. Es war ein exaktes, rasches sich Fortbewegen. Er brauchte keinen Anlauf zu nehmen. Er war in Übung. Er blieb in ihr. Beim Essen stürzte er Warmes und Kaltes hinunter. Man könnte es ein In-sich-hinein-Schlingen nennen. Er spürte nicht die Menge des Genossenen. Es war mitunter so, als hätte er gar nichts zu sich genommen, kein Druck des Magens, keine Schwere in den Därmen. Er hatte Luft verzehrt oder etwas Luftähnliches. Es war ein unglaublich kurzer Vorgang. Man sah auch nicht, wie schnell er im Grunde durch Straßen trieb oder getrieben wurde, ohne Antrieb, doch mit der Übung der geheimen Schnelligkeit und Exaktheit, die die Füße, die Beine vorwärts rissen, ohne daß es auffallen mußte. Niemand wunderte sich. Er war schon vorüber in derselben Straße, während er die gewohnten Eindrücke hatte: – Wetterumschlag, Wolken, die im Februar plötzlich dunkler wurden, winterlicher, Gewölk, in dem Schnee oder Hagel versteckt war. Schneeglöckchen gaben einen leisen, dann sehr intensiven Geruch weiter, in der Nähe des Gartenbodens, ein Duft wie Psyche. Späth mußte mit der Nase nahe heran, um es schnell zu empfinden. Rhododendron war mit Tüchern geschützt und winzige Leberblumen durch einen umgekehrten Blumentopf. Es war ein Wetter auf gut Glück. Rhododendron praecox war leicht gefährdet. Die Salweide hatte schon Knospen angesetzt. Späth stellte sich gelegentlich Gehen im verkleideten Adamskostüm vor. Ihn fror nicht leicht. Er merkte die vegetabile Erregung schon vor den frühen Vogelrufen. Es war noch lange nicht März. Aber es war wie anderer Sauerstoff, der am Leben erhält, ein anderes statement für Geschwindigkeit, und es war dieses insektenhafte Gelüst nach Unbestimmtem wie ein Gift im Stoffwechsel. Es brannte dann in Späths Augen, die zusahen, wie seine eigenen transparenten Finger sich in die Luft streckten.

So verließ er oft seine Wohnung. Es waren kurze Entschlüsse, und er war draußen. Für eine halbe Stunde war es wie Ablenkung, und es war auch mechanisch. Er bewegte sich lediglich, ließ sich beleben, abei er bemerkte die Einengung. Seine Wege durch die vier oder fünf Straßen würden eines Tages kürzer ausfallen. Er würde seine Gänge abkürzen, dieses Spazieren wie eine sanfte Flucht vor dem, was ihm nicht mehr gelang, was ihn verließ, von dem er merkte, daß es sich in ihm veränderte: Aufmerksamkeit, Reaktionen überhaupt, Schmerzempfindlichkeit, das Kommen und Gehen kleiner Störungen da und dort, ihr rascher Wechsel. Er hatte auf Reize aller Art zu heftig reagiert, manchmal maßlos. Geblieben war Erregbarkeit, eine latente Erregungsfähigkeit, wie eine Bereitschaft, wie ein Warten auf etwas, das ausblieb. Übrig blieb nicht viel. Die Aufmerksamkeit wurde von Interesselosigkeit abgelöst. Er meinte, so etwas wie Watte im Kopf zu haben, ein dumpfes Gefühl im Hinterkopf, eine Leere, eine schleichende Willensschwäche, die nachgab und im Gehen vorgab, eine kleine Weile weiterzukommen.
Er bekam Ölruß ins Auge und mußte das Auge reiben. Es war lästig. Benzindunst lag auch hier, im günstigen Wohngelände, in der Luft, war fein verteilt und haftete an der Gartenvegetation. Späth litt an Mundtrockenheit. Sein Speichel war dünn, verschwand zuweilen, und er spürte das zu trockene Zahnfleisch, das Backenfleisch, den trockenen Gaumen und Rachen, die leicht geschwollenen, von Trokkenheit ein wenig blasigen Lippen. Sprechen fiel ihm mitunter schwer, und er begann, heiser zu reden, wenn er angeredet wurde. Und er sprach sehr leise heiser mit sich, während um ihn her alles sofort grau war und grau blieb, eine graue Straßenlandschaft, mit Betonstaub von den Neubauten aus der Nachbarschaft sehr dünn überzogen.

Er empfand es so im Gehen und begann schon, seine Straßenwege zu verkürzen. Indem er es tat – nicht regelmäßig, aber doch in zunehmendem Maß –, verhielt er sich so wie bei ganz anderem. Er vermied die täglichen notwendigen Einkäufe. Er betrat Apotheken. Hier versorgte er sich mit dem, was er an Medikamenten benötigte, Schlafmittel, Beruhigungsmittel, Tabletten zur Regulierung seines Stoffwechsels. Er war früher, wenn er draußen war, nicht selten von einer ganz leichten Alkohol-Ausdünstung umgeben. Sein Stoffwechsel schied Alkoholisches auf diese Weise aus, mit einem kaum merklichen säuerlich-süßlichen Geruch, einem Stoffwechseldunst, während es ihm vorkam, als gehe er auf einer Wolke, leicht, lässig, vorsichtig angehoben, eine Art Getragenwerden von etwas, das Bewegung erleichterte, sie schön machte. Die unmittelbare Umgebung empfing ihn gleichsam anders. Sie verschob sich ein wenig vor seinen Augen – die Sträucher, die Hamamelisstauden, die kleinen Zedern, Ilex, die unvermeidlichen Koteneastergebüsche, die Budleyas. Das sanfte Ensemble war zu einem Stilleben geworden, während Späth dieses Gefühl hatte, auf der Wolke zu gehen, wiederum out-of-body und vorübergehend wie von Sinnen.

Er hatte eine kurze Korrespondenz mit einer Schweizer Ärztin. Manchmal waren Postskripte merkwürdig. Die Frau hatte ihm vielleicht etwas angemerkt und jedenfalls ihrem Brief hinzugefügt: „Die Ärztin in mir fragt: waren Sie schwer krank? Ich lese so etwas aus den zerbrechlichen, fast zerbrochenen Zeilen Ihres Briefes." Späth entmutigte so etwas nicht. Warum sollte seine Handschrift nicht auf eine gewisse Veränderung schließen lassen? Er veränderte sich ständig, wie sein Verhalten unberechenbar blieb. Das mochten einige seiner Handschrift anmerken. Er fuhr auch, spazierend, gelegentlich mit der rechten Hand in die Luft, als wenn es etwas aufzuschreiben, dieser Luft anzuvertrauen und ihr vielleicht zu hinterlassen gelte. Es war eine der genannten Wallungen. Und er verschaffte sich wahrscheinlich so für einen Augenblick Luft, in dem er etwas in sie hineinkritzelte. Sicherlich war es eine unsichere Schriftführung. Die Schrift in der Luft war natürlich unleserlich, und daß sie zerbrechlich war, hielt er für möglich. Ein anderer als zerbrechlicher Stoff war für die Luft auch nicht geeignet. Luft war gut für etwas, das sich auflösen wollte und im Begriff war, dies zu tun. Eine Krise kann so beschaffen sein, löslich. Ein Franzose hatte ihm einmal, vom Mannesalter sprechend, die Analogie zwischen Todeskrise und dem sexuellen Höhepunkt zu erklären versucht. Er meinte, es ließe sich sagen, daß die Todeskrise eine gewisse Analogie mit dem Orgasmus aufweise, von dem man niemals im eigentlichen Sinne ein Bewußtsein habe, weil er die aufgelöste Flucht aller Fähigkeiten mit sich bringe und einer momentanen Rückkehr ins Chaos gleichkomme.

Späth – so schien es – war an manchen Tagen so etwas wie der Adressat der Außenwelt, die ihn erreichte. Er nahm das Geschriebene und für ihn Bestimmte hin, das er bekam. Die Außenwelt ging über die paar Straßen hinaus, in denen zur rechten Zeit die Baumschneider mit Leitern und kreischenden Sägen auftauchten und das Holz beschnitten: den Bergahorn, die kränkelnden Ulmen, eine schlanke und hohe Steineiche, die wie eine südliche Graphik übertrieben vertikal erschien, wie eine genaue Zeichnung unter einem trägen Himmel, auf den sie mit der Genauigkeit ihres Umrisses zielte. Die Straßen- und Gartenbäume, verschiedenen Alters und von verschiedenen Krankheiten befallen, wurden von den Männern unter die Säge und in die Kur genommen. Freilich wirkte manches wie amputiert, wenn sie gegangen waren. Späth hätte sich zu anderer Behandlung entschlossen oder hätte vermutlich gar nichts unternommen und Korkzieherweiden und Taxus weiter nach oben oder in die Breite wachsen und natürlich gedeihen lassen, was für keinen Gärtner selbstverständlich sein konnte. Doch Gärtner wußten schließlich auch nichts von der anderen Verfassung der Bäume, ihrer Innenwelt, die es geben konnte, die denkbar war, die Späth, der nicht zu Mystizismus neigte, für möglich hielt, ebenso möglich freilich wie „notre cher voyage vers rien“, eine Reise, auf der er sich in Augenblicken der Passivität ganz ruhig begriffen wußte, die er irgendwann angetreten hatte, wie es sich gehörte, ganz unberuflich.

Es gab eine Zeit, in der die Außenwelt zu Späth zärtlich gewesen war. Er hatte von ihr jedenfalls einiges bekommen, das sich so anhörte: Liebesfähigkeit oder das Bedürfnis, aus der Entfernung zu lieben und geliebt zu werden: – „Ich habe unwillkürlich an Dich gedacht, jedesmal zärtlich, wenn ich mein Haar auf die Schultern fallen ließ. Ich dachte dabei an das Streicheln, das so entstehen könnte und das für Dich da sein könnte, an Deinem Gesicht, an Deiner Brust, um Dein Geschlecht, dieses Haar. Ich verfehlte heute morgen den Bus und muß nun in der Stadt bis heute abend warten. Es hatte nachts ein bißchen geschneit. Doch nur die Vegetation hat vom Schnee etwas behalten und es ist schön – aber ich denke an Dich, und wie es wäre, wenn wir jetzt zusammen wären, in diesem Augenblick, denke, wie sehr ich wohl glücklich wäre, Deinen ganzen Körper zu fühlen. Meine Hände würden in Deinem Haar sein und Du hättest dasselbe Gefühl wie ich, lieben und geliebt werden. Später bekam ich eine Traurigkeit, die sich in Tätigkeit ausdrückte, die ihren Namen nicht sagen wollte. Es war ein wenig wie ein Klammern an alles, was Du gemacht hättest, aber plötzlich nicht mehr miterleben konntest. Ach, ich kann Dir nicht gut genug erklären, was passierte, denn ich glaube, alles geschah mehr *neben* und außerhalb von mir oder mechanisch oder unbewußt und instinktiv. Ich glaube, es war unbewußt schrecklich, was ich fühlte, scheinbar ohne Schmerzen, ohne Tränen. Ich wünschte mir Bücher oder Schallplatten, die Du mir zu lesen oder zu hören gegeben hättest."

Währenddessen gingen durch die wirkliche Außenwelt zwei engumschlungene Mädchen an ihm vorbei, sahen ihn nicht, fühlten wahrscheinlich nur sich, die Körperformen der Anderen neben sich, in der engen Berührung der Jeanshosen, der ruhigen und selbstverständlichen Umschlingung und bewegten sich so, noch beherrscht, aber sehr empfindlich, wortlos. Sie liebten sich vielleicht schon so. Sie hatten bereits, was sie voneinander erwarteten. Sie hatten diese große Nähe zusammen, gemeinsam gehend im schleifenden Gang, fast ein Wandeln, man geht sonst nicht so. Sie hatten sich jetzt angefaßt und verschwanden langsam aus dem Bild, das sich Späth von ihnen nicht machen konnte, weil es zu empfindlich war. Sie gingen zögernd aus dem Straßenbild und kamen ihm so aus den Augen. Die Jeans-

Mädchen waren fast gleich groß und übertrieben schmal, und die eine hatte sich schwarze Zöpfe gewunden und trug einen zu schweren Pullover, unter dem die Büste verschwand, unter dem das Schmale und etwas Ungelenke verschwand. Die Freundinnen waren ihm ein wenig elegisch vorgekommen. Vielleicht lag dies an ihren langsamen Bewegungen, ihrem legeren und beinahe innigen Gang, an der Intimität, die sie als kurzer Anblick boten.
Späths Blick fiel auf einen alten Mann, der hinter einer dürftigen Ligusterhecke für ein Kind Seifenblasen in die Luft steigen ließ. Das Kind, das sein Enkel sein mochte, staunte nicht. Es war das Hantieren des Alten offenbar gewohnt. Es sah zerstreut in eine andere Richtung. Die Seifenblasen hingen in geringer Höhe hinter der Hecke, zergingen im Nu als winziger Luftspuk, nicht einmal schimmernd.

Späth hielt sich draußen nicht mehr so lange auf wie in früheren Jahren. Er war sonst stundenlang umhergelaufen. Das Wetter hatte ihm wenig ausgemacht, wenn er auch gern mit dem Winde ging. Aber er wußte, daß ihn etwas einengte und seine Gänge verkürzte, daß er von etwas belauert wurde, das ihm nachstellte. Und er sah sich – und blieb dabei ganz ruhig – schneller vorausgehen, sah sich wie einen Kreisel, der sich zu drehen hatte, sich drehte und immer schneller drehte und sich in diesem stillen Wirbel, dieser einzigen, drehenden, kreiselnden Bewegung allmählich erschöpfte. So würde es kommen, spürte er. Er sah sich als Kinderkreisel, der nicht mehr stillstehen konnte, den niemand anhielt und der in der Umdrehung aufgezehrt wurde. Es gab dieses Problem der Einengung wie jene flüchtige Vorstellung vom Stimulatorischen und vom Wahnhaften, durchaus mit dem Bewußtsein solchen Wahns. Er sah große Gartenanemonen unter einer Art Glassturz, der blitzte, sah leuchtende Scherben in der Erde stecken. Er ging bewußt ruhig jetzt, sah die erkrankte Kiefer in der Baumgruppe und wie eine Elster durch die Krone einer kahlen Kastanie glitt, bemerkte das feuchte Kondom zu seinen Füßen, mitten auf dem Gartenweg weggeworfen, die leere Packung des Schutzmittels daneben.
Späth suchte sich zuweilen unterwegs so etwas wie einen

Flucht- und Zielpunkt aus, auf den er sich zubewegen konnte. Er dachte ihn sich aus auf seinen kurzen Spaziergängen, bei denen der Horizont keine Rolle spielte und der Fluchtpunkt alles andere als ein unendlich ferner Punkt war: der bekannte Verschwindungspunkt der Geraden für Perspektiviker. Er kam ohne Perspektive aus, und er meinte mit Fluchtpunkt die persönliche Orientierungslinie, eine Giebelspitze, eine Baumkrone, eine Hausantenne, den Mast einer Fernsehantenne, einen ungewöhnlich lange sich wie bewegungslos haltenden Kondensstreifen an einem föhnigen Viertelstundenhimmel, schräg vor ihm im März oder Oktober. Er liebte solche persönlich vorgenommenen Markierungen, die in wenigen Minuten erreicht waren, überhaupt ging Späth gern auf etwas zu, auf bestimmte Gegenstände.
Im Sommer waren es ihm aufgefallene grüne Etageren oder besonders dichte Blatthecken, auch Straßenwinkel und perspektivische Unauffälligkeiten. Er ging gern auf etwas zu, das fast nichts sein konnte und sich auch oft als nichts erwies, ein Erdhaufen, eine Bodenkrümmung, ein Halbschatten, der verschwand, ehe er in seine Nähe kam. Solche Überlegungen hingen wahrscheinlich mit Späths Unruhe zusammen, die nicht alterte, wie er, und die ihn beherrschte. Es war eine Unruhe, die sozusagen ein für allemal Geltung für ihn hatte, die galt wie ein Schicksal. Es war das – er wußte es seit langem –, was ihn in Bewegung hielt und was ihm die Vorstellung vom Kreisel eingegeben hatte, etwas, das ihn erledigen würde, wenn es Zeit war, wenn es endlich soweit war. Die Orientierung war ihm als Fähigkeit selbstverständlich. Aber er wollte sie sich zusätzlich aussuchen. So ging er auf seine Fluchtpunkte als momentane, illusionäre Zufluchtspunkte zu, ging sie an. Und sie zogen sich zurück, wenn er sie erreichte, wichen aus, verschwanden, waren fast Phantasie oder das, was er für Phantasie hielt.

Späth hatte einmal gemeint, daß Zärtlichkeit eine besonders stille Raserei sei. Er fühlte sich jetzt „stoned“, wenn er sich erinnerte. In der Erstarrung, die ihn zuweilen befiel, sah er sie nur noch als mehr oder minder gelungenes Tätscheln, ehe es körperlich wurde. Dies war ungerecht. Und erstarrt verlor er seine Empfindlichkeit für Verschiedenes. Es war auch unanständig. Man sprach so, wenn man sich auf einem Rückzug befand. Es klang nach Niederlage und überhaupt nicht gut. Er hatte es gewußt und sollte es immer noch wissen, daß Zärtlichkeit kein Datum hatte wie ihr Gegenteil: das, was manche Ewigkeit nannten und so aussprachen, als wäre sie aussprechbar. Er meinte noch zu hören, wie es klang, als es ihm gesagt wurde: „eine Freundin von mir hat gesagt – ich brenne, wenn ich es tue". Das Tun lag in der Mitte zwischen Zärtlichkeit und dem, was man nicht aussprechen kann.

Morgens hatte er im Radio gehört, was ihn erregte – eine Meldung vom Massenselbstmord einer Jugendsekte – die Amerikaner nennen sie „destructed sects" – in einer Urwaldkommune von Guyana. Hunderte hatten den Suizid offenbar vorher geprobt und ihn dann begangen, auf Geheiß des Sektenführers. Zyankali war mit Beruhigungsmitteln und schmerzlindernden Medikamenten in einer großen Wanne gemischt und dann verteilt worden. Die Volkstempel-Sekte war angeblich eine sozialistisch-religiöse Vereinigung. „Sterben ist schön" war den vielen jungen Leuten durch den Lautsprecher suggeriert worden, und es war eine einzigartige Verführungsdroge, eine Wunder- und Entsetzensdroge gewesen, die sie geschluckt und in der sie innerhalb weniger Minuten, oft Arm in Arm, den Tod gefunden hatten. Der Mann Späth war aufgesprungen. Er hatte sich auf seinen Weg gemacht. Er mußte es im Gehen bewältigen. Es war ihm nicht anders möglich, sich mit diesem ungeheuren Ereignis auseinanderzusetzen, das seine Gründe und Hintergründe hat, seine Umstände und nun seine Gelegenheit bekommen haben mochte.
Es mußte etwas Auslösendes gegeben haben, das diesen für Menschen ganz unbegreiflichen, lemminghaften Massen-Suizid als düsteren und illuminierten Vollzug eines Befehls geschehen lassen konnte. Späth sah dann Fotos. Die Reihen der umgemähten Selbstmörder. Der Tod war kein Schnitter gewesen. Er war eine unausweichliche Handlung, ein Zwang, der aber eingeübt gewesen war, auf den man sich vorbereitet hatte. Sterben war schön wie eine heisere Musik. Das Megaphon hatte befohlen und suggeriert in der

äquatorialen Hitze, vor einem Tropensturm und während des Besuchs einer amerikanischen Delegation, deren Mitglieder man gemeuchelt hatte, ehe sie wieder abreisen konnten.
Es war die verheerende Gemeinsamkeit und Willenlosigkeit, die vielleicht etwas Verzweifeltes, aber auch noch eine andere Dimension hatte. Etwas war zuvor – wahrscheinlich methodisch – zerstört, aufgelöst worden, unfähig und bereitwillig gemacht worden. Etwas war empfänglich gewesen und hatte auch zugestimmt, hatte sich gefügt und war verführbar gewesen, war in der abgeschiedenen Kommune gelenkt worden und lenkbar geworden. Sie hatten diese besondere Hingabe vollzogen, und es war eine Fremden unverständliche und entsetzliche Lust dabei gewesen, bei manchen vielleicht der Taumel einer Gruppen-Libido. Der tropische Sturm war gekommen. Die Toten zerfielen rasch. Alles war so geschehen. So konnte man es ansehen und benennen.
Späth war fortgestürzt und hatte seine mechanische Bahn durch die Straßen gezogen, die ihm heute dreckiger als gewöhnlich vorkamen, nicht von der Straßenreinigung oder den Anwohnern gekehrt und überhaupt nicht sorgfältig wie sonst behandelt. Weithin sichtbar waren jetzt Papierabfälle, Räderspuren, Spuren von Autoreifen, die sich in Hundekot eingedrückt hatten, Verschmiertes, Schmutz jeder Art, Lebens- und Todesspuren als tägliche Dreckspuren, Spuren täglicher Beiläufigkeit. Sie fielen nun in der kärglichen Jahreszeit auf, zu einer Zeit, in der Sträucher wie Hexenbesen erschienen und Verrottetes übriggeblieben war, bei mißtrauischem Tageslicht, das sich die zu lang fallenden Schatten der Gegenstände besah. In Späths gewohnter Straßenwelt schien nur die verwundbare Einsamkeit einer Gruppe von Ulmen übriggeblieben zu sein. In Todesnähe war der Tod nicht zitierbar. Sie hatten Musik aus dem Verstärker bekommen. Sie waren angeheizt worden. Sie wurden angemacht von dieser Todesbereitschaft, diesem Taumel, dieser tödlichen und zwanghaften Orgie. Es war weit von hier geschehen, und man konnte es nachlesen und später Fotos besehen. Das alles schien von einem ungeheuren Strohfeuer verzehrt. Destructed – es gibt glühende Rätsel. Späth wünschte sich heute Regen auf seinem zu hastig genomme-

nen Weg. Es war ein willenloses Rauschen, sehr dünn. Es tröpfelte dann nur noch. Späth hatte wirklich keinen Sinn für die schwarze Magie feuchter Steine.

Eine Traurigkeit blieb auch diesmal zurück. Es war wie eine Art Teig, in dem er watete. Er spürte sich von einer sehr dünnen Schutzhülle umgeben, die ihn hielt. Sein Gehen, glaubte er, war zu wenig für Therapie. Er hatte mitunter Angst vor dem Ausbruch totaler Lebensunfähigkeit und einer entsprechenden Hilflosigkeit, die für Panik ebenso zu schwach war wie für jedes Sich-zur-Wehr-Setzen. Er vermutete: – so war er einst hergestellt worden. So hatten ihn die Eltern gemacht. Es mußte Angst dabei gewesen sein, was man Liebesakt nennt. Er fühlte sich derart in die Welt gesetzt und hilflos gemacht. Vielleicht war er nicht so gewollt worden, wie er ins Leben gekommen und dann geblieben war während der Kindheit: die Krankheit der Mutter – niemand wußte, was sie zu erleiden hatte. Es war etwas Phantomisches, aber psychisch Verheerendes dabei gewesen für das Kind, das dies mit ansehen mußte und sich in sein Zimmer zurückzog, abends in den Kissen für diese Mutter betete, die krank schien und in die Hände der Ärzte geriet und zu viele Ärzte aufsuchte, die ihren Zustand nicht besserten. Späth watete durch die Traurigkeit, die blieb, sich nicht auflöste, allenfalls sich veränderte und als Druck blieb, als Irritation, als Ziehen in den Gliedern und als Mißempfinden, als somatisches Signal. Späth konnte Leute nur für Minuten aushalten, wenn es ihm so erging, und eigentlich konnte er sich nicht ansprechen lassen. Niemand sprach ihn an. Er war nicht vorzeigbar. Man konnte ihn passieren lassen. Er ging vorüber. Dies genügte. Nach einigen milden Wintern waren in den Gärten die Singdrosseln und Amseln zu dick und zu flugfaul geworden. Eifrige Zoologen hatten sogar von Übergewicht gesprochen und die Vögel gewogen. Sie sprachen von einem Übergewicht bis zu 170 Gramm. Es waren zivilisatorische und zoologische Sorgen. Er hatte selber gesehen, wie Fasane an die Terrasse der Einfamilienhäuser gekommen waren und ausgestreute Haferflocken fraßen. Aus den Reifen eines Autos hatte offenbar jemand über Nacht die Luft abgelassen. Der Wagen lag platt am Straßenrand. Das Fahrzeug wirkte schlaff. Es war bewegungsunfähig. Es war die Hilflosigkeit eines technischen Vehikels, die ihm fremd war, indem er, da sie auffiel, sie bemerkte. Das Unauffällige war hartnäckiger, der wechselnden Teilnahme ähnlich an dem fremden Menschen, der er sich selber war.

Späth wollte einiges im Gehen loswerden. Er wollte es abstreifen. Er wollte das, was anhänglich war, vergessen. Doch war manches von merkwürdiger Aufdringlichkeit, lästig wie Träume, die er hatte, meist während der zweiten Nachthälfte, gegen Morgen, während der libidinösen Schlafzeit, wenn er sich unruhig wälzte und fast wach war, kurz nach der Uhr sah, dann wieder zurückfiel in den Schlaf, zuweilen weiter träumte und denselben Traum nach winziger Unterbrechung fortsetzte. Er mußte auf diese Weise auf das viel zu langsam oder diffus schnelle und drängende Traumgeschehen zurückkommen. Späth träumte nicht häufig. Er lag in einem langen und leichten Halbschlaf. Es war, als sähe etwas in ihm dieser Schlafweise zu, dieser dünnen Schlafdecke, unter der er lag, die mit den Jahren immer leichter, dünner, durchlässiger geworden war. Er hielt nichts von Traumdeutungen. Es waren Handlungen, die im Traum stattfanden und die ein anderer als er erfuhr. Oder es waren Geschehnisse für zwei Personen, für einen Anderen und dann erst für ihn selber, der von dem Anderen zugelassen war und gleichsam mitansehen durfte, während der Andere seinen Traum bekam und Verschiedenes völlig zusammenhanglos zulassen mußte, denn es war viel Gewährenlassen, Passivität auch träumend noch vorhanden.
So hatte er spielerischen Umgang mit einem Kinde gehabt, das halb Junge, halb Mädchen war. Bei einer Unwetterböe gingen sie beide in die Gebüsche eines Parks. Oder er sah sich genötigt, mit zwei Heranwachsenden zu tun, was sie von ihm erwarteten. Die beiden wollten es so von ihm, und er versuchte sich so mit ihnen. Schließlich spürte er die kurze Fähigkeit zur Lust, weil er merkte, daß diese nötigenden Jungen durch sein Tun unglaublich rasch ihre notwendige und ihm aufgezwungene Lust bekamen, sich dann aber abwandten und ihn in halber Erregung stehen ließen, verwirrt und plötzlich an unbekanntem Ort. Eine Verlassenheit überkam ihn. Er fand sich nicht zurecht, während die

jungen Streuner ihm mit kurzer Kopfwendung etwas Eindeutiges nachriefen, das er im Augenblick überhaupt nicht verstand, wie er nichts Verständliches an solch jähem, mechanischem Hantieren gefunden hatte. Doch hatte er auch schon unbeschreibliche erotische Glücksgefühle traumähnlich erlebt, mit dem Gefühl, daß es so etwas in Wirklichkeit überhaupt nicht geben könne. Es war eine unwirkliche Leidenschaft, die ihn so kurz befiel, eine Erektion oder ein Jubel, der sofort erstickt wurde, weil es ihn wirklich nicht gab.

Späth lief davon, das heißt, er begann seine kurzen Spaziergänge. Hätte er beschreiben sollen, wie die Straßenecken, die Gehsteige, die Pflasterung oder einzelne Gebäude und Vorgärten beschaffen waren, wie sie aussahen, hätte er vermutlich verlegen abgewehrt, wäre ausgewichen. Er konnte nicht wiedergeben, was er zu oft vor Augen hatte, was ihm selbstverständlich geworden war, bei aller Aufmerksamkeit, die er an Einzelnes unterwegs verwendete. Es war eine Art von Blindheit, so, wie er sich selber nicht richtig wahrnahm oder wahrnehmen wollte und auswich, verlegen, eine Handbewegung für das Bild hatte, das er Anderen war: Ein Anblick mit dem fixierten Rundrücken und der hageren Statur, grauweiß und schmal genug, um als mager zu gelten, faltig unter den Wangenknochen und am Mund. Die Mundwinkel verlängerten sich scharf nach unten. In seiner Physiognomie war etwas, das derart nach unten markiert war bis zum mageren und faltigen, zu dünnen Hals. Unter der Kleidung war der Körper so, ein leichtes Skelett, mit heller Haut überall.

Späth hatte eine bestimmte Handbewegung für seinen Körper, für diese Erscheinung, seine Figur, die ihren unauffälligen Umriß hatte, einen beweglichen Umriß, und die Bewegung ja auch bevorzugte und in solcher Bewegung eigentlich am besten vorstellbar blieb. Er sah sich am liebsten als der Fremde, der vorüberging und dem sein Name nicht durch ein Windrauschen im Baumlaub bestätigt werden brauchte. Er hatte einen Fakir-Körper oder den Körper eines erwachsenen Kindes, wenn er leicht vornüber geneigt durch seine Straßen schlenderte und nur im Sommer, wenn es schattenlos war, seinen Weg schlich. Er konnte Nähe nicht definieren. Er konnte seine tägliche Wegstrecke nicht beschreiben, obwohl er sie gewissermaßen auswendig gelernt hatte und sie vor lauter Wiedererkennen vergessen mochte. Er wußte hier zu gründlich Bescheid, wie er meinte, und konnte darum keinen Bescheid geben und entschied sich auszuweichen oder von Fragen abzulenken. Er nannte nur, was er im Augenblick des Antwortens für nennenswert hielt. Das Nennenswerte wechselte. Es war nicht vorher zu vermuten, so wie eine unvermutete Abweichung von seiner Spazierroute möglich war, aber sich selten ereignete.

Einmal waren einige etwa zwölfjährige Burschen an ihm vorbei geradelt. Sie brachten ihre Räder scharf von hinten an ihn heran, umkurvten ihn kurz und eng und sahen dreist auf ihn und sein Erstaunen. Sie grüßten ironisch, verbeugten sich im Weiterfahren, grüßten mit „Herr Arsch" und „Herr Schwein". Es fiel ihnen keine einfachere Aggression ein. Sie grinsten, und es war Hohn. Sie hätten ihn anfahren und zu Fall bringen können. Niemand hätte es bemerkt. Sie hatten Lust, es zu tun, zielten darauf ab, ihn wenigstens zu bestürzen. Der Vorgang hatte auch etwas insgeheim Obszönes. Die Burschen reagierten sich ab. Es war wie eine Ersatzhandlung. Sie hätten den fallenden Mann mit Dreck bespritzen können oder noch Eindeutigeres rufen mögen. Sie wirkten so. Es waren ganz normale Burschen aus der Gegend, durch die Späth spazieren ging, und ihr Verhalten war nicht außergewöhnlich. Sie hatten ihn als Objekt entdeckt, beim Schnellfahren, und hatten ohne Verabredung plötzlich Lust bekommen, über ihn herzufallen, indem sie ihn wenigstens in Bedrängnis brachten und bestimmte Worte gebrauchten, die sie loswerden wollten: Herr Arsch, Herr Schwein. Es war sehr einfach. Es befriedigte sie vorübergehend.

Jemand hatte ihm zu verstehen gegeben, daß, wie er bemerkt habe, ein bestimmter Geruch von ihm zurückbleibe, ein Geruch nach Mandel zuweilen, der ihm immerhin besser als Knoblauchatem schien und Bocksgeruch bei anderer Gelegenheit. Er hinterließ also etwas von seinem Stoffwechsel, etwas, das ihn fatal an Ungelüftetes, an verstopfte Poren, schlechte Haut- und Atmungsverhältnisse erinnerte.

Er hatte diesen Ekel vor sich und vor dem, was er hinterließ. Er dachte, daß dies ranzig Virile, diese merkwürdig männliche Hinterlassenschaft, die ganz kurz einem anderen spürbar wurde, zu den Einengungen gehöre, und er wußte, wie sich bei ihm etwas zuschnürte und daß sich die Einengung steigerte und es der Geruch seiner Depression war, einer bestimmten Vergiftung wie Appetitlosigkeit, Abmagerung oder Schlaflosigkeit, zyklothym.

Späth hatte die Aufmerksamkeit und Zuneigung der Außenwelt zuweilen gebraucht. Sie mußte sich unverhofft einstellen und hatte sich zärtlich eingestellt. War es so gewesen?
„Was machst Du jetzt, dort in Deiner Stadt? Vielleicht ißt Du, vielleicht hörst Du im Radio Nachrichten oder Musik. Vielleicht hast Du an diesem Abend Besuch. Meine Tage vergehen rasch, zu rasch. Es erschreckt mich, schon dieses Alter zu haben. Ich stelle mir immer wieder vor, wie Du meinen Körper berührst, wie Dein Gesicht sich auf mich legt und wie Du meinen Arm hebst und wie lange Du Dein Gesicht in meiner Achselhöhle versteckst und mir so nahe an meinem Körper bleibst mit Deinem ganzen Wesen. Es ist manchmal schwer, voneinander entfernt zu sein und so zu leben, wie ich lebe. Man kann aber auch von weither lieben, sogar sehr heftig lieben, helfen, trösten, ein Leben sehr genau verfolgen, aber wenn eine Kleinigkeit dazwischen kommt und man betroffen ist, dann ist es um so schwieriger, alle Einzelheiten der Wirklichkeit zu begreifen, die so in der Ferne geschehen, und ich leide plötzlich darunter, zu kompliziert zu sein. Dann denke ich wiederum, eine Zeile Deiner Zärtlichkeit hätte schon genügt, um zu fühlen, daß Du mich anfaßt und *mehr* noch: um zu fühlen, wie glücklich ich sein würde, meinen Mund, meine Hände, meine Brüste, mein Geschlecht, mein Haar, meine Empfindlichkeit für Dich zu haben. Ich weiß, ich bin viel zu ungeduldig, Dich wieder zu fühlen. Ich fühle ungeduldig diese wunderbare Glut, ja, es ist so, es ist dieses Glühen, und wie Du bist, wenn ich glühe, und wie Du mit mir umgehst. Ich kann nicht warten, ich weiß. Ich werde nicht danach gefragt. Ich bin nicht geduldig."

Er wußte, daß er längst auf dem Wege war, den jedermann zu gehen hat, früher, sehr früh oder allzu überraschend später und zu spät und dann wie unter einem bestimmten Schock: – er würde zurückkehren in die physische Wahrheit. Er war zurückgekehrt und wußte in Wahrheit nicht, wie die Wahrheit auszuhalten war und wie die ganze Wahrheit, die sogenannte nackte Wahrheit beschaffen sein könnte, der Weg, die Wahrheit und das Leben, diese nüchterne Wahrheit, wahrheitsgemäß und der Wahrheit ins Gesicht gesehen. Einmal – er zog sich aus, ließ sich fotografieren. Nein, er lag schon da. In Wahrheit war es so. Die physische Wahrheit war manchmal unverblümt. Jeder wurde anders belehrt. Die Wahrheit war jederzeit zu bekommen, wie jetzt, in einer Umwelt der Gerüche, die wie Unrat waren, bei vegetabiler Verwesung, bei Staub und Feuchtigkeit und mit Ungeziefer, das im Mai und Juni in der Blütenluft still stand, während Menschen noch merkwürdiger wirkten, als sie ohnehin waren.

Er sah einen linken Babyhandschuh, innen rot gefüttert, am Wegrande liegen, schon von Erde leicht verschmutzt. Er hob ihn auf, nahm ihn als Talisman mit. Es war ein wenig seltsam. Er sah sich zu, wie er sich bückte. Sah sich in diesem Moment von außen, von einem anderen Standort aus, besah das kurze Geschehen als eine Handlung aus einiger Entfernung. Es wirkte, als gäbe es etwas zu verbergen für diesen Mann, der sich rasch vornüber neigte und zugriff und aufhob, dann den Handschuh in der Manteltasche verschwinden ließ.

Späth war von sich ausgegangen und kam auf sich zurück. Das war zu wenig für ein Leben. Und doch schien es mitunter, als gehe er um sein Leben. Als gehe es um dieses Leben, nach dem er immer noch suchte und das er so zu erreichen und vielleicht wiederzugewinnen trachtete, das ihn anging und ein Vorgang war wie die Suche nach Sätzen, eine Suche, von der es heißt, sie bewirke, daß man das Bedauern der Dinge dabei vergesse und allmählich darüber das Leben vergehe. Er spürte: das Leben verging ihm täglich lautlos, aber merklich schnell. Und das Bedauern der Dinge war kalt. Es war nicht wahrnehmbar, kaum zu vermuten. Das Wort „Ding“ hatte zu viele Bedeutungen. Ein Ding: das war die Wirklichkeit einer Sache im Unterschied zu ihrer äußeren Erscheinung. Späth als Erscheinung ließ sich immer weniger dingfest machen, weil sein Erscheinungsbild immer weniger zuverlässig war. Sein Leben war nicht so in seinem Verlauf, daß es zu besagtem Bedauern der Dinge kam, auch nicht zum Bedauern seiner Umgebung. Es war nichts Handfestes, das von ihm ausging. Er ließ auf sich beruhen, daß nun ein Briefkastengang ein Zielweg war, ein Apothekengang. Ein Weg, in Richtung auf eine Baumgruppe zu, in Richtung auf eine Straßenbiegung oder Wegmarkierung, auf ein Straßenschild zu, das die Richtung wies. Seine Zielvorstellungen verringerten sich. Ziel als Antrieb und Motiv des Handelns gab es bei ihm kaum. Er hatte diese Antriebsschwäche, die ihm zusetzte und die zunahm. Es bedurfte dazu eines Entschlusses, und Späth verstand sich nicht auf Entschluß und Willen zum Entschluß. Es war vielleicht eine Frage der Vitalität.

Um Zielvorstellungen zu haben, dazu gehörte wahrscheinlich eine Menge Bewußtsein, von der Art, wie sie Späth nie geglückt war. Bewußtsein, diese nicht weiter zurückführbare Qualität seelischer Vorgänge, hatte sich in ihrer Qualität bei ihm verborgen und war dadurch schwierig geworden. Er besaß Beschleunigung anstelle von Bewußtsein. Es war ihm zum Fürchten, wie beschleunigt er wahrnahm und fühlte und wie sich etwas in diesem rapiden Gefühl verlor, wie es sich zersetzte und mitten im Fühlen sich auflöste. Er war in Schwierigkeit mit seiner Identität. Er fürchtete um das, was die Leute, die davon wußten, als ICH ausgaben. Er wußte, Freud hatte das Ich die eigentliche Stätte der Angst genannt. Das genügte ihm. Er kannte diese Gegend, in der er sich aufhielt, wenn er auf einen Fluchtpunkt zuging. Er wußte, daß er die Spaziergänge ändern würde. Er kannte die Briefkästen der näheren Umgebung und wie man am sichersten und auch auf Umwegen zu ihnen gelangen konnte. Er kannte die Leerzeiten der Briefkästen. Sie waren unterschiedlich. Am geräumigen Briefkasten vor dem Bahnhof seines Stadtteils waren sie anders und häufiger als in den Gartenstraßen, die er bevorzugte.

Jede Angst war im Grunde eine Trennungsangst. Sein Leben bestand aus solchen unmerklichen Trennungen und Abtrennungen, aus winzigen Abschieden, die überhaupt nicht auffielen, die ihm aber sehr schwerfielen und vor denen er diese Angst hatte. Späths Ich-Bewußtsein war schwer zu erhalten. Es war kompliziert wie das Bewußtsein, etwas zu besitzen. Besitz: was war das? Jemand hatte verfügt, nach seinem Tode mit einem Besitztum verbrannt zu werden, an dem er besonders hing, eine mexikanische Tontaube. Der geliebte Gegenstand überlebte neben der Asche des Toten. Besitz ist nie an den gebunden, der zu besitzen glaubt. Es war ein Beispiel dafür, wie heikel die Bindung an Besitz ist oder wie schwierig die Hoffnungen sind, die einer auf ihn setzt. Besitz lebt weiter, wie Liebe, die nicht mehr verwendbar ist und die verletzt wird. Sie ist vom Weiterleben nicht abzubringen, auch wenn man die Zuneigung, den Körper und die Nähe eines anderen nicht mehr besitzt. Hatte man je besessen? Dies war fraglich oder jedenfalls eine Frage wert.
Späth hatte Zweifel. Er besaß nicht, wenn er gelegentlich glaubte, besessen zu haben, und wenn er besessen war von dem, was er um sich und in der Liebe unter sich gehabt hatte. Besitz war nicht gefügig. Ein Körper blieb nicht gefügig. Er war vielleicht für kurze Zeit dahin zu bringen, so zu erscheinen: –
„Es war so, als Du mir diese Küsse gabst. Es war wie ein spannendes und zärtliches Spiel ausgeführt. Ich hatte Furcht, und ich hatte zugleich diesen Glauben und Wunsch, ja, es war Furcht, aber ich wollte zugleich das, was an Dir männlich ist. Wie gut spieltest Du, wie wunderbar führtest Du dieses empfindliche und Dich anstrengende Spiel durch. Ich hatte wirklich Angst. Es ging zu schnell. Ich hatte meinen Körper, und er war für Dich da, und es schien, als würdest Du Besitz von ihm nehmen. Was war das? Besitz. Es ging zu schnell. Du hieltest mich an Dich. Du küßtest sogar meine Füße, meine Knie am Anfang. Es war wie ein langsames Besitzergreifen. Ich hatte dieses ängstliche und schöne Gefühl. Es kam mit der Furcht vor der Schnelligkeit in mir auf, und doch möchte ich so sehr wieder unsere Umarmung."

Der kleine, olivbraune Vogel, an Stirn, Kehle und Vorderbrust rostrot, schoß geblendet durchs schräge Licht, flog gegen die Windschutzscheibe eines der geparkten Autos. Er war sofort reglos. Es war ein sehr sanfter Anblick. Das Rotkehlchen lag auf dem Rücken, die kleinen Krallen nach oben gekrümmt, einen Augenblick lang wie ein winziger Totengeist. Ein gefiedertes Geistchen, ein Häuflein Federn. Späth bewegte solch ein jäher Vorgang jedesmal unverhältnismäßig stark. Das Unverhältnismäßige war die Heftigkeit seiner Reaktion. Er war entsetzt. Er rührte sich nicht. Legte den Vogel nicht einmal zur Seite. Er ließ ihn auf dem Rükken liegen. Er hatte zu anderer Jahreszeit den zarten, man kann sagen schwermütigen Gesang gehört, der mit gepreßten Tönen begann und gegen Ende perlend abfiel.

Er hatte im Vorübergehen dann und wann Geschichten aus dem Fenster vernommen. Frauen, Nachbarinnen sprachen miteinander, über den Fensterrahmen gebeugt, beim Staubwischen oder dem Begießen der Blumen. Es waren entweder abgerissene und zuweilen zu genau vernehmbare Sätze, die Späth mitbekam, vernehmbar in ihrer Belanglosigkeit. Der Umriß der menschlichen Erscheinung trat meist dabei zurück. Es waren die Stimmen, die vernehmlich blieben: die Stimmhöhe, das Schrille oder Betuliche der Stimme, ihr Fallen, dann erneut das Schrill-Werden, weit hörbar wie ein bestimmtes Jammern, wie ein personenloses Kreischen, ein unangenehmes Geräusch. Es verfolgte ihn. Es war schließlich etwas ganz von der Person Losgelöstes.
Ein Hund bellte ihn plötzlich an, ein kleineres Tier, wütend oder wie gewöhnlich kläffend hinter einem Maschendrahtzaun. Der Besitzer – für Späth nicht sichtbar – rief dem Tier etwas Unverständliches zu. Der wütende Hund verstärkte sein Gebell. Es wurde immer heftiger, belferte, jaulte, winselte und ging endlich in ein kleines Knurren über.
Die Stimmen der Frauen im Fenster waren längst unhörbar geworden.

Es war, als müßte er sich vergewissern. Er hatte von einer Kirmes geträumt, die genau im stillsten Winkel seiner Wegstrecke stattfand. Buden waren aufgeschlagen. Kioske ver-

kauften Süßigkeiten und Alkohol, ein Riesenrad drehte sich, Auto-Scooter machten einen Höllenlärm, übermäßig grelle und farbige Lichterketten schaukelten im kalten und nassen Wind, der die Leute nicht abhielt, in Scharen zu kommen, sich zu schieben, vor Schießständen zu drängen, Bier im Stehen zu trinken, halbe Hähne zu verschlingen und in gummiartiges Weißbrot zu beißen, ohne Zähne einzubüßen. Ein Tumult war losgelassen. Es war zum Erschrecken. Späth verstand überhaupt nicht, warum gerade hier eine solche Schaustellung stattfand. Sein Traum war von scheußlichen Geruchs- und Geräusch-Sensationen begleitet gewesen, von Rülpsen und Schäkern, Zoten und Gestammel, Singsang und heiserem Erbrechen. Es war ein Gurren in der lärmenden Luft, wie von Windstößen zur Seite getrieben, in dunkle Ecken des Rummelplatzes. So hörten sich Laute an, wenn manche Leute sich rasch lieben wollten und weibliche Personen gurrend in Erregung gerieten, und es gern zuließen, in den von vielen Schuhabsätzen zertretenen schmutzigen Ecken hinter Zelten und Ausschank. Der Ton war aufdringlicher als jedes andere Geräusch. Er war animierend und abschreckend zugleich.
Angewidert war Späth hochgefahren. Er mußte sich diesmal tatsächlich überzeugen, daß so etwas an der gedachten Stelle nicht hatte passieren können. Er lächelte verlegen, als er den Ort erreichte, der im Traum ganz anders ausgesehen hatte, überfüllt gewesen war mit lärmendem Unrat. An dieser Stelle war für nichts anderes Platz als für eine leicht verfallene Gartenhütte, einen Geräteschuppen und eine Garage, für beiläufigen kriechenden Kotoneaster und ein paar lockere Steinplatten anstelle eines gepflasterten Gehweges. Es roch nicht nach Fusel, eher nach einem Düngemittel, und Späth beobachtete eine ältere Frau, die sich die Hügel der Maulwürfe im Garten besah, einen Spaten in der rechten Hand, so, als lauere sie den unterirdischen Bewegungen dieser Tiere auf, die den Rasen verdarben und die doch nützliche Tiere sind, wenn auch nicht nützlich für Rasenbesitzer.

Späth mußte gewöhnlich Mut zu sich selber fassen. Er wurde immer wieder auf diesen Punkt zurückgeworfen, unentschieden zu bleiben, so zu spazieren, einen Briefkasten-

gang lang. Aber auch bei anderem war es so ähnlich: sprechen, schlucken, aufsehen, sich umsehen, zusehen als Irritation, den fremden Kopf als den eigenen ansehen, die fremden Gesichtszüge, die er berührt hatte, die eigenen Finger als die eines Anderen, die eigenen Gewohnheiten als Gewöhnungen, eine Überforderung als Dauer-Prüfung. Etwas lief ihm davon, quälte. Es war wie Singen in den Ohren, der wechselnde Blutdruck, den er spürte.
Späth konnte wirklich lachen. Er zog dabei ein wenig die Nase kraus. Sie fältelte sich an den Nasenflügeln. Sein lükkenhaftes Gebiß war dann ein wenig ein Pferdegebiß. So sah er es an. Er lachte so ähnlich auf einem Foto. Er hatte wohl Mut gefaßt und hatte gut lachen, zeigte sein Gebiß von der Seite, schadhaft. Er trug keine Fotos mehr bei sich. Eine Zeitlang hatte er es getan. Vorübergehend konnte eine Fotografie wie Gift wirken. Es kam natürlich darauf an, was gezeigt wurde und wer sich darauf zeigte und wie das geschah. Ein Giftstoff, ein Lichtbild zum Besehen und Wiederbesehen, aus der Brieftasche zu ziehen und wieder zurückzulegen. Es gehörte auch hierzu eine Art Mut. Späth erregte sich dabei. Doch auf dem genannten Foto lachte er bloß. Jemand stand neben ihm und hob ein Glas. Das Foto war beiläufig gelungen. Es war mehr als Grinsen und noch kein Grimassieren. Er wurde immer wieder auf etwas zurückgeworfen, das ihn anfangen ließ, als sei nichts vorausgegangen.

Im Frühjahr oder spät im Herbst noch standen die feinen Mückenwolken zwischen den niedrigen, hell getünchten oder rosa vom jahreszeitlichen Licht illuminierten bungalowähnlichen Häusern, an denen er vorbei mußte. Es waren sehr zarte, säulenhafte Gebilde, wie Fäden oder wie besondere Gewebe: ein Insektenvolk, das schwebte. Der Summton, ein dünnes Singen, war zu hoch, um vernehmbar zu sein. So tanzten die Insekten zwischen den Gebäuden und über Komposthaufen, Gartenschlauchwagen und abgestellten Fahrrädern an einer Pergola. Ein lautloses und gehauchtes, in die Luft getupftes Spiel.
Eine in die Falle gelockte Katze saß bewegungslos in einem Drahtkäfig und starrte ihn an. Späth sah, daß sie sich verletzt hatte. Nicht eine Spur von Bewegung war dem

schwarzweiß gefleckten Tier mit langem buschigem Schwanz und kräftig geformtem Kopf eines Katers anzumerken. Es hockte hinter dem Draht wie fassungslos. Alle Geschmeidigkeit war aus dem unbeweglichen Körper gewichen. Nur die Augen starrten auf Späth, hatten es schon getan, als er die Eingefangene noch nicht bemerkt und beinahe außer acht gelassen hatte. Die starrenden Augen hatten ihn vermutlich unbewußt angezogen. Sie hatten die eigenen Blicke auf das eingesperrte Wesen gelenkt, an das er nicht herankommen und für das er nichts tun konnte in dieser versteckartigen Ecke eines Grundstücks, einem kleinen, verwilderten und dornigen Gelände, hinter Brombeergerank und einem Wildrosenbusch. Die magere, gefangene Katze, die sich verletzt hatte, zeigte ein leicht gesträubtes Fell, ein Angstfell. Es stand vom Balg ab, der sich duckte.

Späth befürchtete zuweilen, daß Grausamkeit für manche nichts als ein intellektuelles Thema war, ein Gesprächsgegenstand wie anderes. Doch jedesmal, wenn Grausamkeit wieder einmal real wurde, wenn sie sich wirklich zeigte und angewendet wurde, gab es ein immer ähnliches Entsetzen angesichts des Geschehens, ein Entsetzen, als hätte man nicht Bescheid gewußt. Er dachte an blankes Entsetzen aus den Augen von Betroffenen. Auch diese Kreatur war entsetzt. Sie starrte. Die Bescheid wußten, hatten später wohl so etwas wie Nachholbedarf, wenn sie sich erschrocken zeigten. Späth meinte nicht den Fallensteller, der seine Gründe gehabt haben mochte, diese Katze einzufangen. Er erinnerte, wie intelligent über Grausamkeit gesprochen worden war. Im kleinen Kreise sprach man abgefeimt und zeigte sich entsetzt, wenn das Grausame zutage trat und auf einer beliebigen Straße geschah. Die Heuchelei erschien oft fein abgestimmt. Sie war dann schwer zu erkennen. Außerdem erkannten sich die Heuchler nicht als diejenigen wieder, die sie gestern noch waren – Gleichgültige, ihrer Natur nach.

Er beobachtete, wie später die Rizinusstauden – zu ihrer Zeit – Früchte trugen. Die Samen würden wieder aus den blassen, gespannten Kapseln geschleudert werden, ein paar Meter weit. Es waren gesprenkelte, bräunliche Bohnenkerne, wie poliert wirkend und hübsch anzusehen, so ähnlich wie die schädlichen Kartoffelkäfer, deren Größe sie beinahe erreichten und deren Farbe sie trugen. Die Fruchthülsen waren stachelig, blieben Späth im Fleisch des Daumens stecken. Er entfernte die kleinen, scharfen, giftigen Stacheln mit einer Pinzette, die er meist wie Kamm, Schere und Nagelreiniger in der linken Rocktasche in einem schmalen Etui bei sich trug. Die Zeit der Rizinusfrüchte stand noch aus.

Das Morgenbild der Jahreszeit glich einer Farbskala: grün, gelb, braun, ockerfarben, erdfarben. Ein Rauch bildete sich. Dunst schwelte, sammelte sich und zog am Boden und dünstete scharf und leicht fäkalisch. Der Stoffumsatz bildete sich überall als Rauch ab, der nicht weiter zog, vielmehr als farbiger Schleier dicht über dem Boden haftete, körperlos auch solch ein Prozeß – rauchende Fäkalien, Abfälle von irgendeinem Müll auf dem offenen Feld hinter Späths Straßen. Er ging langsam auf dieses Bild zu und atmete vorsichtig, atmete leicht mit gespannten, gefältelten Nüstern, sinnlich.

Elefanten werden immer kleiner, Flöhe immer größer gezeichnet, als sie sind. Er hatte diese weise Beobachtung oft bestätigt gefunden. Manches ließ sich nicht in die rechten Verhältnisse bringen. Die Proportionen verschoben sich. Einiges blieb allemal zu groß für die rechte Wiedergabe. Anderes war immer zu klein wiedergegeben: ein Gefühl, eine Liebesbeziehung, die Beziehung zu einer Krankheit. Das Unverhältnismäßige gab es öfter als Späth ihm zugestehen wollte, wenn er sich verhältnismäßig sicher fühlte vor dem Unsicheren der Verhältnisse um sich her, der Unsicherheit der Gefühle: „Es gibt kein Unglück, solange es Dich gibt", hatte ihm einst Eine geschrieben, „ich sollte nicht so erschreckt sein. Sag mir, sag mir, daß ich mich vor nichts zu fürchten habe und daß ich Dich wiederfühlen werde, daß ich dieses Gefühl nicht verliere, das so unsicher ist. Ich bin sehr ängstlich geworden. Ich sehe, ich kann zur Zeit kaum etwas machen, was ich mag und was doch einfach ist wie Musik hören oder wie lesen. Ich weiß genau, was ich hier allein erleben muß. Ich wachte heute noch früher als sonst auf. Es war einfach zu früh. Läge ich an Deiner Seite, hätte ich Dich fühlen lassen können, daß ich wach war, und im Halbschlaf würdest Du vielleicht Dich mir zugewendet und einen Arm um mich gelegt haben, der mich ganz bedeckt hätte. Unsere Körper wären dicht beieinander und hätten sich zusammen bewegt oder sie hätten auch nichts getan, nur nebeneinander gelegen, wenn auch sehr nahe. Komm, komm, sehr nahe, ich liebe Dich doch, laß mich nicht allein liegen. Vielleicht fürchte ich mich vor dem bloß Sexuellen. Manchmal denke ich so, aber für mich ist schon alles sexuell, was zärtlich ist, eine kleine Berührung, fast nichts, wenn wir zusammen sind. Es ist sehr viel, wenn es auch fast nichts ist. Du hast mir dieses heftige Gefühl in meinem Körper gegeben. Und eigentlich ist es auch nur dies – Dich ansehen zu können."

Die Abkürzungen seiner Spazier-Route waren jetzt offensichtlich. Er gab einzelne Wegschleifen auf, die ihm uninteressant wurden. Er blieb beobachtbar in dem, was er unterließ, wie er vorher beobachtbar gewesen war. Einzelnen mochte es auffallen, daß er fortblieb, nicht mehr auftauchte, im Mantel oder im Jackett und ohne Kopfbedeckung, je nach Jahreszeit. Späth paßte sich nicht nur hinsichtlich der Bekleidung den Jahreszeiten an. Er ließ jetzt im Gehen fort, was ihm langweilig wurde oder was störend geworden war. Es war eine sich ausbreitende, vollkommene Unlust, selbst gegenüber diesen bescheidenen Ablenkungen, die er gewohnt war. Seine kurzen Entschlüsse führten zu immer kürzerem Draußensein. Aber seine Aufmerksamkeit verstärkte sich in dem Maße, in dem sein Unterwegssein ihm immer weniger lohnend schien.
Er mochte die Rosafarbe bestimmter Nachmittagsstunden. Dieses Rosa wirkte wie ein sanftes, von irgendeinem Schreck verändertes Rot, während es dem Mittag einfiel, Nachmittag zu werden. Schon ein Morgenrot auf dem Tisch einer Gartenterrasse verstand gewissermaßen die Nacht nicht mehr. Im Frühjahr hatte er immer wieder diese rasch möglichen Kontakte zwischen Leuten wahrgenommen, Kontakte, die ohne Geheimnis und Spannung blieben. Spätestens der März erfand für die Luft einen besonderen Jubel. Er sah die braunen, staubigen Lerchen in ihren Rufen

über dem Straßendunst verschwinden, in Richtung der Felder jenseits von Späths Gartenstraßen, die ein hoch gelegenes, von Getreide, Lupinen und Sonnenrosen bewachsenes Feld über der Stadt abgrenzten.
Das Frühjahr war für ihn zuweilen eine grüne Maschine. Es gab eine geradezu musikalische Verteilung des Lichtes auf den Gegenständen. Die Turmuhr einer entfernten Kirche stadteinwärts schien angehalten. An einen Bauzaun waren Verabredungen gekritzelt. Späth entdeckte darunter eine freche und ungeschickte Zeichnung, die etwas verhieß und den Verlauf eines Stelldicheins vermuten ließ. Im Sommer schien es ihm oft, als schüttele sich seine Umwelt blauen Himmel aus den Ärmeln, so selbstverständlich war er zustande gekommen und brannte über ihm wie angeschwärzte Kohle. Er schlich dann, statt zu gehen, in der Hitze, wenn es nur noch die schlafsüchtigen Bewegungen von Blättern gab und in Kinderspielkästen nahe den gelüfteten Bungalows geomantische Figuren wie von selbst entstanden. Späth hatte im Gehen einen kurzen Wachtraum vom Greisenalter. Es war eine Geruchs-Halluzination. Es roch nach Brennesseltee. Wenn der Herbst kam, antwortete der Wind ungefragt. Er hatte einmal zu solchem Zeitpunkt ein Kind zaghaft eine merkwürdige Melodie anstimmen hören. Es schien eine sanfte Anstrengung, die Melodie zu finden und einzuhalten, und er sah im offenen Mund das Rosa des kindlichen Gaumens leuchten.

Noch fühlte sich Späth auf die übliche Weise am Leben. Er wurde gewogen, auf einer Waage, an der sich Wohlverhalten ablesen ließ. Er konnte das: so gewertet zu werden, ohne daß es zu spüren war, vergessen und erneut vergessen zu werden und dann wieder hervor gekehrt, ein Kehricht. Man wurde nach einiger Zeit stillschweigend beseitigt. Man half dabei durch Verhalten, Wohlverhalten oder Genug-Haben. Manche starben so langsam ab. Fast nichts war ihnen anzusehen. Es gab selbstverständlich schöne Todesumstände wie den Herztod beim Golfspiel. Ein berühmter amerikanischer Schlagersänger hatte diesen exquisiten Tod bekommen – the american way of high death. Man sah, es mußte nicht die übliche Intensivstation sein, nicht dieses hochtechnisierte, mechanisierte Ableben des Organismus, der zu lange in seinen Funktionen gehalten wurde. Manche nickten nicht einmal mehr, waren aber noch nicht klinisch tot. Es dauerte eine Weile, bis sich der Körper durchsetzte, um schließlich doch noch sein Ende zu bekommen. Die Geräte wurden dann abgestellt. Das Sauerstoffzelt arbeitete schon für den nächsten Benutzer. Die Moribunden hatten bis zuletzt an den Vorzügen des medizinischen Fortschritts teil. Der Tod mit dem Golfschläger in der Hand nahm sich natürlich günstiger aus. Doch diese Gunst hätte sich Späth gewiß nicht erbeten. Er besaß nicht die notwendigen, günstigen Voraussetzungen, sich so etwas überhaupt in den Sinn kommen zu lassen.

Das kleine Leben verlief zuweilen zwanglos vor seinen Augen. Er kam hinzu, wie mehrere spielende Kinder auf einem umbuschten Rasengrundstück sich ganz selbst überlassen glaubten, Jungen und Mädchen, vielleicht sechs- bis neunjährig. Sie schlugen Purzelbäume. Die Mädchen trugen weiße Strumpfhosen. Ein Junge kaute Brot. Eines der Mädchen entblößte sich plötzlich, als müßte es seine Notdurft verrichten. Das andere Mädchen tat es ihm sogleich nach, hockte sich daneben, pinkelte. Die Jungen schlugen währenddessen Kobolz. Sie tummelten sich, rangen miteinander, maßen ihre Kräfte, fielen übereinander und staunten, waren sofort wieder auf den Beinen, rissen einander an den Haaren. Ihr Ungestüm war ganz leicht. Es hatte nichts Überlegtes. Sie hatten leichte und schnelle Bewegungen. Späth tat es gut, diesem Spiel zuzusehen.

Er war beim Zuschauen angesteckt worden, war in ein Schweben gekommen, wie er es kannte als Zustand, in dem es körperlos den Körper gab. Es war stets zu viel oder zu wenig, um begreiflich zu machen, wenn er gewissermaßen mit dem ganzen Körper fühlte. Körper war hier nicht das zutreffende Wort. Und es bezeichnete zu ungenau die Euphorie, diesen euphorischen Zustand, der wie das jähe Aufplatzen einer heißen Frucht war, das Aufbrechen einer Nerven-Frucht. Er befand sich dann in einem Zustand, in dem er spürte, daß aus dem Gehen ein Fliegen würde, ein Gehen, das aufflog oder doch über dem Erdboden stattfand. Eine unbekannte, deutlich krankhafte, weil zu suggestive

Musik war dabei möglich. Er ging ihr nach, und es war Benommenheit für Augenblicke, Nachgiebigkeit, die nie erklärlich werden konnte und glücklicherweise von niemandem jemals erklärt worden war, nicht einmal in der Andeutung.

Er hatte sich einmal an einem bestimmten Punkt der Außenwelt aufgehalten. Bald hinter Nancy las er auf einem Straßenschild den Ortsnamen Vaucouleurs. Unwillkürlich mußte er Domremy sagen. Seine Begleiterin hatte ihn angesehen. Dorthin wollen wir jetzt, hatte sie gesagt, es ist nicht weit bis zu Jeanne d'Arcs Geburtshaus, Du wirst es bald sehen. Seine Begleiterin hatte Späth überraschen wollen, und indem er den anderen Ortsnamen las, kam ihm der Name des winzigen Dorfes am linken Maasufer im Lothringer Hochland auf die Lippen: die Legende und die Geschichte dieser Landschaft, die Geschichte vom Mädchen einer Gegend, die zur Zeit ihrer Geburt zur Grafschaft Champagne gehörte.
Er sah das Elternhaus an einem stillen Spätvormittag, das Haus, in dem die Pucelle aufgewachsen war. Man hatte sie als Kind Jeanette gerufen, und „pucelle" bedeutete nicht nur unberührte Frau, sondern auch Hausjungfer, Hausmagd, dienstbares junges Mädchen. Es war hier alles ländlich gewesen. Kleine Flecken, die man kaum Dörfer nennen konnte, Weideflächen, schmale Straßen, Wiesenland, vom Fluß durchzogen, feucht und freundlich und leicht wellig, Gehölze da und dort, unscheinbar das Ganze. Späth und seiner Begleiterin begegnete kaum ein Wagen. Die Fahrerin hielt plötzlich an einer Weggabelung, unmittelbar vor dem Fluß, unter Bäumen. Sie stiegen aus dem Wagen, überquerten die Landstraße gleich nach ihrer Gabelung, in die das berühmte Haus eingebettet war. Es war menschenleer. Die Besucher kamen zu anderen Tageszeiten. Es gab dort mehrere Häuser. Das Elternhaus, das Geburtshaus war ziemlich unscheinbar, hell getüncht, mit unregelmäßig schräg abfallendem Dach, mit einer Tür, die einem großen, langgezogenen Loch oder einer engen Pforte glich, mit einzelnen hohen und schmalen Fenstern. Das Haus war unter breiten Bäumen und Gebüschen wie das Nebenhaus halb verborgen. Er erinnerte sich an eine schmale, einzelne Pappel

oder Steineiche, die nach hinten das Gelände, den Hof abschloß. Die Stelle, an der Johanna von Orléans geboren wurde, war Bauernland und war es bis jetzt geblieben.

Es war lange her, seit er ein Bankgebäude, ein Postamt betreten hatte. Er benutzte keine Straßenbahn mehr, wie sonst zuweilen täglich, wenn er nicht vom Auto in die Innenstadt gebracht wurde. Das Stadtinnere war ihm fremd geworden. Er hörte davon, las darüber im Lokalteil der Zeitung. Es hatte dort unablässig Veränderungen gegeben. Er vernahm aus dem Stadtinneren Glockengeläut und das Summen von vielem Verkehr.
Vielleicht war es gefährlich, so folgerichtig zu leben und dieses Problem der Einengung zu haben, es zunehmend zu spüren, übermächtig auf ihn einwirkend, auf alles Willentliche, das sich dabei ruhig auflöste. Die Erregungen, die ihn befielen, waren Signale. Er wußte, daß sie etwas bedeuteten. Die immer länger andauernden Erregungszustände waren ihm kaum anzumerken. Er beherrschte sich noch. Er zeigte nicht, daß er unter gewissem depressivem Einfluß stand. Nahezu ständig hatte er solche Niedergeschlagenheit. Aus der Bedrückung wurde dann der sanfte, anhaltende Sog, eine besondere Auszehrung. Er wurde so zum Nährstoff einer bestimmten Erkrankung. Späths Hagerkeit war auffallend. Anfangs hatte man ihn darauf angesprochen, hatte Erstaunen ausgedrückt, war mehr oder minder deutlich geworden. Dann hatten die anderen sich wohl daran gewöhnt. Es war nicht mehr erwähnenswert. Seine Silhouette wirkte auf ihn manchmal wie ein Strich: ein Strich, der Angst und Gier empfand. Es war für ihn nicht weiter definierbar. Er hatte rasch das Gefühl, sich in Worte zu verirren.
„Das könnte dir gefallen – immer weiter machen und wissen, daß nichts da bleibt außer einem Schrank voll alter Kleider, wenn es vorbei ist, nicht einmal den Mund verziehen, schlaff daliegen oder aufstehen, aber nichts tun, vielleicht bis ans Fenster gehen und Guten Morgen sagen. Das hört man selber nur. Andere können nichts hören, weil niemand da ist. Oder: hier bin ich, daß ich nicht lache! Es gibt dich wirklich in diesem Augenblick. Es ist nicht weiter spannend, wenn du hinter Glas bleibst und Glas dich trennt

von dem, was von dir von außen kommt. Von innen kommen Stimmungen, die sind weich wie Hände, wenn sie sich dir um den Hals legen, damit du erschrocken durchatmest. Du legst eine Hand aufs Knie und wartest. Das Leben ist geheimnisvoll wie gewisse Bedürfnisse, wie duftende Äpfel im September oder Erektion, wenn man ein fremdes Zimmer betritt. Anstelle von Angst kommt Verschiedenes auf, das sich wieder verliert. Du verstehst nicht, wie es passiert und wie man sich langsam weiter entfernt in Gedanken, unter Bierdosen, Handkantenschlägen in die Luft und anderem Erstaunlichen wie Zungenfertigkeit und die besondere Art, eine Tasse an den Mund zu nehmen oder mit der Gabel sich den Rücken zu kratzen."

Späth hatte manchmal unausgesprochen solche Überlegungen. Dann wieder hörte er sich, wie er „und so weiter" sagte und sah sich eine bestimmte, abwehrende Handbewegung machen. Es war noch nicht vorbei, gewiß nicht. Aber die Schwäche, die sich mit einer sogenannten depressiven Agitiertheit versorgte, um weiterzumachen, ließ Überlegungen dieser Art zu. Es war ein Auf und Ab von Stimmungen und Widerrufungen. Er hörte sich sprechen. Er sprach mit sich auf den kurzen Wegen, die er künftig noch gehen würde. Er wußte es im voraus, wie kurz sie sein würden. Er bildete richtige Sätze, Sätze, die ihm nur im Gehen einfielen, sanft, klar, Selbstgespräche mit Sätzen wie Libellen, die über einem winzigen Gartenausschnitt standen, über einem unendlich kleinen Stück Landschaft und weiter glitten im Schwebeflug zwischen Pflanzen. Er empfand, daß es mehrere Gespenster gab, die sich in seiner Identität teilten. Es war mit ihr wie mit dem Weitergleiten der Libellen vor den Augen des verharrenden Spaziergängers Späth.
Es gibt Träume, in denen man sich sagt: du mußt sofort aufwachen. Doch es gelingt nicht – oder zu spät. Er glitt so durch sein eingeengtes Leben wie durch eine Art Umnachtung, die keiner für möglich hält, weil sie nicht anzumerken ist. Etwas war längst zum Stillstand gebracht. Schritt, Bewegung, Verrichtung. Er hatte sich Zeit mit dem Wahn gelassen oder der Wahn mit ihm. Etwas war angezündet. Etwas brannte. Brannte ohne Panik. Er dachte immer noch, daß es ihn still gab. Er hatte früher Todesanzeigen von Leuten be-

kommen, an die er sich durchaus nicht erinnern konnte. Es waren die besten Anzeigen dieser Art gewesen. Und zuweilen hatte er frivol gemeint: früh gewagt, ist früh gestorben. Oder: Leichen sind wie du und ich, nur tot.
Späth mußte es weiter so tun und sich antun: leben – weiter, weiter im Text, im Tageverbringen, das zu absolut nichts mehr nutzte. Er hatte diese Leere, diese panikähnliche Leere. Es war nichts. Er empfand sich als Gespenst oder als Puppe. Er hätte sofort aufwachen müssen. Doch gelang es ihm nicht mehr, konnte ihm nicht mehr gelingen. Nun war es zu spät. Etwas war angezündet. Etwas brannte in diesem Gespenst, das sich so gut zu kennen meinte und das sich so furchtsam beobachtete. Er war zuweilen immer noch wie elektrisch geladen. Es war ein Zappeln, das durch seinen Körper ging, eine zappelige Gier für die Katz. Die Depression war wie ein zweites Dunkel, eine sonderbare Verfassung. Er wußte, es gab welche, die vor Niedergeschlagenheit onanierten. Es war ein Sterben vom Kopf her, eine schöne Veranlagung und gar keine Begabung.

Er besah sich bis zuletzt die Komik des Von-Gott-geschaffen-Seins im Spiegel, wenn er Gelegenheit dazu bekam oder auch nur draußen in einer Regenlache: dieses trübe Bild von einer fremden Figur, die mit Kleidern behängt war. Er kam sich zuweilen draußen plötzlich wie ein streaker vor, ein Nacktläufer unter Passanten, die ihm entgegen kamen, Frauen mit kleinen Kindern, ältere Leute, die im Rinnstein Hunde ihre Verdauung regeln ließen. Späth gab ein kümmerliches Lichtbild ab. Man hatte es sich nackt zu denken, um zu verstehen, welch ein Adonis da im Alter bei ihm zum Vorschein gekommen war.
Er hatte früh schon ein Flattern und fiebriges Vibrieren in sich, das sich mit den Jahren gesteigert hatte wie das im Kreise Rennen, wie jene Kreiselbewegung, in der er sich erschienen war. Er lebte früh schon wie in einem zu raschen Orgasmus. Dann war es wieder wie das lethargische Hineingleiten in einen langen Liebesverkehr ohne Höhepunkt. Dies alles und manches andere konnte er nicht vergessen, alles, was gewesen war: das sich Erleichtern auf freiem Feld, das Rotwerden unter Blicken und ein Zurücksinken in sich selber, ein Zwischen-die-eigenen-Beine-Sehen. Es war ein

Schwachsinn der Nerven gewesen, der Sinne und der Sinnlichkeit, vielleicht wirklich eine lautlose Verrücktheit, die er sich geholt hatte, lebenslang, und die er Angst nannte, die Angst war, eine Angst, empfindlicher als das Zustandekommen einer Erektion, die demgegenüber etwas Mechanisches und barbarisch Einfaches, etwas Selbstverständliches hatte.

Er hatte die warme Jahreszeit für die Exekution gewählt. Er hatte genug vom Gehen und seinem Out-of-body-Gehn, das er aufgegeben hatte. Er war durch sein abgeschnürtes Tageverbringen geglitten. Etwas war in ihm angezündet. Etwas brannte aus, brannte ohne Panik. Er hörte, als er aufbrach, ganz früh die Nachtamseln singen, noch weit vor der Dämmerung des Juni-Sommers. Er vernahm die Türkentauben, ehe er seinen Weg antrat, bereitwillig, einen längeren und langen Weg, wie er ihn sich seit langem vorgenommen hatte. Die Tauben, mit dem hell aschgrauen Bauchgefieder und schwarzem Nackenband, kamen aus den dichten Gartenbäumen und ließen ihre gurrenden Rufe vernehmen, aufdringlich leise Laute, die in der Morgenstille weithin hörbar waren. Er erinnerte sich des skurrilen Graupapageis in einem der Vorgärten, die er täglich wiedergesehen und auswendig gelernt hatte. Der große Vogel lebte seit Jahren in einem geräumigen Käfig auf der wintergartenähnlichen, breiten Terrasse eines der älteren villenähnlichen Bauten. Er imitierte die Katzensprache. Er miaute vorzüglich, ehe er Vogellaute ausstieß oder Schnalztöne. Er lebte in dem Villenhaus, aus dem Späth zuweilen gute Küchengerüche entgegen kamen, Geruch von in Wein gekochten Hagebutten. Ein Vogel mit bemerkenswerter Lebenserwartung.

Späth ging nun geradeaus auf das obere Feld zu, das sich hinter den Gartenstraßen dehnte. Ein großes Waldgebiet schloß sich diesem Feld an, das ein wenig oberhalb im Osten seiner Stadt lag und schnell zu erreichen war. Vom Kopf her sterben war auch nicht leichter als anderes Umkommen oder auf unauffällige Weise aus dem Lebensverkehr gezogen zu werden. Es war gewiß etwas anderes als die Veränderung durch irgendeine Sklerose oder es war eine Abart bestimmter sklerotischer Vorgänge. Doch Späth

war allmählich vom Kopf her in sich verschwunden und durch einzelne Straßen spaziert und nun von den Straßen verschwunden. Und er verschwand jetzt, indem er geradeaus ging und geradezu ins freie Feld ein wenig oberhalb der Stadt. Rüben würden hier diesmal gezogen werden, und Roggen wuchs winzig heran, zu winzig für die Jahreszeit. Es war Grasgeruch in der Luft.
Im Kopf war Phantasie versteckt gewesen. Es ging ihm im Kopf herum, daß in den Vereinigten Staaten zweiunddreißig Morde pro Tag geschahen. Es war völlig sinnlos, dies jetzt in den Kopf zu bekommen. Von der Selbstmordrate war nichts bekannt. Der Grasgeruch war ihm vom Wald entgegengeschickt worden, wie ein scharfer Laubgeruch aus den Mischgehölzen. Man hörte bereits jetzt Schießübungen, die der schwache Ostwind vom Gelände eines amerikanischen Übungsplatzes her trug. Eine ferne Fabriksirene verkündete vermutlich das Ende einer Nachtschicht. Sonst war es still. Da das Feldgelände leicht abschüssig war, rollte ihm plötzlich mit abgestelltem Motor ein kleines Auto entgegen, in dem ein Mann und eine junge Frau saßen, die sich aneinander lehnten, als wären sie im Halbschlaf. Und ihr Wagen rollte achtlos den sanft abfallenden Feldweg hinunter.
Ein Reiter erschien am Horizont und kam über die Äcker im leichten Galopp. Die Morgenfeuchtigkeit wurde vom Licht hochgesogen. Der Vormittag würde sich zu einem Provinzbild der Farben entwickeln, schön koloriert. Späth bewegte sich rasch durch das morgendliche Aquarell auf eine Waldrandstelle mit zerfallener Bank zu, ein Ort, an dem er seltsamerweise früher zuweilen Blasendruck gespürt und sich entleert hatte. Er war jetzt bestimmt in seinem Gehen. Es gab keinerlei Zögern im Gang, und er war auch nicht mehr mechanisch. Es war ein entschlossenes Gehen, und so entschieden schritt er vorwärts und atmete kräftig durch, spürte, daß der Atem ihm leicht vor dem Munde stand. Er war die Lebenskraft, die ihn weiter brachte, die es ihm ermöglichte zu tun, was es heute für ihn zu tun gab. Der andere Weg gab ihm solche Energie, die nicht mehr anstrengte. Er fühlte sich entkrampft, soweit ihm solches Gefühl zugänglich war. Doch heute hatte er ein derartiges Gefühl von persönlicher Freiheit, wie sie gewöhnlich für

Entschlossene charakteristisch ist. Späth hatte sich mit Bedacht an die Ausführung des Entschlusses gemacht. Es war kein gewöhnliches Gehen. Es war kein zielloses Gehen. Er fühlte noch einmal: Musik war so, die er hinter sich gebracht hatte und die wie eine Art Sterben war, ohne Körper. Er hatte seinen Körper auf den anderen Weg und geradeaus geschickt.

Essays

Das edle Wild

Zum zweihundertsten Geburtstag Friedrich Hölderlins

Hölderlin ist mir lange ein Rätsel gewesen. Und dieses Rätselhafte, Fremde und Befremdende, dieses Wesen, das sich zu entziehen scheint und tatsächlich auch entzieht, ist für mich im Grunde bis heute an ihm geblieben. Ich meine nicht Hölderlin als Erscheinung, als Mensch mit seinem individuellen Schicksal und den persönlichen Umständen, die sein Schicksal vorbereiten halfen, die ihn in seine individuelle Entwicklung trieben, mit ihrer Konsequenz, dieser nicht einmal so durchaus düsteren Folgerichtigkeit, die ihn schließlich früh und für den langen Rest seines Daseins sich selber entzog. Ich meine die Dichtung, genauer: die Sprache Hölderlins, jenes „dichterische Wohnen", dessen Ort an anderer Stelle liegt als die geräumigen Wohnungen der deutschen Klassik. Wer – wie wir alle – zunächst durch Goethe, auch durch Schiller, Kleist unterrichtet wird, was Literatur ist, was Dichtung als großes Exempel damals war, wer auf solche Vorbildlichkeit eingeübt wurde, indessen Klopstocks Oden kaum ins Blickfeld gezogen wurden (Klopstock, von dem Hölderlin mehr hat als von irgendeinem anderen Älteren seiner Zeit), wer schon auf der Schule eine derartige Entwicklung zu nehmen gezwungen ist, dem freilich ist die Sprache Friedrich Hölderlins nur in eine ungefähre Beziehung zur pathetischen Schönheit und Rigorosität, der politisch moralischen Leidenschaft Schiller'scher Gedichte zu bringen. Sie verliert sich ihr gegenüber bald in einen merkwürdig verloren wirkenden Zustand des Sprechens, in eine eigentümliche Isolation, verliert sich in diese Fremde, in die sie sich zu retten scheint und in der sie etwas von jener rätselhaften Unschuld annimmt, die schließlich Dichten, als Sprache-Finden und Sprache-Wiederaufgeben, zum „unschuldigsten aller Geschäfte" für Hölderlin werden ließ.

Zum Rätsel, das eine dichterische Sprechlage aufgeben kann, gehört nicht das Dunkel, das von ihm ausgehen kann und das Hölderlin für manche seither immer wieder zum „dunklen" Dichter gemacht hat. Es gehört auch zu ihm das Abweisende, das Brüske. Die späteren Gedichte Hölderlins haben sicherlich solche Elemente ausgeprägt. Man muß sich ihnen anders nähern als denen Goethes oder Brentanos, den schönsten Gedichten, die im Zeitalter geschrieben wurden, den kantabelsten, klarsten und – im Falle Brentanos – artifiziellsten. Dies alles trifft auf Hölderlin-Gedichte, jedenfalls auf die der entscheidenden Phase, nicht zu. Ich jedenfalls vermochte mich ihrer nicht ähnlich zu vergewissern wie den mir lieben Brentanos. Ich wollte der Gedichte, die mir wichtig waren, gewissermaßen habhaft werden. Das war im Falle Hölderlins nicht möglich. Die üblichen Kriterien des Genusses, des Aufnahmevermögens, der sensiblen Bereitschaft, der geheimen Übereinkunft des Lesenden mit demjenigen, der die Gedichte, die man liest, geschrieben hatte, trafen auf Friedrich Hölderlins Gedichte nicht zu, die für mich allerdings nie dunkel in dem von mir genannten Sinne blieben.

Aber sie entzogen sich dem gewohnten und geübten Ergreifen. Sie blieben entrückt, erschienen wie aus großer Ferne gesprochen und hielten sich hartnäckig in solcher Ferne für mich: eine eigentümlich fügsame, nachgiebige, brüchige Unschuld der Entfernung, die sie weiterhin zwischen mir, dem Lesenden, der, wenn schon nicht auf Aneignung, so doch auf Verstehen aus war, legten, eine Distanz als Barriere der Sprache, der Sprachform, in die diese Sprache geglitten war, Hohlform, die sie sich – gleichsam unabhängig von ihrem Dichter – ausgesucht hatte. Dies war – habe ich später erkannt – das Geheimnis an Hölderlin. Er wurde – ehe er schweigen mußte, ehe er Sprache verloren hatte – wie niemand vor und neben ihm (darum war für uns keinerlei Vergleich möglich, da Klopstocks Ähnlichkeit unbekannt blieb) von der Sprache seiner Dichtung gleichsam ausgesucht. Die „Aufforderung", als dauernde dichterische Anstrengung, die über Hölderlins Sprache in seinen Dichtungen liegt, kam jedenfalls vom Phänomen der Sprache selber, die sich in einer so bisher nicht auftretenden und einer dichterischen Individualität zugemuteten Weise von dieser unabhängig erhielt, die ihrer nur von Fall zu Fall zu bedürfen schien.

Sich selbständig machender Sprachkörper. Dieser für spätere, für die neue Dichtung seit Baudelaire und Rimbaud, dann endgültig in unserem Jahrhundert zu folgenreiche

Vorgang in der Literatur, dieser eminente Strukturwandel, hat bei Hölderlin, auf der Höhe seines dichterischen Vermögens, zum erstenmal bei uns literarische Erscheinung angenommen. Dies ist, glaube ich, und manche, wie Adorno, haben es ausgesprochen, das eigentliche, bis heute nachwirkende und artistisch „aktuelle“ Ereignis bei Hölderlin. Es gab – in der Stille, in seiner abweisenden Einsamkeit, aus dem solches Phänomen „tönte“ – der dichterischen „Gelegenheit“, die einige Jahrzehnte zuvor und seit Goethe und mit den Romantikern und ihren Mitläufern und Nachfolgern entdeckt und freigesetzt worden war, den literarischen Abschied, noch ehe sie ihre folgenreiche Wirksamkeit in unserer Literatur entfalten konnte. Sie gab – im weiten Verstande – allem „Liedhaften“, dem Dinghaften und Bedingten im Gedicht durch ihre Unbedingtheit den Abschied, Modell für absolute Sprache, für sich selbstgenügende, sich autonomisierende Sprache, die Gegenständlichkeit benutzt, um die Variationsbreite, die Konfigurationshöhe der sprachlichen Idee erkennbar zu machen.
Diese verbale Situation bei Hölderlin war für mich das eigentlich Schwierige, da solche Situation durch nichts bei mir vorbereitet war. Und ehe ich die Durchlässigkeits-Stellen fand, die mir bei Hölderlin Zugang gewährten, kam ich durch spätere Autoren in seine Nähe: durch Georg Trakl. Trakl hatte Hölderlins Sprechlage aufgenommen, seine Sprach-Gestalt, das verbale Modell, bei Kenntnis dessen, was sich inzwischen bei Rimbaud ereignet hatte. Arthur Rimbaud – durch Ammer ins Deutsche gebracht und in einigen literarischen Kreisen hochaktuell, als Trakl seine entscheidenden Gedichte schrieb (und sogar den Ammer'schen Übersetzungs-Gestus in einzelne Textstellen der eigenen Dichtung eingehen ließ) – hatte in *Les Illuminations* und *Une Saison en Enfer* dreiviertel Jahrhundert nach dem deutschen Dichter einem sprachlichen Automatismus nachgegeben, der in einer Reihe später Hölderlin-Texte vorgebildet war, aber bei Rimbaud waren die aus dem sinnlichen Sprachbereich bezogenen Materialien evidenter als bei Hölderlins Sinn-Bildlichkeit, seiner stärkeren „Idealität“ (die dazu verführt, ihn zu Schiller – fälschlicherweise – in Beziehung zu setzen). Rimbauds Sprachform erschien daher poröser. Die Porosität war in Trakls *Verwandlung des Bösen,*

in *Traum und Umnachtung* und *Offenbarung und Untergang* eingedrungen, in denen so wenig Unterschied zwischen Prosa und Gedicht herrschen wie bei Rimbauds Arbeiten und die Fragestellung so wenig belangvoll, weil unergiebig ist, wie im „hohen Stil" Hölderlins. Denn bei Trakl wie bei Rimbaud (und Hölderlin) lag eine ganz bestimmte enorme Stilisierung des Sprechens vor, die Sprache in Gegenden versetzte, in denen euklidische Vorstellungen von Literatur, klassischer Kanonik abgewonnene Spielregeln, nicht mehr gelten.

Der Durchlässigkeits-Faktor war für mich – zum Vordringen ins Verständnis solcher Dichtung – bei Trakl, später bei Rimbaud größer als gerade bei Hölderlin, der ja teils noch aus protestantisch-aufklärerischer Gesinnung des 18. Jahrhunderts Kräfte nahm, die mir entlegen blieben. Aber in der weicheren Abbildung Hölderlin'scher Sprachstruktur auch in liedhafteren Textgebilden Trakls, die den gebrochenen, den vergehenden Sprechton des kranken Hölderlin, seine einsame, isolierte Einfalt des Hinsprechens und Aussprechens und im Sprechen Verlöschens aufnahm, hatte ich den für mich günstigeren Zugang zum Sprachwesen, auf das hier alles ankam. Die Fremdheit des Selbstverständlichen, die enorme Entfernung der Gegenstände, der Landschaften, der anderen Menschen vom Sprechenden, was zu der oft zitierten Trakl'schen Transparenz illuminiert wird, zur fast singbaren Zeile, solche unerbittlichere Fremde – diese „Fremdheit als Gehalt, von der Sprachform ausgedrückt", wie Theodor W. Adorno es 1963 in seinem Vortrag auf der Jahresversammlung der Hölderlin-Gesellschaft in Berlin nannte – hat bei Friedrich Hölderlin dieses blinde Erstaunen und diese blinde Einsamkeit der Sprech-Position nach sich gezogen, die ein für allemal ins Gefüge seiner Dichtung eingelassen sind und nur – in dem erschreckend einfachen Registrieren von sinnlicher Umwelt in den spätesten Arbeiten – aus dem sozusagen aufgebrochenen Gehäuse seiner Sprache gegen Schluß entkommen können. Die unfreiwillige Durchlässigkeit einzelner Entwürfe (was zum Teil im Wesen des Entwurfs, des Gedichtfragments liegt) und spätester Gedichte wie das Diotima in den Mund gelegte „Rollengedicht" *Wenn aus der Ferne ...*, wie *Der Spaziergang, Aussicht, Der Winter, Der Sommer, Der*

Herbst und einiges Nahverwandte haben die Fremdheit aufgegeben, die personale Beziehungen zersetzt oder doch in einer Schein-Beziehung, bei gleichsam abgewendetem Blick, am – illusionären – Leben erhält:

„Alles scheinet vertraut, der vorübereilende Gruß auch
Scheint von Freunden, es scheint jegliche Miene verwandelt."

Die von der „reinen" Sprache aufgesogene personale Beziehung, der die Beziehung zur Umwelt und Welt folgt, der Vorgang von Entpersönlichung, der in Hölderlins Gedichten konsequent wird und sie auf den Weg späterer abstrakter Sprachkörper setzt, läßt die Individualität des Schreibenden in jener bestürzenden Verfassung zurück, die bei Hölderlin nur zum Teil konstitutionell und psychisch bedingt ist und mit seinem geistigen wie körperlichen Geschick zu tun hat. Es ist zugleich die Verfassung desjenigen, der – wie es späte Nachfahren solcher Hölderlinischer Dichtprozesse in unserem Jahrhundert an sich erfahren haben – der Sprache gleichsam Piloten-Dienste geleistet hatte und von der unwiderstehlich alles an sich ziehenden Sprachform, Sprachgestalt zurückgelassen ist: eine Art Ausgebeuteter der eigenen sprachlichen Möglichkeiten, die er folgerichtig als Dichtung nutzte. Sprache als einzige Instanz ist der Literatur unserer Zeit gefährlich geläufig geworden, als könne man verhältnismäßig schnell in solche Situation geraten, was sicherlich unzutreffend ist. Aber der „Verbrauch", den freigesetzte Sprache an demjenigen vornimmt, der sie freisetzte, ist von diesem Risiko, das für manche seither verheerend wurde.
Das Verschwinden hinter der Sprache, das Verstummen mit der Sprache – in unseren Jahren aus verschiedenen Gründen zur allzu bequemen Formel von einigen verwendet – hat sich in Hölderlin im deutschen Literaturbereich zum erstenmal exemplifiziert. Dem Verschwinden gingen bei ihm jene von mir so genannten Durchlässigkeits-Phasen voraus, die das Schwierige seiner Dichtung scheinbar verdünnen oder gar absorbieren. Die zerrüttete, geschwächte Zeile, das, was Adorno scharfsinnig als „parataktisch zerrüttet" in

Hölderlins Spätgedichten nachgewiesen hat, hat zugleich auf eine suggestiv-unheimliche Art Eingang in diese sich Schritt um Schritt auflösende Sprachstruktur gewährt. Trakl hat diesen Eingang durchschritten, und er hatte ihn seither offen gehalten, offen zunächst durch die eigene Lyrik. Die brüchige Zuständlichkeit, die nachgebende Autorschaft gegenüber einer nachgebenden Sprachform zu bewirken vermag, wird zum Phänomen einer Schutzlosigkeit, einer Hilflosigkeit, die so – *vor* Hölderlin – in der deutschen Literatur nicht in Erscheinung getreten ist und die man seither kennt, die andererseits wieder und wieder die Sensitivität des Lyrikers, seine sensitive Anfälligkeit, anzieht und – blockiert.

Ich höre heute, bestimmte Gedichte Hölderlins lesend, eine Entwicklung mit, die seit langem eingesetzt hat, eine artistische Entwicklung, die für alle, die Gedichte geschrieben haben oder noch Gedichte schreiben, mir wichtiger scheint als etwa Fragen nach Hölderlins Jakobinertum oder seinem Ausbruch aus schwäbischer Provinz. Ich höre bei Hölderlin andere Folgen und erinnere mich ebenso an Rimbauds Illumination und Schlußmachen mit Dichtung, wie an den *Spleen de Paris* Baudelaires, an Mallarmé's *Un Coup de Dés,* an seine Schreib„übung" und „Wer diese Übung ganz vollendet, löscht sich aus", an Lautréamonts *Leuchtendes Dreieck* Sprache, seine Prosa-Ode an die Mathematik, wie an seine *Lampe mit silbernem Schnabel,* die aus Worten gemachte Lampe, die seither Licht spendet. Und ich höre bei *Drum, so wandle nun wehrlos / Fort durchs Leben und fürchte nichts* wie bei seinem *Spaziergang*

„Ihr Wälder schön an der Seite,
Am grünen Abhang gemalt,
Wo ich umher mich leite,
Durch süße Ruhe bezahlt
Für jeden Stachel im Herzen,
Wenn dunkel mir ist der Sinn,
Den Kunst und Sinnen hat Schmerzen
Gekostet von Anbeginn"

eher serielle Musik, die „Reihungen" Anton von Weberns.

Am Schluß von *Wenn aus der Ferne* ... läßt Hölderlin Diotima sagen:

> „Es waren schöne Tage. Aber
> Traurige Dämmerung folgte nachher.
>
> Du seiest so allein in der schönen Welt,
> Behauptest Du mir immer, Geliebter! dies
> Weißt aber Du nicht."

Was hier zur Sprache kommt, ist Dämmerung der Sprache und ein Alleinsein mit ihr, die dann den, der sie gebrauchte, in ihren Verbrauch zog und den Dichter, Friedrich Hölderlin, nicht einmal mehr als das „edle Wild" zurückließ, von dem sein Fragment *Im Walde* spricht.

„Wie sind meine Finger so grün"

Natur und Mensch im deutschen Gedicht

Natur- und Landschaftsdarstellung im Gedicht – in einem heute noch verbindlichen Sinne – ist ein literarischer Vorgang, der etwa in der Mitte des achtzehnten Jahrhunderts seinen Anfang nimmt. Bis dahin war beides – Natur wie Landschaft – in einem eher dekorativen Verhältnis innerhalb der Lyrik verblieben. Es war Zutat, Attrappe, jedenfalls kein selbständiges Phänomen. Das ändert sich mit der Dichtung des Schweizers Johann Gaudenz von Salis-Seewis (1772–1834) und des Hamburgers Barthold Heinrich Brokkes (1680–1742) vorher schon, bei denen Natur, Landschaft, Jahreszeit nicht mehr auf Umwegen, sondern direkt in Gedichtzeilen und -strophen Einlaß findet. Landschaft als Kulisse, wie sie im Barock-Gedicht üblich war, ist damit aufgegeben. Auch Landschaft als Pointe – gewissermaßen mit dem Galanteriedegen aufgespießt – wie sie den Vorstellungen galanter Dichtung entsprach – wird relativ rasch verdrängt: eine verschnörkelte Vorform des Landschaftlichen.

Der Natur wird mit Klopstock (1724–1803) ein neuer Wert eingerichtet. Sein enthusiastisches Verhältnis stilisiert zugleich das Natürliche bis ins Seraphische hinauf. Es sensibilisiert Landschaft durch eine im Zeitalter Rousseaus erst möglich gewordene Hinneigung zur Naturerscheinung, zur Natürlichkeit des Umgangs mit Landschaft und den Gezeiten der Landschaft:

> „Schön ist, Mutter Natur, deiner Erfindung Pracht
> Auf die Fluren verstreut, schöner ein froh Gesicht,
> Das den großen Gedanken
> Seiner Schöpfung noch einmal denkt."

Hier ist von vornherein der Mensch, der empfindliche Einzelne, zugleich in seiner Individualität wie als Typus derart empfindlicher Einstellung allgemein genommen, in Beziehung zur ihn umgebenden, ihn garantierenden Natur gestellt worden. Die Ode *Der Zürcher See,* mit ihren berühmten Anfangszeilen, markiert geradezu programmatisch das Verhältnis. In der Natur werden die *Hütten der Freundschaft* untergebracht: „Aber süßer ist noch, schöner und reizender, / In dem Arme des Freunds wissen ein Freund zu sein." Die Euphorie der Begegnung des Menschen mit der Landschaft ist unüberhörbar. Man entdeckt mit dieser Landschaftsumwelt sich selber nochmals: als natürliches Geschöpf. Aber zugleich kommt das andere auf: Isolation innerhalb der Landschaft, Landschaft als Zuflucht und Rettung, Landschaft als Gegenwelt zu *Geschrei und der Rute der Menschen,* wie es Friedrich Hölderlins Gedicht „Da ich ein Knabe war ..." manifest werden läßt:

„Da ich ein Knabe war,
Rettet' ein Gott mich oft
Vom Geschrei und der Rute der Menschen,
Da spielt ich sicher und gut
Mit den Blumen des Hains,
Und die Lüftchen des Himmels
Spielten mit mir."

Verständnis und Einverständnis sind dann in den berühmt gewordenen zwei Zeilen zum Ausdruck gebracht: „Ich verstand die Stille des Aethers, / Der Menschen Worte verstand ich nie." In solcher Textstelle hat man zugleich ein Risiko-Verhältnis zur Sprache gebracht: ein Mißverständnis oder, wenn man will, ein Mißverhältnis: Natur als überwältigendes Phänomen, als gefährliche Retirade, als Anlaß zum Ausweichen, als Betäubungsbereich. Das reine Schutzverhältnis, das in solchen Zeilen als Bedürfnis fixiert wird, birgt eine risikoreiche Verzerrung von Natur in sich, die die Klassik – Goethe etwa in seinem schönsten Naturgedicht, dem *Mailied* und dem *Herbstgefühl* – ausbalanciert, aber nicht wieder verdrängen kann.
Landschaft wird auch bei ihm – bei aller Frische und Unmittelbarkeit – von der Gefühlsintensität eher – bis zur Verschlingung – beherrscht. Rasch nach der Entdeckung von Natur und Landschaft als selbständiges Phänomen in der Lyrik, muß sie sich von Lyrikern gewisse Usurpierungen gefallen lassen. Er „beherrscht" sie (oder möchte sie doch bis zur Einverleibung beherrschen) mittels der fortan entwickelten Gefühlsheftigkeit. Auf diese Weise wird der

Natur die gerade gewonnene Selbständigkeit beinahe wieder genommen. Natur und Landschaft „dienen“ zu irgend etwas: zur Selbst-Produktion und Selbst-Reflexion, durch die zuweilen der Landschaftsstoff zum bloßen Reflex absinkt.
In der deutschen Romantik wird darum das Verhältnis des Schreibenden zur Natur in hohem Grade „künstlich“. Die von den Zauberspiegeln der Emotion reflektierte Landschaft wird der geisterhaften Empfindlichkeit des einzelnen dienstbar gemacht. Was entsteht, ist nicht selten geistige und geistliche Landschaft, ein schmerzensreiches, sehnsuchtsvoll fixiertes, zärtliches und süßes Gelände, ein Terrain ohne Grund und Boden, ohne Himmel. Vor allem die Einzelheit, das naturhafte Detail, das in unserem Jahrhundert seit Loerke und Wilhelm Lehmann – angestoßen durch die Einzelheiten der Natur in Gedichten der Droste-Hülshoff – so folgenreich im Gedicht praktiziert ist, geht in der imaginierten Romantiker-Landschaft im Gedicht gleichsam im Rauch der Einbildungskraft auf. Die eingefleischt poetische Novalis-Landschaft hat beispielsweise nichts als diesen grandios einseitigen Himmel der Einbildungskraft über sich: eine bis zum Äußersten „stilisierte“ Landschaft, etwa ein halbes Jahrhundert nach der Entdeckung der Natur für das Gedicht überhaupt, und ungefähr um die Wende vom achtzehnten zum neunzehnten Jahrhundert. Landschaft muß sich in Zukunft für lange eine gleiche Behandlung durch den Lyriker gefallen lassen, bei Tieck, bei Brentano, bei Achim von Arnim. Sie wird – könnte man sagen – zur zauberhaften Beute der Leidenschaften ihrer Dichter. Sie wird zum zarten Gespenst, zum Alp, zum Entzücken und zur Qual des *einzelnen*. Immer wieder ist es dieser einzelne, der durch die Landschaften zieht, der sie fixiert und sich entweder von ihnen überwältigen läßt (wie noch spät in der neuen deutschen Naturlyrik unserer Epoche bei Autoren wie Elisabeth Langgässer zu erkennen ist) oder sie mit der individuellen Empfindlichkeit überwältigt, mit der er vorgeht. Er sensibilisiert sie, statt sich auf eine Auseinandersetzung einzulassen.
Die vom Inneren des einzelnen „entworfene“ Landschaft ist aber so ausgestattet, daß sie Landschaft allgemein, ohne Einzelheiten nimmt, daß sie die „ideale“ Landschaft be-

wirkt, die Landschaft, die es nicht gibt und nie geben wird. Natur lebt auf diese Weise sozusagen nicht vegetativ, vielmehr als Phantasiewesen in Gedichten fort. Die *Mondbeglänzte Zaubernacht* Ludwig Tiecks ist ein derart phantastisches Geschöpf, wie Brentanos *O kühler Wald,* wie die Zeilen seines *Abendlieds*:

„Wie so leis die Blätter wehn
In dem lieben, stillen Hain!
Sonne will schon schlafen gehn,
Läßt ihr goldnes Hemdelein
Sinken auf den grünen Rasen,
Wo die schlanken Hirsche grasen
In dem roten Abendschein."

Die Märchenlandschaft, die Märchennatur als vollkommen poetische Erfindung nimmt die Stellung einer Netzhaut-Landschaft ein. Die Unschuld des „einfachen" Märchenlandschafts-Repertoires tritt an die Stelle der wirklichen Vielfalt optisch erfahrener Einzelheiten. Interessant ist, daß nur bei einzelnen Außenseitern jener Literaturphase Landschaftselemente erhalten sind, die ins einzelne gehen, allerdings in der „Verkürzung" zum Genrebild. Gewisse frühbiedermeierliche Züge zeichnen sich mit einem freilich sehr sentimentalen Realismus der Physiognomie einiger Gedichte des mit den Romantikern in Kontakt stehenden Karl Thorbecke (er lebte von 1785 bis 1837) ein, so in seinem Gedicht *Liebesgabe*:

„Erdbeern, Erdbeern, die noch selten standen,
Vorn im Jahre, mühsam noch zu finden,
Brach ich einzeln, einzeln, wieder einzeln,
Bis ich eine kleine Summe hatte.
Legte alles drauf auf grüne Blätter,
Brachte sie dem Liebsten, dem ich diene."

An fast bedeutungslosen Gedichten erscheinen Merkmale, die aufschlußreich für spätere Entwicklungen werden. Das Naturgedicht des neunzehnten Jahrhunderts beginnt mit solchen zaghaften Andeutungen. Es beginnt, sich in das Licht einer behutsamen Gegenständlichkeit zu rücken. Es

verliert an Imaginationsfähigkeit und an Zauberfreude. Vor solchem Hintergrund erhebt sich die einsame Größe der Naturgedichte von Annette von Droste-Hülshoff. Sie ist das erste bedeutende Beispiel für die Einwirkung der Landschaft auf den Menschen im deutschen Gedicht der letzten zwei Jahrhunderte. Landschaft ist nicht Objekt, wird nicht usurpiert oder sehnsüchtig verzerrt. Natur ist in ihrer wirklichen Fülle, in ihrer Vielfalt als Gegenüber zum Menschen, als große Partnerin, als Notwendigkeit gesehen und ausgesprochen. Zugleich ist aber auch das Stichwort für die „natura naturata" der konsequenten Naturlyrik seit den dreißiger Jahren dieses Jahrhunderts gegeben, Stichwort für gewisse Autonomisierungsvorstellungen und Herrschaftseinwirkungen von der *anderen* Seite her, von seiten der Natur, der Landschaft. Jedenfalls ist seit der Droste der Umgang mit Landschaft als mit einem groben oder intimen, amourösen oder verspielt ausgelegten „Versatzstück" vorüber. Die von den zärtlichen Geistern der Phantasie bevölkerte, vom Empfindungsvermögen des Dichters völlig abhängige Natur von ehedem zeigt sich in Zukunft in ihrer Unabhängigkeit. In den besten Gedichten der Droste – in der *Mergelgrube*, in den Gedichten *Im Moor, Tote Lerche* und *Im Grase* vor allem – wird dies evident.
Landschaft, Natur als Lebewesen, mit der Sprache ihrer Gebärden, Landschaft als „Fracht von leidenschaftlich Gemerktem" *(Friedrich Gundolf)* ist jetzt ins Gedicht überführt: als Libellenblitz, und als Kiebitzlaut, jedenfalls als sehnsuchtslos vorhandene und unberechenbar wirkende, als gegenwärtige Kraft. Die Euphorie der Genauigkeit als eines der Hauptmerkmale neuerer Naturlyrik des zwanzigsten Jahrhunderts ist an den penibelsten Stellen der Drosteschen Lyrik zum erstenmal vorhanden. Ein ähnlich euphorischer Zustand wird erst etwa hundert Jahre später in den verbalen Ekstasen der Langgässerschen Naturdichtung und Naturmagie wieder erreicht werden, jene anhaltende und gesteigerte Betäubung, die auch schon in den Strophen der Westfälin rauschähnliche Benommenheit aufkommen läßt:

„Süße Ruh, süßer Taumel im Gras,
Von des Krautes Arome umhaucht,
Tiefe Flut, tief tief trunkne Flut,

Wenn die Wolk am Azure verraucht,
Wenn mir aufs müde, schwimmende Haupt
Süßes Lachen gaukelt herab,
Liebe Stimme säuselt und träuft
Wie die Lindenblüt auf ein Grab."

In solchen Ausbrüchen des Gedichts handelt nicht mehr die dichterische Individualität, sondern bereits die sie umzingelnde Landschaft, die in die Individualität eingreift. Die Situation, das Verhältnis haben sich vollständig verschoben. Der Mensch ist nun in die Lage halber Abwehr, halben Gewährenlassens gedrängt, in jene süße und heftige Passivität, die kennzeichnend ist für ein Stadium des Vordringens von Natur im Gedicht, für jenes Wuchern und Umsichgreifen der Vegetation, die dann in Bert Brechts *Ballade von des Cortez Leuten* zur betroffenen und fabelhaften Erzählung wird:

„Die Äste wuchsen und vermehrten langsam
Das schreckliche Gewirr. Später, am Abend
Der dunkler war, weil oben Blattwerk wuchs
Sitzen sie schweigend, angstvoll und wie Affen
In ihren Käfigen, von Hunger matt.
Nachts wuchs das Astwerk ...
Erst gegen Morgen war das Zeug so dick
Daß sie sich nimmer sahen, bis sie starben."

Die magische Kraft, die vom naturhaften Detail in der Lyrik ausgeht, rührt von der Inständigkeit her, mit der nun das einzelne aus Flora und Fauna im Gedicht notiert wird. Die Droste bleibt mit einer solchen Fähigkeit in ihrem Jahrhundert allein. Es gibt keine Nachfolgeschaft, die, ähnlich wie sie, in der Poesie Schneisen in den grünen Dschungel ungebändigter Landschaft gelegt hat. Bei allen anderen Autoren bleibt die Szenerie von einer Ökonomie durchwaltet. Das gilt für Mörikes *Christrose* ebenso wie für Storms *Ritornelle* oder für sein *Abseits*-Gedicht mit seinem Rückzug in die Betulichkeit der Idylle. Immer wieder neigt auch weiterhin Natur, Landschaft im deutschen Gedicht dazu, unter den Händen der Dichter entweder zum Schnörkel oder zum Rasenstück zu werden.

Das „grüne Leben" im Gedicht („*Wie sind meine Finger so grün* / Blumen hab ich zerrissen", heißt es einmal bei Annette von Droste-Hülshoff) wird wieder unter Kontrolle gebracht. Das geschieht bei Conrad Ferdinand Meyer in seinen wie auf Goldgrund wiedergegebenen Naturstücken (*Nachtgeräusche, Im Spätboot, Die Veltlinertraube* u. a.) gewissermaßen noch elegant, mit dem Glanz des Aparten, führt aber in die Nähe von Zerstörung der „natürlichen" Landschaftserscheinung. Nach der poetischen Etikette ist bald danach bei George vieles herrisch zurechtgeschnitten worden. Es handelt sich um willentlich reduzierte Landschaft. Nach der Emanzipation von Natur im Droste-Gedicht erscheint bei Stefan George Landschaft als ein Rückfall in monotones Kulissenspiel. Bei Rainer Maria Rilke haben dessen Fragonardsche Delikatesse und seine ungemeine Reaktionsempfindlichkeit überhaupt nichts Vergleichbares aufkommen lassen, obwohl die von seiner empfänglichen Aufmerksamkeit durchsensibilisierte Landschaft gelegentlich leicht hysterische Merkmale erkennen läßt. Sie hat jedenfalls mit der Natur als chlorophyllgrüner Ungeheuerlichkeit und Menschen-Ferne nichts zu tun, wie sie dann die orthodoxe deutsche Naturlyrik zwischen 1930 und 1960 – vor allem Wilhelm Lehmann und Elisabeth Langgässer, gelegentlich auch Peter Huchel, Günter Eich und Heinz Piontek – praktizierten.

Die hochsensitiven *Milieustudien* der Rilkeschen *Neuen Gedichte* weichen einer Spiritualisierung der Landschaft aus. Die Natur-Einzelheit ist bei ihm nie ohne jene zärtliche atmosphärische Aura denkbar, die zur damaligen Zeit gehörte, während die weitaus pathetischeren Landschaften der Expressionisten Georg Heyms und Ernst Stadlers – wieder impulsivere Züge ins Landschaftsbild bringen. Feinere Gefahren lauerten den Natur-Gedichten Georg Trakls auf in Form einer Zersetzung von Landschaft durch psychische Widerfahrung, Auflösung von naturhafter Dinglichkeit und Dichte in einen durchsichtigen Bildreigen. Man greift durch sehr viele seiner Landschaften sozusagen hindurch wie durch eine andere Luft. Der verborgene geistliche Charakter der Trakl-Landschaft als einer „verzückten" Landschaft versetzt sie unversehens in die Nähe von Novalis und Brentano:

„Und die gelben Blumen des Herbstes
Neigen sich sprachlos über das blaue Antlitz des Teichs.
In roter Flamme verbrannte ein Baum, aufflattern mit dunklen Gesichtern die Fledermäuse."

Wie auch immer das Verhältnis des Menschen zur Natur im Gedicht seit 1750 anzusehen sein mag: es bewegt sich außerhalb jeder Vorstellung von Ausbeutung und Nutzbarmachung von „Anspruch" und „Herrschaft" von Technizität, selbst, wenn das Technische nicht übersehen ist (wie in den meisten, auch den neuesten Produktionen. Doch handelt es sich wohl weniger um ein Übersehen als vielmehr um ein unwillkürliches Nicht-Einbeziehen-Können oder -Wollen). Landschaft und ihre natürliche Gegebenheit, ihre Geschichte (auch und gerade als ein Teil der Human-Geschichte) nehmen sich im Gedicht gewiß nicht immer als „dazugehörig", als Selbstverständlichkeit aus. Aber wie weit das „Phänomen" Landschaft sich durchzusetzen vermocht hat, zeigt noch die gelegentliche Behandlung der Stadt (Berlins) als besonderer „Natur"körper (etwa bei Oskar Loerke). Die Großstadt wird unter Aspekten betrachtet und beschrieben, wie man sie von „draußen", vom Land her gewonnen hat. Es kommt dabei keineswegs zu einer Idyllisierung. Aber der Komplex Stadt wird dadurch gewissermaßen vegetativ erfaßt und angereichert. Er wird anders beatmet, könnte man sagen. Das Monstrum einer modernen Stadt wird zum „Wesen".
Die neuere Naturlyrik in ihrer Folgerichtigkeit hat eine Zeitlang den Menschen aus ihren Texten verbannt, als gehöre er nicht dazu, als wäre die Natur allein zu lassen und je sich selber überlassen gewesen, nicht vielmehr jeweils vom Menschen beeinflußt und be-heimatet worden, bewohnt, kultiviert und freilich auch verdorben und zerstört, verändert worden. Vielleicht ist gerade diese Darstellung von natura naturans möglich geworden vor dem Hintergrund eines drohenden Zugriffs – als eines Landschafts-Verhängnisses – durch die moderne Massen-Gesellschaft. Es wirkt zuweilen wie ein Nicht-Wahrhaben-Wollen (was nicht mit Blindheit zu verwechseln ist) von Schwierigkeiten, die unsere Zivilisation der Landschaft zugefügt hat.

Der Mensch tritt im Naturgedicht lehmannscher Prägung jedenfalls nie als „Konkurrenz" oder auch nur als ernstlich vorhanden auf. Er bleibt der Flüchtige vor der Konsistenz des Landschaftlichen mit ihrem immerwährenden Stoffwechsel, der Folge der Jahreszeiten, wie wir sie in unseren Klimaten kennen und mit der wir zu leben haben.
Es ist jenes lehmannsche „Auswandern" in die Naturwesen, die den Menschen allenfalls mitbestätigen: „Ich wanderte in die Wesen aus, / Sie litten mich traumeslang. / Dann riegelten sie das ängstliche Haus. / Wie Zikadenschaum / Vertrocknet der Traum – / Er dauert nur im Gesang."
Das „ängstliche Haus" ist dieses von Menschen „abgeschirmte" autonome Naturwesen, wie es sich das neue Naturgedicht bei uns immer wieder gefährlich einseitig einrichtete. Gefährlich deshalb, weil diese Rigorosität nicht „stimmen" konnte, auch literarisch nicht, von anderen Gesichtspunkten zu schweigen. Werfels „Die Welt fängt im Menschen an" war hier auf den Kopf gestellt. Die Welt begann und endete im orthodoxen Natur- und Landschaftsgedicht in einer durchaus menschenlosen Szenerie. Doch wie gesagt: man muß diese besondere „Stilisierung", die das Naturgedicht im Gedicht erfuhr, angesichts der unablässigen Urbanisierung von Natur und Landschaft, angesichts der urbanen Aggression sehen, wenn man – diesen Aspekt durchspielend – gewiß auch nicht gleich solch ein Landschaftspoem als Natur(schutz)text verstehen kann.
Die bis zur Auflösung der Person gehende Hingabe des Menschen an übermächtige und allein wichtige Natur wirkt heute schon wie ein Protest, wie eine Auflehnung gegen das, was dieser Natur in der gesellschaftlichen Wirklichkeit angetan wird. Die Darstellung der nur mit sich beschäftigten Natur im konsequent aufgefaßten Landschaftstext bei Lehmann und Elisabeth Langgässer erscheint unter anderem auch wie eine geheime Angst, ein geheimes Bescheidwissen des Lyrikers um die rasche und gründliche Zerstörbarkeit dieser absoluten Natur-Szenerie. In einem Lehmann-Gedicht *(Sonnenwende)* kann es heißen:

„Da schon die Rosenkrone fiel,
Die Ulmennuß, der Ahornstiel,
Nimmt sie ein Wind sich noch zum Spiel

Auf ihren letzten Wegen.
Mit Mottenleib und Fliegenrest
Hält sie der Spinnenfaden fest.
Die Hitze kocht den Spinnenstrick
Im überhellen Mittagslicht
So hell, daß mir das Auge bricht.
Er schlingt sich auch um mein Genick,
So will ich mich nicht regen.

Vom Spinnenfaden eingenäht,
Kann ich mich nicht mehr regen –
Und dem die Schönheit nichts genützt,
Von nichts als vom Gedicht geschützt
Auf allen meinen Wegen."

Es ist eines der Verhaltens-Musterbeispiele des Menschen im Gedicht der natura naturata: der Mensch als eine Art Relikt, als reduziertes Wesen, auf Kreatürlichkeit und kreatürliches Verhalten zurückgenommen. Der namenlose Einzelne geht ein in den Natur„leib". Kaum vorstellbar, daß diese Naturlyrik in Zeitgenossenschaft zu Brechts Äußerung steht, nach der „ein Gedicht über Bäume fast ein Verbrechen ist", eine poetische (und gewiß nicht lediglich poetische) Situation, die eine Generation später von Enzensberger variierend, anspielend wie folgt verändert wird: „Schlafen, Luftholen, Dichten: / das ist fast kein Verbrechen. / Ganz zu schweigen / von dem berühmten Gespräch über Bäume."
Der Mensch ist inzwischen im modernen Natur-Gedicht wieder zugelassen, auch von Autoren, die von der natur„magischen" Schule Lehmanns einmal beeinflußt waren. Eich, Piontek, auch Autoren wie Johannes Bobrowski haben ihn längst wieder eingeführt. Auch die gelegentlich ironisch behandelte und so auf Distanz gehaltene Landschaft im zeitgenössischen Gedicht hat nicht mehr das Problem der Menschenferne durchzustehen. Schließlich hat Bertolt Brecht, in späten Jahren noch, den gewiß unidyllischen, doch von einfachster Zuständlichkeit getragenen Natur-Ton im Gedicht aufgegriffen, eine Einstellung, die *mehr* bedeutet als jener, in dem Landschaft, Natur sozusagen nur nach moralischen Qualitäten gemessen bleiben. Landschaft

im Gedichttext kann auf diese Weise, nach solcher „Behandlungs"art geradezu erfrischt werden und schön wirken, schön durch menschliche Anwesenheit, von der keinerlei Worte gemacht werden:

„Später, im Herbst,
hausen in den Silberpappeln große Schwärme von Krähen.
Aber den ganzen Sommer durch höre ich,
da die Gegend vogellos ist,
nur Laute, von Menschen rührend.
Ich bin's zufrieden."

Daß – in solchem Zusammenhang gesehen – Paul Celans Befassung mit Natur und mit Landschaft im Grunde nichts anderes ist als der Ausdruck von Sprachlandschaft und Sprach-Topographie, ist erwähnenswert. Hier wird Natur-Raum dem Sprach-Raum einverleibt. Gedichte wie *Matière de Bretagne* oder *Entwurf einer Landschaft* (aus dem Bande „Sprachgitter") sind jedenfalls so zu deuten. Natur-Material wird zum Material celanschen Sprechens gemacht. Natur und Landschaft werden geradezu von diesem Vorgang angesogen. Solcher Sog zieht das „Außen" der naturhaften Gegebenheit in ein „Innen", in eben jenes spezifische celansche Sprechverhalten, das das Gedicht schließlich zum reinen Sprachkörper werden läßt. Für sein Naturverhältnis ist allein sein Sprachverhältnis maßgebend, das, was der Linguist Harald Weinrich ausgedrückt hat: „Wir befinden uns nicht mehr in der Dimension der planen Sprache (Sprache über Sachen, z. B. über Schnee), sondern der Meta-Sprache (Sprache über Sprache, z. B. über das Wort Schnee)." Man könnte überspitzt hierzu feststellen, daß sich bei Celan Natur eine besondere Art Ausbeutung gefallen lassen könnte: Ausbeutung durch Sprache. Dies ist nichts anderes als ein hochartistisches Verhältnis zum Gegenstand, der im Verlauf der Sprech-Prozedur gegenstandslos wird.
Es ist schwer zu sagen, wie heute ein Natur-, ein Landschaftsgedicht – angesichts von tiefgreifenden Veränderungen, die sich unsere alte, natürliche Umwelt gefallen lassen muß – auszusehen habe. Sicherlich kann ein wie immer

„nostalgisches“ Verhältnis zur Natur nicht in Frage kommen. Man muß differenzierter mit dem Problem im Gedicht sich auseinandersetzen. Man muß – finde ich – die Fakten, die Miseren, die Verhängnisse durchaus einbeziehen. Mit der „heilen“ Welt, dem chlorophyllgrünen Gegenbereich zum Zivilisations- und Technizitätsbereich hat das nichts zu tun. In einem Herbstgedicht – es heißt „Augenblick mit Jahreszeit“ – habe ich selber solches problematische (und offene) Verhältnis zur Sprache zu bringen versucht:

„Laß die Gardine wehn
ins Innere des Zimmers
und den Wind draußen
etwas näher kommen durch
staubiges Laub und aus dem
dünnen Himmel mit lauter
chemischen Flecken, vielleicht
Wolkenbildungen.
Jedenfalls ist September.
Der Herbst wird abgestaubt überall
in der schmutzigen Luft, die nun
ins Zimmer kommt als Windstoß
einen Augenblick, in der Zeitung
blättert und Briefe
in den Papierkorb schickt. Du kriegst den
Schluckauf nicht weg
vor Trockenheit. Du schmeckst nichts
als diesen Dreck vom letzten Sommer,
der still stand in Abgasen.
Du schließt das Fenster.
Aber es ist zu spät.“

In diesen Zeilen sollte das Risiko so gut es ging ausgesprochen werden, mit dem wir leben als Menschen, als Zeitgenossen, mit dem, was von Natur (gar im Sinne von Schöpfung) übriggeblieben ist, mit dem, was hier auch Widerstand leistet, mit dem, was möglicherweise zu verhindern wäre. Der Gedichttext muß das offen lassen, wie er sich zuvor für das Problem öffnete, wie er mit Landschaftszerstörung und Luftverschmutzung thematisch sich eingelassen hatte, so ruhig wie möglich. Das Gedicht bietet weder Zuflucht noch Ausweg an. Es weist hin. Es möchte nichts übersehen. Natur und Mensch stehen auch im Gedicht in keinem „schönen“ Verhältnis mehr, schon gar nicht mehr in einer arkadischen Beziehung. Aber vielleicht ist doch momentan etwas wünschbar, das in einem anderen Text („Landschaftsgedicht“) von mir wie folgt ausgedrückt ist:

> „Es wird sehr schön sein, wenn Lippen
> Landschaft als Sprechblase bilden.
> Sie steht in der Luft und vorübergehend
> wird dir schwach vor Augen,
> bis man sich seines Zustands schämt
> mitten in passiver Natur,
> die alles aushält.“

Das Gedicht – als ein von seinem Autor genau abgemessener und organisierter Sprachkörper – hat nie die Absicht haben können, sich mit Musik messen zu wollen, die von vornherein anders strukturiert und dementsprechend von demjenigen, der Musik schreibt, in ihrem Ablauf anders organisiert ist. Die Annäherungen, die es zu geben scheint und die es zweifellos gibt, die Übereinstimmungen, das, was Baudelaire „Correspondances" im gleichnamigen Gedicht genannt hat: solche Vergleichungen bleiben im Grunde trügerisch. Sie verführen zu Fehl-Einschätzungen und Fehlschlüssen. Die konsequenten Literaten – etwa ein Dichter wie Stefan George – die eine abweisende Haltung gegenüber Musik eingenommen haben, waren in ihrer Folgerichtigkeit mit einem Sinn für das Andersartige des einen und des anderen ausgestattet. Das Gedicht, das sich thematisch der Musik zuwendet, das gar – wie dies gelegentlich geschieht (so in Gottfried Benns *Chopin*-Porträt) – Musik nachzuzeichnen beginnt, erreicht rasch erkennbar die Grenze seiner Ausdrucksmöglichkeiten, die ihm bei solcher Absicht gegeben sind. Es erreicht in jedem Fall „Atmosphäre". Es nähert sich dem Phänomen Musik. Aber da es verbal diese Musik anders organisiert und damit realisiert als dies tonal geschieht, bleibt ein nicht zu überwindendes Hindernis.
Gewiß haben manche – am deutlichsten unter den modernen Lyrikern Paul Celan – ihre Texte musikalisch, nach musikalischen Prinzipien angelegt. Celans *Todesfuge* ist hierfür ein hervorragendes Beispiel und gibt ein Muster, wie weit hier Realisationen gehen können. Wenn Celan von „Engführung" spricht und einen Zyklus von Gedichten so benennt, so ist die Absicht, der „Vergleich" evident. Aber natürlich bleiben auch solche Gedichte Gedichte, das heißt verbale Körper, verbal „instrumentierte" Gebilde. Man kann im Gedicht Komponisten porträtieren, wie im Fall Benn nicht nur gegenüber Chopin, sondern auch im Hinblick auf Robert Schumann geschehen ist, wie bei Johannes Bobrowski in Hinsicht auf Buxtehude oder bei Eckart Klessmann gegenüber dem Elisabethaner John Dowland. Doch ergibt das graphisch-atmosphärische, umrißhafte Abbildungen, Widerspiegelungen: – nicht *mehr*.

In einer kleinen Studie – *Paul Valéry in der Ecole Normale* – kommt Walter Benjamin unversehens auf das Verhältnis von Gedicht und Musik, von ganz bestimmter Sprachführung und Sprachanwendung und anderer Strukturierung von Musik zu sprechen. Er erinnert an die Wirkung der großen Ouvertüren Richard Wagners in den sonntäglichen Concerts Lamoureux in den Pariser Champs Elysées auf die französische Dichtung, speziell auf das Gedicht, und er fährt fort: „Was können jemals wir – die Literaten – zustande bringen, das daneben aufkommt? So klang die große Tannhäuser Besprechung Baudelaires in einem jüngeren Dichtergeschlecht verzweifelt nach. Musik hat Töne, Tonleiter und Tonart: sie kann bauen. Was ist dagegen in der Dichtung Konstruktion? Fast immer simples Umspielen des logischen Aufbaus. Die Symbolisten versuchten sprachphonetisch die Konstruktion von Symphonien nachzubilden. Und nachdem Mallarmé die Meisterwerke dieses Stils gelungen sind, geht er einen Schritt weiter. Er zieht die Schrift zur Konkurrenz mit Musik heran. Dann führt er eines Tages Valéry als ersten vor das Manuskript des *Coup de dés.* ‚Sehn Sie es an und sagen Sie, ob ich verrückt bin.'"
Der Vorgang ist symptomatisch. Er ist ein Beispiel für das Verzweifelte, was an Vergleichungen, Annäherungen zwischen Gedicht und Musik liegt, für das Mißverständliche zugleich. Durch eine gewisse, wenn auch im Falle Mallarmés noch so vollkommen erscheinende musikalische Mimikry ist das musikalische Wesen nicht erreicht, geschweige umgesetzt. Ein „Transport" des einen in das andere findet nicht statt, wird nie stattfinden. Nach Mallarmé hat es nicht wenig phonetische Lyrik gegeben. Sie reicht von Dada bis zu Ernst Jandls Lautgedichten heute, von Kurt Schwitters bis zu den immer leicht clownisch wirkenden Akrobatentexten einer bestimmten „poésie concrète", die materiell – vom Laut her – weit vordringt, aber dennoch den von mir eben so genannten Transport nicht vollziehen kann.
Es ist übrigens auffällig, wie im französischen Gedicht, mindestens seit Baudelaire, Musik als Gegenstand vom Lyriker *nicht* aufgesucht wird, von wenigen Ausnahmen abgesehen, trotz Verlaines „Musik, Musik, vor allen Dingen". Verlaine zerstäubte gewissermaßen Elemente der Musik, musikalische Elementarteilchen, Spurenelemente in seinen

Lied-Gedichten. Aber Cantabilität – einen Gedichttext lang durchgehalten – heißt noch nicht, diesen Text in Vergleich zu Musik gebracht haben. Es gibt die schönsten, schmelzendsten verbalen Cantilenen, die nichts mit Musik zu tun haben. Rimbaud wiederum hat einen anderen Zugang – und damit einen möglichen Ausweg – sich zur Musik geschaffen, so in seinem eher burlesken Stück *A la Musique:* Musik als Promenaden-Vorgang, als Zulauf-Ereignis, als Schaustellung, als geselliges und meinetwegen gesellschaftliches Geschehen, ohne eigentlichen *musikalischen* Ereignis-Charakter. Derartige burleske Beziehungen des Gedichts zum Schauspiel Musik finden sich häufig, im deutschen Gedicht in Franz Werfels Persiflagen *Große Oper* oder *Konzert einer Klavierlehrerin,* anders, nicht ohne listiges Raffinement, bei Liliencron in seinem bekannten Gedicht *Die Musik kommt.* Doch die Wirkungen einer vorüberziehenden Militärmusik, vom Gedicht in ihrer Komik mit momentanem Witz aufgefangen, haben nicht jenen „Korrespondenzen"-Charakter, von dem hier gesprochen werden soll. Der burleske Aspekt ist noch im „Ständchen" zu finden, das immer wieder Gegenstand von Gedichten geworden ist. Er reicht von Abraham a Santa Claras *Nachtmusikanten* bis zum Aufzug und Auszug von Guillaume Apollinaires *Der Musikant von Saint Merry* oder bis zur Komik-Szene in Alfred Lichtensteins *Das Konzert.*

Das aufschlußreiche Fehlen der Musik im französischen Gedicht des neunzehnten und zwanzigsten Jahrhunderts – trotz solcher Ausnahmen wie René Chars *Sterbliche Scherben und Mozart* oder Pierre Jean Jouves kurzem Text *Gregorianisch,* um zwei Gegenbeispiele zu nennen – ist doch wohl Ausdruck für eine ganz bestimmte Situation, eine unvergleichbare Lage, in der das eine zur anderen steht, eine Lage, die nicht einmal – wie im deutschen Gedicht – „Nachklänge", verbale Nachzeichnungen zu musikalischen Ereignissen ermöglicht, wie man sie etwa aus Clemens Brentanos *Nachklängen Beethovenscher Musik* kennt, und wie sie noch – vom selben Gegenstand her aufgegriffen – bei einem Zeitgenossen, in Hans Egon Holthusens Gedicht *Beethoven, im Rundfunk gehört* wirksam wird. Es ist das Gefühl für Grenze, Gefühl für das im Grunde nicht Umsetzbare der einen Materialität in die andere. Was möglich ist, ist das „Aufsaugen“ von atmosphärischen Elementen, aber nicht die Transportierung von Strukturen, vom „Bau“ der Töne, Tonleiter und Tonarten, von denen Benjamin sprach.

Das Aufsaugen von musikalischen Elementarteilchen gleichsam ist dagegen in manchen Gedichten erreicht, sei es ganz allgemein auf Musik angewendet, sei es auf die Wirkung bestimmter Instrumente, obwohl auch bei ihnen die Handhabung des Lyrikers, je nach Temperament, literargeschichtlicher Situation eine durchaus andere sein kann. Ein Gedicht wie Georg Trakls eschatologisches Gedicht *Trompeten*, mit seinem am Schluß fast schrillen „Endzeit“-Charakter, unterscheidet sich radikal von einem Text wie beispielsweise Theodor Däublers panisch-atmosphärischem *Dudelsack*, einem äußerst expressiven Gedicht gleichwohl, wie das Trakl-Gedicht expressiv bis zum Schrillen zu nennen ist. Ein Text wie Rilkes Gedicht *Die Laute* aus seinen *Neuen Gedichten* – ein Text von graziöser Affektation, graziöser Übertreibung und Überspiegelung – wird zum Pretiosum Rilkescher Innerlichkeit:

„Ich bin die Laute. Willst du meinen Leib
beschreiben, seine schön gewölbten Streifen:
sprich so, als sprächest du von einer reifen
gewölbten Feige, Übertreib
das Dunkel, das du in mir siehst.
... Zuweilen nahm
sie etwas Klang von meiner Oberfläche
in ihr Gesicht und sang zu mir.
Dann spannte ich mich gegen ihre Schwäche,
und endlich war mein Inneres in ihr.“

Dieser Austausch von Instrumenten-Wesen mit dem Wesen dichterischer Individualität hat Intimität ohne Diskretion gegenüber dem musikalischen Element, das hier nutzbar, dienstbar gemacht und einer literarischen Sensibilität beinahe geopfert wird. Vom Lauten-Charakter bleibt nicht viel übrig. Dennoch ist solche Intimität eine Beziehungs-Brücke zwischen dem Lyrischen und dem Musikalischen, zwischen Sprache und Musik, ihrer entschiedenen Verschiedenartigkeit, die durch das Gedicht schließlich nicht

„überbrückt" wird oder doch nur auf Widerruf, wie in später aufzuführenden Beispielen.

„Musik ist sprachähnlich", sagt Theodor W. Adorno, in seinem *Fragment über Musik und Sprache* und fährt fort: „Begriffe wie die des musikalischen Idioms, des musikalischen Tonfalls sind keine Metaphern. Aber Musik ist nicht Sprache. Ihre Sprachähnlichkeit weist den Weg ins Innere, aber auch ins Vage." Adorno sieht in seinem Aufsatz das Vergleichbare neben dem Unvergleichbaren, wenn er davon spricht, daß Musik auf eine intentionslose Sprache ziele und vorher formuliert: „Gegenüber der meinenden Sprache ist Musik Sprache nur als eine von ganz anderem Typus." – Umgekehrt haben manche Lyriker, und nicht die schlechtesten, Sprache – mit Adorno zu reden – als eine Musik von ganz anderem Typus empfunden und behandelt. Die Verlainesche Forderung wurde hier zitiert. Sie war für einige Zeit so etwas wie lyrisch-musikalisches Programm des Symbolismus, ohne daß recht eigentlich Musik „zur Sprache gebracht" wurde, zum Thema, zum Gegenstand ausdrücklicher Auseinandersetzung. Die über französische Gedichte verteilte Musik, ihre musikalische Mitprägung, die nicht ausdrücklich wird, reicht, bei Verlaine kulminierend, bis hin zum Surrealismus. Ein so musikalischer Autor wie Apollinaire bringt dennoch ausdrücklich Musik *nicht* zur Sprache, es sei denn, im erwähnten „Cortège", dem Aufzug des *Musikanten von Saint Merry.*

Die über ein Gedicht verteilte, durch Musik bedingte, vollkommen intentionierte musikalische Verbalität hat man selbstverständlich überall in der Weltlyrik. Eines der bedeutendsten Beispiele bleibt Nietzsches „Venedig"-Gedicht:

„Goldener Tropfen quolls
Über die zitternde Fläche weg.
Gondeln, Lichter, Musik –
Trunken schwamm's in die Dämm'rung hinaus ..."

Das wirkt heute eher wagnerisch influenziert als etwa von Hugo Wolfs *Italienischer Serenade* belebt, die Nietzsche so hoch einschätzte, wegen der ihr innewohnenden Mediterraneität, eben wegen des Gitarrengeklimpers, der gezupften Klarheit des musikalischen Konturs. Es ist eines der Beispiele für im Gedicht atmosphärisierte und zerstäubte Musik. Wie man sie ein paar Jahrzehnte danach in Gedichten Trakls wie *Musik im Mirabell* und im *Kleinen Konzert* wiederfindet, in denen von Musik „nicht die Rede“ oder nur wie nebenbei die Rede ist, kaum der Erwähnung wert und gleichwohl ein Text, durchinspiriert von musikalischem Empfinden, „Nachklänge“ an anonymes musikalisches Wesen, akustisches Reizelement: – nicht mehr, nicht weniger. – „Das Ohr hört nachts Sonatenklänge“, schließt *Musik im Mirabell.* Aber auf diese Schlußzeile scheint – von der Intention her – das ganze vorangegangene Gedicht angelegt. Es fügt sich auf dieses akustische Erlebnis hin zueinander, Zeile um Zeile. Ganz ähnlich organisiert ist das „Kleine Konzert“. Auch in ihm wird die musikalische Beziehung erst am Schluß in zwei dekorativen Zeilen freigegeben und zugegeben: „Im Hader dunkler Stimmen starben, / Narziß im Endakkord von Flöten.“

Solche Gedichttexte wie hier die Traklschen, die nichts als allgemeine musikalische Influenz wiedergeben und dem Leser zugestehen – wie vor ihm ein so musikalischer Lyriker wie Clemens Brentano – haben durchweg die größere Chance, die Einwirkung von Musik auf das Literarische adäquat umzusetzen. Sie bleiben allgemein. Sie haben damit Distanz und haben Diskretion gegenüber dem anderen Medium, den anderen phänomenologischen und strukturellen Voraussetzungen und Realisationsmöglichkeiten. Auch der momentane Aspekt, den ein Gedicht zur Musik gewinnt (um ihn dann möglicherweise bald wieder aufzugeben), diese gleichsam etüdenhafte Beziehung von Gedicht und Musik, scheint gerade dank ihrer Augenblickshaftigkeit verbindlicher als die konkreten, bestimmte Musik und bestimmte Musiker oder bestimmte Instrumente meinenden literarischen Texte.

Die aus dem Milieu, aus der Atmosphäre geradezu destillierte Augenblicks-„Erscheinung“ Musik wird im kürzesten Geschehen unter Umständen glaubwürdig, und zwar deshalb, weil bei aller Kürze Musik-Wesen mit in Erscheinung tritt: Durchsichtigkeit. Die „Ungeduld nach einer Wirklichkeit“, Musik geheißen, wird in Rilkes *Übung am Klavier* unverkennbar aufgezeigt. Sie wird für einen Moment aufgedeckt und wieder fallen gelassen, nicht ohne mondäne und leicht morbide Launenhaftigkeit, die Musik sich auf diese Weise im Rilke-Gedicht gefallen lassen muß:

„Der Sommer summt. Der Nachmittag macht müde.
Sie atmete verwirrt ihr frisches Kleid
und legte in die triftige Etüde
die Ungeduld nach einer Wirklichkeit,
die kommen konnte morgen, heute abend,
die vielleicht da war, die man nur verbarg.
Und vor den Fenstern, hoch und alles habend,
empfand sie plötzlich den verwöhnten Park.
Da brach sie ab. Schaute hinaus, verschränkte
die Hände, wünschte sich ein langes Buch
und schob auf einmal den Jasmingeruch
erzürnt zurück. Sie fand, daß er sie kränkte."

Der Einfall – in einem weiten Verstande –, der es im Gedichttext hier, kapriziös genug, zur Musikbeziehung, Musikausübung kommen läßt, ist gerade in seiner Zufälligkeit, in dem, was er zu wünschen übrigläßt, von einer Verbindlichkeit ohne Anstrengung, ohne deklamative Gestik, ohne Zuviel an literarischer Zutat, an dem die meisten Gedichte leiden, die der Musik gelten. Noch im ärgerlichen Vorgang von Flüchtigkeit, wie im Rilketext, hat man einen Musikbereich dem Wort abgewonnen, der in anspruchsvolleren lyrischen Texten verkannt oder verzerrt werden kann, wie in den verschiedenen Gedichten Oskar Loerkes, die der Musik gelten und gerade in seinem Falle schmerzlich sind, denn wir haben in einem Autor wie Loerke sonst einen Glücksfall zu sehen: ein Gedichteschreiber ist zugleich Musiksachverständiger, ausübender Musiker, Musiktheoretiker. So stark die Beziehungen deutscher Lyriker – wie etwa Lenaus – zur Musik, auch zur Musikausübung sind, so treffen doch in der Person Loerkes verschiedene Voraussetzungen aufeinander, die ideal sind. Und seine Gedichte, die von Musik handeln?
Die Fülle fällt auf, wobei es am Rande liegende Texte gibt wie *Klarinettenadagio von Mozart im Kurhaus-Garten,* ein spätes, sehr schwaches Loerke-Gedicht. Durch sein ganzes lyrisches Werk zieht sich indessen die Beschäftigung mit Bach und Bruckner. Man hat den Eindruck, daß noch allgemein

gehaltene Gedichte wie *Der Sinn einer Musik* oder *Fuge* von diesen beiden Namen her angesehen werden müßten. Im einzelnen gibt es bei Loerke ein frühes Gedicht *Aus Bruckners Musik,* dann *Johann Sebastian Bach spielt Orgel bei Nacht,* sowie *Nach einer Orgelmusik Johann Sebastian Bachs,* ferner *Widmung zu den kleinen Tanzstücken Johann Sebastian Bachs* und *Das unsichtbare Reich Johann Sebastian Bachs – 4 Widmungen.* Ferner hat man von Loerke noch ein charakteristisches Orgelgedicht. Nur ein jüngerer Zeitgenosse – Georg Britting – hat der Orgel soviel Aufmerksamkeit gewidmet im *Tod als Orgelspieler* oder auch in seinem *Himmlischen Konzert.*
Man muß einen Text wie Loerkes *Aus Bruckners Musik* hören, um die ganze Schwierigkeit, ja die ganze Unmöglichkeit des Transports vom einen in das andere Medium zu erkennen, auch wenn man berücksichtigt, daß die Interpretation einer Musik durch das Gedicht, wie sie hier versucht ist, zeitbedingt ist, und im Falle Loerkes von den eigenen Bruckner-Vorstellungen wie den Bruckner-Interpretationen der zwanziger Jahre beeinflußt bleibt, die bereits auf gewisse bombastische Verzerrungen dieses großen Musikers in den dreißiger Jahren hinzuweisen scheinen. Es ist – bei Einbeziehung des einen Phänomens, Musik, in ein anderes, literarische Sprache des Gedichts – offenbar eine Überziehung des Verhältnisses sogleich mitgegeben. Bruckners Musik wird bei Loerke im Gedicht wie folgt verwandelt:

„Ein großer Geist und seines Geistes Engel
Geht durch die Welt mit heißem Weihrauchsprengel.
Der streut uns aus auf Wüstes oder Alm,
Da wachsen wir, jeder ein Wölkchen Qualm,
Das sich ein wenig wiegt und dann erstickt,
Drei oder vier Gewinde aufwärts schickt.
Und diese Bulgen, die prophetisch wanken,
Sind unsres Seins erschöpfende Gedanken,
Nicht mehr als drei und vier, damit sie werden
Der Lebensseele mächtige Gebärden.
Der tiefste Ring gefüllt, doch dumpf und klein,
Der höchste blau und scheinend, leicht und rein.
O, wenigen Gedanken leben wir,
Wer hundert dachte, dacht nicht mehr als vier,
Wer tausend dachte, fand nicht mehr als drei,

Der alles denkt, dem fällt nur einer bei:
Gott weiß nur einen Stern und einen Baum,
Und einen Ozean und einen Raum,
Der Baum und Meer und Stern wie nichts verschlingt,
Als Wirbel Lebens aus sich selber dringt."

Die Inbrunst, verbal geworden, ist sofort maßlos überstei-gert, wird deklamativ und endet in einem Ton undurchschaubarer Metaphysik, die ohne Kongruenz zum großen organischen wie organisierten Bau der Brucknerschen Symphonik ist. Statt das Medium der Bruckner-Symphonik durchsichtig zu machen, wird sie durch expressive Wortgebärde verdunkelt und damit verdorben. Das mutet tragisch an, wenn man bedenkt, wie genau Loerke seinen Bruckner zu kennen meinte und wohl auch kannte, nach dem Geschmack der Zeit, nach der musiktheoretischen Kommentatorik mancher Interpreten des Wortes wie des Taktstocks. Der „qualmige", mystifikatorisch verdorbene Bruckner des Nationalsozialismus ist – sicherlich völlig unbewußt – in solchen lyrischen Texturen vorbereitet. Ähnliches gilt für die Vorstellungen Loerkes von der Bachschen Orgelwelt. Ein expressiver Orgiasmus bemächtigt sich eines musikalischen Materials, das *eines* nicht vertragen kann: Geste, Pathos, zu starke emotionale Aufladung, Überschwang, der in Schwulst überkippt. Wüßte man nichts von der Kennerschaft des Lyrikers Loerke, so wäre man versucht, von krassem Mißverständnis und von Dilettantismus zu sprechen. Dies ist indessen nicht möglich, und die Gedichte – von denen hier eines herausgegriffen wurde – sind nur Beispiele für das Ausmaß der Schwierigkeit, die beim Umgang von Gedicht und Musik zu beobachten sind, und die schließlich struktureller, medien-materieller Natur sind.
Adornos Formulierung – leicht abgewandelt – kommt wiederum in den Sinn: Musik ist nicht Sprache. Ihre Sprachähnlichkeit weist den Weg ins Innere, ins Vage. Wer Musik wörtlich als Sprache nimmt – und hier wäre zu ergänzen: übernimmt –, den führt sie irre. Es gibt viele Beispiele für Irreführungen der Sprache durch musikalische Modelle, durch das, was einzelne Musik oder Musik insgesamt beim Lyriker auslöste: das Vage, das Ungefähre, das – könnte

man meinen – was mit Partitur nichts zu tun hat, nichts mit der Sichtbarwerdung eines Phänomens, des musikalischen Geistes, nichts mit der Durchdringung mit Hilfe von Ordnung. Denn Musik ist ein Ordnungsfaktor innerhalb der Künste. Sie hat in weit höherem Maße Mathematizität als die Poesie, als das Wort allgemein, das so oder so geleitete Wort, samt seiner Ableitungen und der Skala seiner Äußerungsmöglichkeiten. – Hölderlins „Darum ist der Güter Gefährlichstes, die Sprache, dem Menschen gegeben ..., damit er zeuge, was er sei“, kommt in Erinnerung. Gemeint ist die Labilitäts- und damit die verbale Gefährdungshöhe des Literarischen. Die Grenzen des Umsetzbaren, insgesamt gegenüber der anderen medialen „Zeugnis“leistung, dem Musikalischen. Das rationelle Inventar, das *auch* zur Musik gehört, kommt – wenn Musik an Dichtung gerät – oft zu kurz.
Ein anderes Beispiel: Schumanns Musik, Gedicht geworden bei Gottfried Benn:

„Wie bist du darauf gekommen,
wie kamen die Töne dir bei,
wo aufgestiegen, erglommen
F-dur, die Träumerei?

War es die Frühe, die leere,
in der die Träume vergehn,
oder war es die Nacht, die schwere,
in der die Träume geschehn?

Waren Stunden, tränenerhebende,
oder Stunden des Glückes dein –
eine alles-zusammen-erlebende
muß es gewesen sein,

noch heute sendet sie Streifen
aus Einst und Immer und Nie,
wenn wir ans Radio greifen
F-dur – die Reverie.“

Ein Zeugnis von bestürzender Peinlichkeit, der auch die liedhafte Schwebung, die labile, verbale Reimlockung nichts von ihrer Fatalität nimmt, abgesehen von jener „Träumerei“, auf die hier Robert Schumann reduziert wird. Das alles ist ein Exempel, wie aus einem leichten, improvisierten, etüdenhaften musikalischen Stoff, einem Impromptu, wenn auch schon nicht mehr im Sinne Schuberts, eine verbale Schnulze werden kann, noch dazu unter der Feder, unter der begrenzten musikalischen Wertmaßstabs-Bekundung eines Musikliebhabers, der zudem ein bedeutender deutscher Lyriker dieses Jahrhunderts war.

Die Musiker – so muß man meinen – haben mit den Dichtern mehr Glück und Gelingen gehabt. Man muß nicht an zwei so verschiedenartige musikalische Temperamente wie Claude Debussy bei der Übernahme des Mallarmé-Stoffes *L'après-midi d'un faune* und wie Paul Dukas bei der Verwendung der Goetheschen Ballade vom *Zauberlehrling* erinnern, die in der Nachbarschaft der Musikgeschichte stehen. Die Lyriker, wenn sie Musik dichten, haben sich allenfalls von Musik „bestürzen“ lassen, wie Rilke im späten Fragment es auffaßt. Von ihm ist intelligent und sensibel als Schock aufgefaßt, was zur Überwindung von Bestürzung dienlich sein könnte: Musizieren im Sinne der Italiener und Franzosen des achtzehnten Jahrhunderts, von den beiden Scarlattis bis hin zu Rossinis Sonaten, zu Bellini- und Paisiello-Konzerten, zu schweigen von François Couperin, von Jean Marie Leclair und Bodin de Boismortier, auch von gewissen Musiken der deutschen Vorklassik. Rational und elegant, kokett und überlegen organisierte Musik, unter anderem. Durchsichtige Musik. Musik als Konversation, äußerst intelligent und durchsensibilisiert, ohne das Augenzwinkern der Sentimentalität.

Rainer Maria Rilke hat – dank seiner ungemeinen Sensibilität – schließlich unter den deutschen Lyrikern des Jahrhunderts wie kein anderer die Umsatz-Möglichkeiten von Musik in den Wortausdruck, ins Wortbild durchgeführt. Es gibt eigentlich nur zwei Beispiele aus der Spätzeit: einmal das schon erwähnte Fragment, danach *Musik. Atem der Statuen,* auch dies ein offenes, in sich fragmenthaftes Gebilde, fortsetzungsfähig, voller „offener“ Möglichkeiten. Während das erste noch zu sehr die emotionale Wirkung des anderen Mediums zeigt, wird das zweite Gedicht dringlich in anderer, intellektueller Richtung, in Richtung einer ebenso intelligiblen wie hochkarätig poetischen Transportierung von Musik in den Bereich dichterischer Sprache. Zunächst der Anfang vom ersten Rilke-Fragment:

> „Bestürz mich, Musik, mit rhythmischem Zürnen!
> Hoher Vorwurf, dicht vor dem Herzen erhoben,
> das nicht so wogend empfand, das sich schonte.
> Mein Herz: da:
> sieh deine Herrlichkeit. Hast du fast immer Genüge,
> minder zu schweigen? Aber die Wölbungen warten,
> die obersten, daß du sie füllst mit orgelndem
> Andrang ..."

Und das wichtigere zweite Fragment danach:

> „Musik: Atem der Statuen, vielleicht:
> Stille der Bilder. Du Sprache, wo Sprachen enden,
> du Zeit,
> die senkrecht steht auf der Richtung vergehender
> Herzen
> Gefühle zu wem? O du, der Gefühle
> Wandlung in was?: in hörbare Landschaft.
> Du Fremde: Musik. Du uns entwachsener
> Herzraum. Innigstes unser, das, uns übersteigend,
> hinausdrängt –, heiliger Abschied:
> da uns das Innre umsteht
> als geübteste Ferne, als andre
> Seite der Luft,
> rein,
> riesig,
> nicht mehr bewohnbar."

In diesem Gedicht – so scheint es – ist endlich die richtige Proportion erkennbar und angemessen formuliert, literarisch formuliert, lyrisch formuliert. Die rationale Proportion, die das Augenöffnen, nicht das Augenschließen beim Musikhören lehrt, wird zur Darstellung gebracht und zugleich in die richtige Stellung im empfindlichen, mißverständlichen Koordinatensystem von Gedicht und Musik: vertikal zur Emotion, zur „Richtung vergehender Herzen" senkrecht. Musik als statuarischer Umriß, als Klarheit wie in

Gedichten Valérys und Jorge Guilléns, die *nicht* von Musik handeln, aber Musik sind, hergestellt auf vergleichbare Weise wie Musik in Mallarmés *Coup de dés* fixiert worden ist, hermetische Sprache, aber vergleichbar der Graphik bestimmter Musik-Partituren. Sprache durchsichtig werden lassen, indem sie sich der Musik nähert, ohne zu übernehmen, was Musik zur Musik macht, einer mathematischen Gleichniskunst, unter anderem, markiert durch so kalkulierte und kalkulierbare Größen wie Couperin, auf den sich die französische Musik in der Erholung von Richard Wagner und seiner Folgen im Lande besann: jene „musiciens françaises" von sensitivster Klarheit der Struktur: Claude Debussy und Maurice Ravel bis hin zu Jean Françaix, Musik als Einfallskunst der Intelligenz wie bei Eric Satie. – Mussorgsky – weiß Jean Cocteau zu berichten – sagte kurz vor seinem Tode: „Die Kunst von morgen werden die Statuen sein, die sich bewegen." Das erinnert merkwürdig an Rilkes Musikbild vom „Atem der Statuen" und von der „Stille der Bilder". Aber schließlich will das alles dazu beitragen, um die Vorurteile, die Schwierigkeiten, die Barrieren abzutragen, die sich im Verhältnis von Wort und Ton, von Metapher und „en blanc et noir" seit je einstellten. Die Lyriker haben zu lange Musik bei geschlossenen Augen gehört.

Das Problem des langen und des kurzen Gedichts – heute

Daß die Frage nach der Länge oder der Kürze eines Gedichts, überhaupt nach seinem Umfang, heute wieder gestellt wird, deutet auf eine veränderte Lage in der Diskussion um dieses Gedicht, zunächst bei uns in Deutschland, hin. Diese Frage wäre vermutlich noch vor wenigen Jahren nicht aufgekommen. Sie scheint mir, von der damaligen Situation her, noch nachträglich absurd. Es gehört zu der ja auch schon seinerzeit bemerkten sehr raschen Entwicklung, in der die zeitgenössische Lyrik steht, mit allen ihren Konsequenzen, ihren erheblichen Abnutzungserscheinungen, ihren Überreizungen, wenn ich so sagen soll, daß sie die einzelnen Entwicklungsphasen übertrieben schnell hinter sich bringt. Sie durchjagt sie gleichsam. Und während einer solchen Jagd durch ihre Äußerungsmöglichkeiten verliert sie beinahe alles, was zu einer ruhigen Entfaltung gewonnener Ausdrucksbereicherung oder – bescheidener ausgedrückt – Ausdrucksveränderung führt.

Was auf diese Weise entsteht, ist nicht nur Unsicherheit: – ich könnte mir, zu keiner Zeit, ein Gedicht vorstellen, das seiner „sicher" ist. Es ist vielmehr eine weiter reichende Irritation, die zuweilen zur Verstörung, zur offenkundigen Ratlosigkeit zu werden droht, die sogleich alle jene begreiflichen und gefährlichen Folgen nach sich zieht, die verdeckt im Leben des Gedichts von jeher angelegt sind: die Nutzung zur Fähigkeit der Selbstwiderlegung, zur Selbstaufhebung.

Lyrik bewegt sich seit längerem schon in der von mir auch früher schon dargelegten Zone von Suizid oder von Salto oder doch von verbaler Zersetzung. Die Anfälligkeit ist enorm. Sie ist möglicherweise nicht mehr im gleichen Maße gegeben wie vor einiger Zeit. Die Frage nach der Problematik von Länge und Kürze im einzelnen lyrischen Text ist eines der Anzeichen, daß man weiter gekommen ist, daß man haltgemacht hat, daß sich eine rückläufige Bewegung abzeichnet. Die Frage kam von Walter Höllerer. Ihr voraus gegangen war – ebenfalls von Höllerer, gleichzeitig von mir in einem Referat anläßlich des Poetiklektorats an der Universität München im Sommer 1964 vorgetragen – die Frage

nach einer neuen Lyrik des – wie Höllerer es ausdrückte – „taste and see", nach der Lyrik einer neuen, vorsichtigen Sinnfälligkeit oder doch Sinnfügung, einer Lyrik schließlich, die sich auf einer Rückkehr aus dem vielberedeten Schweigen befand.
Das Stichwort zu meinen heutigen Ausführungen liefert eben jene zu erkennende, vorsichtig sich markierende Wahrnehmungsfähigkeit im Gedicht: eine wiedergewonnene Wahrnehmungskraft, freilich ohne Wahrnehmungsfülle, ohne jede rabiate Sinnfälligkeit. – Nun haben einige unserer bedeutendsten Lyriker den bis zur Sinn-Skelettierung gehenden Reduktionsvorgang im Gedicht nicht mitgemacht. Bei Celan gibt es bekanntlich Sinn-Verschattungen, Sinn-Verdünnungen. Es ist ein Bereich, aus dem sich Paul Celan in der „Niemandsrose", seinem letzten Gedichtband, schon wieder fortzubegeben versucht.
Von Günter Eich stammt die Bemerkung: „Ich schreibe Gedichte, um mich in der Wirklichkeit zu orientieren." Diese Gelegenheit ist ihm im Gedicht gegeben, und von dieser notwendigen Gedicht-Gelegenheit, vom Gebrauchsgedicht als einem „Gelegenheitsgedicht" hat ebenso Günter Grass seine Vorstellungen vom Gedicht genommen. – Nun ist Eichs „Wirklichkeit" gleichfalls keine sich im Gedicht einstellende grobe Sinnfälligkeit. Er ist mit dem, was er schreibt, ganz selbstverständlich in der Nähe einer Lyrik des Hörens, Sehens, Schmeckens und Ertastens, die Höllerer zu erkennen glaubt. Ich muß in diesem Zusammenhang noch Peter Rühmkorf zitieren, der feststellt, das Gedicht sei heute „gefeit durch Ungläubigkeit" – und – wichtiger – es sei „Gedicht in Parenthese, Parodie: Reinfall des Widerspruchs: Vorüberlied und Dennochlied in einem."
Das Gedicht nach der Rückkehr aus dem Schweigen, zu dem es sich selber und zu dem es die Poeten verurteilten – ist aber weitgehend ein derartiges „Vorüberlied" und „Dennochlied". Das kann sich auf verschiedene Weisen bekunden: vom ironischen Schnörkel, von der poetischen Scheu, der verbissenen Zurückhaltung, vom lakonisch-distanzierten und sparsamen Handhaben des Wahrnehmbaren bis zu einem märchenhaften Un-Sinn, dessen sinnhafte Herkunft stets erkennbar bleibt.
Die „Gegenstände der Natur", von denen Günter Grass in

seinem Gedicht „Diana oder die Gegenstände" halb belustigt-ironisch spricht, werden unter solchen Umständen für den Lyriker zu Trophäen in einer Sammlung von Merkwürdigkeiten. Gegenständlichkeit, aufs neue zur Sprache gebracht, muß damit rechnen, ins Raritätenkabinett versetzt zu werden, was ihre Rückkehr und ihre Anwesenheit nicht widerlegt, sondern im Zusammenhang mit der Verzichterklärung zu verstehen ist, die vorausgegangen war.

Der Berliner Lyriker Günter Bruno Fuchs – auch *er* einer der Autoren, in deren Gedichten sich die neue Wahrnehmungsfähigkeit in der Poesie abbildet – hat von Gedichten gesprochen, „intakt genug, um zwischen den herrschenden Ideologien ihr eigenes Dasein behaupten zu können". Diese Wertfreiheit oder doch Wertneutralität, die tatsächlich auffällig ist, bei Fuchs, Uve Schmidt, aber auch bei anders gearteten Lyrikern wie Hans-Jürgen Heise, Dieter Hoffmann und Walter Helmut Fritz, stellt sich allerdings doch unfreiwillig ein. Sie ist – das gilt auch für manche Gedichte von Günter Grass – eher ein Zwang, der bei der Beschäftigung, der Inanspruchnahme des Lyrikers mit der Rückführung des Gedichts aus der sinnfreien Verbalität des Experiments, beziehungsweise bei der Bewahrung seines Textes vor dieser Sinn-Entleerung, auftritt.

Mit derartiger Neutralität reagiert das Gedicht auf jedes Festgelegtsein um sich her: auf das artistische wie auf das ideologische. Es scheint, als ob die Gegenreaktion vor allem der artistischen Methodologie experimenteller Lyrik gelte: eine unwillkürliche Reaktion, eine Abwehr-Bewegung, vom Lyriker wahrscheinlich nicht bewußt ausgeführt. – Was im genannten „Dennochlied" auftritt oder doch auftreten kann, ist ein schnöder Ton, wie ihn besonders Uve Schmidt in seinen Arbeiten anschlägt, ein Ton, der seine Herkunft von Peter Rühmkorfs bänkelsängerisch-aggressiver Diktion, seinem Witz, seiner kühlen Gescheitheit nicht leugnet. Die Beiläufigkeit des Sprechens entspricht dem „Gedicht in Parenthese". Die schnoddrige Zurücknahme jeglichen „Anspruchs" ist offenbar das, was manchen jüngeren Lyrikern noch als einzig zulässig erscheint. Auf diese Weise wird übrigens mitunter *mehr* erreicht, als zu vermuten war: das Wahrnehmungsvermögen des Autors, das sich nie lange bei der Sache, bei den Gegenständen, bei seinen Stoffen aufhält

und das sie bestenfalls „probiert", ist gerade durch seinen provisorischen Charakter geschärft und trägt zur Konsistenz des Ganzen bei. Die im raschen, mißtrauischen Zugriff gewonnene Sinnfälligkeit erzielt eine haltbare Gedicht-„Wirklichkeit", die nicht mehr durch verbale Experimente zerfasert.
Ich wiederhole, daß sich das alles vorsichtig artikuliert, mißtrauisch, auf Widerruf. Es ist ohne Parolen. Es nähert sich dieser neuen Sinnfälligkeit sicherlich ohne Naivität, denn der „Sinn", den Sinneswahrnehmung im Gedicht ergibt, ist durch die zeitgenössische Lyrik zuvor so radikal in Frage gestellt worden, daß von nun an Fraglosigkeit nicht mehr möglich ist. –
Alles von mir soeben Beschriebene muß man sich als notwendigen Hintergrund denken, der die Frage nach dem Gedichtumfang und seiner vermuteten Problematik überhaupt erst möglich machte. Allerdings bleibt Walter Höllerer nicht bei dem Aufwerfen seiner Frage. Er knüpft an sie eine Forderung. Er fordert das lange Gedicht. Er hat das inzwischen mehrfach getan: in den „Akzenten" und im Nachwort zu dem ersten Teil der von ihm gesammelten „Theorie der modernen Lyrik". In seiner Zeitschrift hat er es thesenartig besorgt, im Anthologie-Nachwort auf generelle Weise. Die Reaktionen blieben nicht aus. Sie kamen – wenn ich recht sehe – am vehementesten von Kritikern, von denen bekannt ist, daß sie eine nicht gerade überzeugende Beziehung zum Gedicht haben.
Das macht den Vorgang einfacher als wünschenswert ist: es vereinfacht ihn zu sehr! Man ging auf den Thesen-Ton ein, und die Anti-These war rasch formuliert. Aber was Höllerer vortrug, was er postulierte, war – hinter der These verborgen – wesentlich komplizierter zu nehmen. Es hatte nichts oder doch nicht allein mit Größenvermessung, dagegen mit Gedicht-Substanz zu tun, mit der Frage schließlich nach der Festigkeit oder Unfestigkeit des Gedicht-Körpers, nach der inneren Solidität. Es war eine Frage bei der sich – wie mir scheint – durchaus ein neuer Strapazierungsprozeß für das Gedicht als Folgeerscheinung einstellen kann. Jedenfalls habe ich den Eindruck, daß Höllerer – ein gründlicher Sachkenner – nicht lediglich mit seinen Forderungen als polemisierend verstanden werden wollte, wenn auch in der

Zuspitzung seiner Äußerungen als Thesen polemisch-aggressive oder doch stark motorisch wirkende Elemente zu erkennen sind.
Ein einzelner kann seit langem nicht mehr in eine Entwicklung eingreifen, die sich so stark von der literarischen Individualität gelöst hat, die unabhängig von ihr und in vielem anonym verläuft, die man freilich verfolgen und fixieren kann, die man für eine Weile anhält, in der man sich über sie klar werden möchte. Höllerer hat das getan und ist einen Schritt weiter gegangen. Er hat von ihm wahrscheinlich überschätzte Entwicklungstendenzen, die ihm Anhaltspunkte für seine Darlegungen gaben, voran zu treiben unternommen. Das ist noch kein Eingriff. Aber es verhilft um so eher dazu, über etwas nachzudenken, das er als Bewegungsvorgang beschleunigen wollte und das er belegte – was übrigens für den sein Material kennenden Beobachter genauso wenig schwer ist, wie den Gegen-Beleg zu erbringen.
Auf die Geschichte des langen und kurzen Gedichts als eines literarischen Gesprächs-Gegenstandes kann ich nicht nur aus Zeitmangel nicht eingehen. Ich habe heute ausschließlich das Grundsätzliche, Strukturelle des Problems im Sinne, ebenso lediglich seine zeitgenössisch-aktuelle Seite.
Das Plädieren für das umfangreiche Gedicht ist in der Geschichte der deutschen Nachkriegslyrik nicht neu. Schon vor Jahren – bald nach dem Kriege – setzte sich Rudolf Hagelstange für die Geräumigkeit des Gedichts ein. Das war, von seiner damaligen persönlichen Entwicklung her gesehen, folgerichtig. Er hatte die „Meersburger Elegie" geschrieben. Die „Ballade vom verschütteten Leben" stand bevor. Selbstverständlich hat es immer wieder nicht an Stimmen gefehlt, die sich gegen die langen Gedichte aussprachen. – Schon unterm 8. Februar 1860 bemerkte Charles Baudelaire in einem Brief an seinen Freund Armand Fraisse: „Was die langen Gedichte anbetrifft, so wissen wir, was von ihnen zu halten ist. Sie sind die Zuflucht derer, die unfähig sind, kurze zu machen." Das ist unfreundlich gesagt und trifft nicht einmal auf das zu, was Baudelaire selber geschrieben hat. Aber der Autor so „geräumiger" Gedichte wie „Bénédiction" oder „L'Irréparable" hatte mit seiner

Feststellung – abgesehen von einem Seitenhieb auf die Neigung seiner literarischen Freunde und Feinde, lange Gedichte zu liefern – etwas Grundsätzliches im Sinne. Ich beabsichtige nicht, an dieser Stelle einen Katalog polemischer Stimmen und Gegenstimmen zu geben. Es geht hier – wie gesagt – auch nicht um Polemik, vielmehr um Beobachtung und Beschreibung von Phänomenen, Beschreibung von Vorgängen, die nicht zur Ruhe gekommen sind und denen man – als jemand, der Gedichte schreibt – so nahe ist, daß man bestenfalls in der Lage ist, vorübergehend höchst vitale und also verwirrende Geschehensabläufe zum Zwecke einer Übersicht und hieraus sich ergebender Einsichten zu ordnen.

Hagelstanges temperamentvolle Fürsprache erfolgte zu einem Zeitpunkt, in dem sich das gegenwärtige deutsche Gedicht noch kaum etabliert hatte. Die Entwicklung, die es dann in den fünfziger Jahren nahm, ging über sie hinweg. Man hatte andere Sorgen. Der erzählerische, der balladeske Stoff, den Rudolf Hagelstange – von der eigenen Praxis her – der Lyrik durch seine damaligen Äußerungen beizugeben oder zurückzugewinnen versuchte, verflüchtigte sich vielmehr in der Folge aus dieser Lyrik. Solche Verflüchtigung begleitete allgemein eine Komprimierung, eine Kondensierung des einzelnen poetischen Textes, das heißt, dieser poetische Text wurde zwangsläufig in seinem Umfang zurückgedrängt. Dem langsamen und vielfältig differenzierten Prozeß kam meines Wissens keine theoretische Erörterung zu Hilfe.

Gottfried Benns poetologische Auffassungen – hoch artistisch ambitioniert – waren, als sie ausgesprochen wurden, bereits historisch geworden. Sie beriefen sich zu sehr auf ein künstlerisches Klima, das seine Intention noch aus dem vorangegangenen Jahrhundert gewann. Es waren – unter anderem – auch die Theorien eines starken Einzelgängers, das heißt, sie waren so sehr vom Wesen einer dichterischen Individualität geprägt, daß sie Zusammenhang, Zeitgenossenschaft weder suchten noch ihrer bedurften. – Wilhelm Lehmanns aufschlußreiche, gewissenhafte Aufsätze zum Wesen des Gedichts gaben in ihrer Penibilität, der Höhe ihrer Erfahrungskraft, ihrem Wirklichkeitssinn, der bis zur Nüchternheit gehen konnte, doch schließlich lediglich Aus-

künfte aus einem sehr engen poetischen Erfahrungsbereich.
Das an Umfang allgemein verlierende Gedicht in den fünfziger Jahren war anderen Einwirkungen ausgesetzt, war weiteren Zusammenhängen ausgeliefert als einzelgängerischen Erkenntnissen, deren Verbindlichkeit wesentlich nur für diejenigen zutraf, die sie mitteilten. – Das deutsche Gedicht wurde während des genannten Zeitraums endlich einbezogen in die Entwicklung, die die internationale Lyrik unterdessen genommen hatte. Sie war damit in ein ungemein starkes Kraftfeld geraten und – freilich spät – von Bewegungen erfaßt, die sich, besonders in den angelsächsischen Literaturen, seit Jahrzehnten vorbereiten konnten und entwickelt hatten.
Einer dieser Prozesse, mit dem sich das Gedicht in Deutschland auseinandersetzen mußte, war eine starke Lakonisierung des lyrischen Sprechens. Die rapide – oder uns doch rapide scheinende – Veränderung, die Herabminderung des hohen lyrischen Schwingungstones, die Infiltration von Prosa-Elementen, von Gebrauchssprache, ja, von Slang: das alles konnte sich auf den Gedicht-Umfang auswirken. Es konnte zu Überdehnungen oder spürbaren Verkürzungen kommen. Die progressiven Gedichte reagierten nach wie vor weitgehend mit dem Abbau des Umfangs, oder suchten doch – in der Realisation des Klima- und Erfahrungswandels – bevorzugt die Kürze auf. Kein Zweifel, daß auch – und ich beziehe mich wieder auf angelsächsische Lyrik – bei solcher, ich möchte sagen Demokratisierung des Lyrischen die Ausdehnungsmöglichkeit mitgegeben war. Unter Umständen trat beim selben Lyriker Überdehnung wie Verkürzung auf: – einleuchtendes Beispiel: William Carlos Williams, der berühmt und folgenreich wurde, ebenso durch seine „momentane“, kurze Lyrik wie durch sein monströs umfangreiches Poem „Paterson“. – Es ist aufschlußreich, daß Walter Höllerer in seinen „Thesen zum langen Gedicht“ den sogenannten Demokratisierungsvorgang, den Abbau, die Herabminderung, des hochstilisierten, gleichsam aus einer zu hohen Stimmlage heraus artikulierten und exklusivisierten einzelnen Gedichts, zu einem Vehikel seiner Auffassungen macht, so etwa, wenn er fordert: „Alle Feiertäglichkeit weglassen“, oder wenn er als Kennzeichen

des langen Gedichts seinen „Umgang mit der Realität" ansieht. – Mit Recht beobachtet er im langen Gedicht die Entlastung des einzelnen Wortes. Nach Aufgabe der Vorstellung vom Exklusivkörper Gedicht und in Verbindung mit dem Fortschreiten des Lakonischen im Gedicht, wird gewiß für das umfangreiche Poem *eher* als beim kurzen lyrischen Text ermöglicht, was Höllerer die „flachen Passagen" oder die „Banalitäten" nennt, wobei er sogleich hinzuzufügen hat: „Flache Passagen sind nicht schlechte Passagen." Das lange wie das kurze Gedicht stehen aber derselben Situation gegenüber (wieder sei Höllerer zitiert): „Das Zelebrieren wurde unglaubwürdig."

Auch im Nachwort zur Sammlung „Theorie der modernen Lyrik", in dem sich Höllerers Plädoyer für das lange Gedicht fortsetzt, wird im besonderen der Ansatz von der abgesunkenen Stimmlage des lyrischen Sprechens her, vom „alltäglich" gewordenen Gedicht her gefunden. So sagt er: „Da die Sprache des Gedichts zu tun hat mit der Sprache der Verständigung im Alltag, wird ein solcher Vergleich durch das Netz der langen Verse immer wieder herausgefordert. Das Wort, das im Gedicht erscheint, spielt zusammen mit dem Alltagsausdruck." – Hier wird im übrigen nicht so sehr auf das lange Gedicht als auf die Langzeile im Gedicht eingegangen, für die in der amerikanischen Lyrik bis zu den Versen der beat generation Walt Whitman Muster geblieben ist.

Höllerer fügt dem eben zitierten Satz freilich im nächsten hinzu, daß im Gedicht „Sprache nicht auf Alltagsverständigung beschränkt" sei. Der – wie ich es nannte – Demokratisierung des lyrischen Sprechens wird demnach Einhalt geboten, während in den Thesen immerhin eine Formulierung wie die folgende auftaucht: „Das lange Gedicht ist, im gegenwärtigen Moment, schon seiner Form nach politisch." Oder: „Wer ein langes Gedicht schreibt, schafft sich die Perspektive, die Welt freizügiger zu sehen ... Die Republik wird erkennbar, die sich befreit." Die mit solchen Sätzen sichtbar gemachte Heranführung der – wie Höllerer mit einem gewissen Recht meint – größeren Beweglichkeit des langen Gedichts an die politisch-gesellschaftliche Sphäre, bringt diese – mit Hilfe eines, den erwünschten langen Atem behindernden Kurzschlusses, einer Voreiligkeit, um ihre Chance.

Die Verwendbarkeit eines Gedichts ist allemal begrenzt, was auch für das lange Gedicht – mit seiner quantitativ größeren Möglichkeit, Stoffe in sich aufzunehmen – seinem Wesen nach zutreffend bleibt. Die Versuchung, ein Gedicht nutzbar zu machen – oder wie Walter Höllerer unmißverständlich ausspricht – „ein Wort aus der gesellschaftlichen Übereinkunft zu dressieren", ist bei der breiteren Materialität des umfangreichen Gedichts offensichtlich erheblich. Den Worten, wenn auch vielleicht nicht dem einzelnen Wort, wird bei derartigen Absichten eine erneute Belastung zuteil, nachdem sie anscheinend in die Freiheit der längeren Passagen geführt schienen. Sie werden dienstbar gemacht und der direkten Wirkung ihrer Verbalität, ihrer Wortherkunft, entzogen. Die unumsetzbaren Worte geraten in Umsatz. Sehr rasch ist bei solcher Auffassung vom langen Gedicht eine extrem andere Situation gegenüber der experimentellen Sinnentleerung im dichterischen Text erreicht. War bei *dieser* eine – ich möchte sagen – Verhauchung von Sinn in einzelne Silben, in Wortpartikel eine der heikelsten Folgen, so wird jetzt das wieder kompakt gemachte, in den Satz, in die Satzbewegung gestellte Wort von zu weit und zu beschleunigt vorgehender Sinnbelastung strapaziert. Das derart dressierte Wort – im Experiment zuvor auf wunderlichste Weise zweckentfremdet – wird nun zweck-belastet und sogleich über-belastet. Es bekommt die Brutalität der Aufbürdung zu spüren, auch wenn das einzelne Wort vom ablaufenden Satz bis zu einem gewissen Grad in Schutz genommen ist, wenn ihm die Belastung inmitten des in Bewegung befindlichen Satzes, der langen Zeilen, der geräumig gewordenen poetischen Mitteilung zugefügt wird.

Die „flache Passage" Höllerers, die keine „schlechte" sein soll, die antimetaphorische Passage auch, versucht in der ihr vom Autor nun wieder zuteil werdenden Behandlung, dem Dilemma auflauernder Dürftigkeit und Tristheit zu entgehen, einem Grau-in-Grau, das schnell ebenso lästig wird wie die poetische Dekoration, wie metaphorisches Schnellfeuer. War der Text bisher oft zu sehr sich selber überlassen gewesen, so wird er im langen Gedicht schließlich doch an der „langen Leine" gehalten, hinter der sich eine Absicht zeigt, die das Gedicht – wie bemerkt – strapaziert und es am Ende verdirbt. Der Vorgang hat übrigens nichts mehr mit dem eingangs erwähnten Typus des „wertfreien" Gebrauchs-Gedichtes zu tun, nichts mehr mit dem „Dennochlied", dem „Vorüberlied" in der Rühmkorfschen Sinngebung der Formulierung.

In einer Vorbemerkung zur „Theorie der modernen Lyrik" nennt Walter Höllerer drei Autoren, die ihm für die augenblickliche Lage des Gedichts besonders wichtig geworden sind. Und er nennt zugleich die Gründe dafür. Er schreibt: „Insbesondere die Überlegungen von William Carlos Williams über veränderliches Metrum, von Charles Olson über den projektiven Vers und von Tadeusz Rozewicz gegen die Bildersucht geben Impulse, die in der gegenwärtigen, aktuellen Lyrik verändernd wirken können." – Die Bedeutung des Polen Rozewicz scheint mir peripher. Sie gilt weit eher für Zustände des Gedichts in seinem Lande und ist gegen die dort weit naivere oder doch unbedenklichere großzügigere metaphorische Behandlung und – wenn ich es so nennen darf – „Aufladung" des lyrischen Wortes gerichtet. Seine Aversion gegen das im Gedicht dominierende Bild hängt mit einem bestimmten Purismus zusammen, der in seinem Wesen und in seiner Entwicklung angelegt ist, auch mit dem poetischen Rigorismus, wie er in Kreisen der polnischen Widerstandsbewegung, aus der Rozewicz hervorgegangen ist, zu beobachten war.

Bei William Carlos Williams ist es nicht der Verfasser des ausgesprochen kurzen, momentanen Gedichts, wie man es in den „Collected Earlier Poems" und in den „Collected Later Poems" findet. Es ist das Langgedicht über eine amerikanische Großstadt, das fünfbändige „Paterson"-Gedicht, ein spätes Werk von Williams, auf das Höllerer ausschließlich fixiert ist, wie auf die Überlegungen des Dichters „I wanted to Write a Poem", die sich mit dem – wie Williams es nennt – „Meilenstein" des „Paterson"-Textes auseinandersetzt, der nun freilich seiner Ambition nach und vielleicht auch nach seinem Gelingen den Vergleich mit anderen bedeutenden Langgedichten des Jahrhunderts nicht zu scheuen hat: mit den „Cantos" von Ezra Pound, dem „Canto General" Pablo Nerudas, mit den freilich eher freskenhaft organisierten Gesängen von Saint-John Perse. Man kann an die „Wirbelsäulenflöte" Wladimir Majakowskijs denken, auch

– von der poetischen Organisation her – an Eliots „Waste Land“.
Aber William Carlos Williams hat – bis zu den Poeten des Black Mountain College, bis zu dem wahrscheinlich bedeutendsten jüngeren amerikanischen Lyriker dieser Jahre, bis Robert Creeley – beharrlicher durch das kurze, dingfeste Gedicht, das Gedicht von „Handtuch, Kühlschrank und Nachttischschublade“, von dem Enzensberger im Nachwort zu seiner Auswahl-Ausgabe der Gedichte von Williams redet, eingewirkt. Doch blieb Williams damit außerhalb des Höllererschen Konzeptes, für das allerdings der dritte der genannten Lyriker, Charles Olson, erheblich geworden ist.
Wenn ich heute mehrfach von der wiedererlangten Bedeutung des Satzzusammenhangs, der Satzbewegung innerhalb des poetischen Textes gesprochen habe und wenn Höllerer das tut, so ist das sicherlich beeinflußt – oder doch in Verbindung zu bringen – mit dem Nachdenken Charles Olsons über das, was er den projektiven Vers nennt. Es handelt sich hierbei um eine gründliche, scharfsinnige und konsequente Befassung eines zeitgenössischen Lyrikers – Olson ist fünfundfünfzig Jahre alt – mit der Poesie, die er produzieren möchte und produziert. Ich füge hinzu, daß seine Befassung in ihrer Konsequenz eine Überprofilierung annimmt, eine Radikalität, die sie um einen Teil ihrer Wirkung bringt. In Olsons Überlegungen ist schließlich zu wenig offen gelassen worden. Es bleibt nichts zu ergänzen. Die poetologischen Bemerkungen leiden gerade an dem Zuviel dessen, was sie geben. Sie haben keinen Spielraum. Ihr Rigorismus ist übrigens verständlich. Er kommt zustande als Abwehr-Bewegung gegen die Wählbarkeit der poetischen Methode, gegen die Verfügbarkeit der poetischen Praxis heutzutage.
Olsons sogenannter projektiver Vers macht den Versuch, das Gedicht, die Gedichtzeile vom Ohr und vom Atem her in Gang zu halten. Ausgangspunkt ist für ihn die Silbe, die er als kleinste Partikel bezeichnet. Olsons Sillabismus geht bis zur Emphase: „Ich sage die Silbe, die Königin und daß sie spontan ist, solcher Art: das Ohr, das Ohr, das gesammelt hat, das gehört hat, das Ohr, das dem Geist so nah steht, daß es ein Teil von ihm ist, daß es seine Geschwin-

digkeit besitzt ...“ Das Gedicht entsteht für ihn aus Silbe und Zeile. Er fügt hinzu: „Und die Zeile stammt (ich schwör's) vom Atem vom Atem dessen, der schreibt, im Augenblick, wo er schreibt.“ Der nächste poetische Schritt ist bei Olson der Schritt zum vielzitierten Satz. „Der Satz als erster Akt der Natur, als Blitz, als Kraftübergang vom Subjekt zum Objekt.“ – Von Olson wiederum stammen abfällige Bemerkungen vom Vers, der sich „in der Süße von Metrum und Reim in einem Honigtopf“ verlor, von der Metapher, vom Vergleich, der für ihn „nur ein Vogel ist, der allzuleicht herunterkommt“. Man sieht hier übrigens, wie schnell und wie anmutig sich die so behandelte poetische Praktik zur Wehr setzt!
Der Satz als Atmungsvorgang, als Auslöser der poetischen Konzeptionsbewegung, aufgebaut aus Silben, die zu Wörtern wurden und Zusammenhang – in jener Bewegung vom Subjekt zum Objekt, zum Gegenstand, zum Stoff, zum „Thema“ – herstellen! Das schafft freilich andere Verhältnisse als man sie beim Reduktionsgedicht, beim skelettierten poetischen Text vorfindet und hat ganz sicherlich nichts mit dem gefährlichen Hintreiben auf das dichterische Verstummen zu tun. Es baut auf. Es fängt wieder an – so scheint es, nach der schwierigen Passage, die wir im sinnentleerten Gedicht durchzumachen immer noch im Begriffe stehen. Das Gedicht lädt sich im poetisch verwendeten *Satz* wieder mit Inhalt auf. Es kommt gleichsam wieder zu Stoff. Mehr sollte zunächst nicht festgestellt werden. Und schließlich – um in Olsons Vorstellungskreis zu bleiben – kommt es darauf an wie *lange* ein derartiges Gedicht bei Atem bleibt. Das Momentane wie das Langanhaltende wird gleichermaßen möglich. Man hat zu wählen. Höllerer wählte den durchgehaltenen Atem, den poetischen Satz, der Sätze nach sich zieht, die wiederum Inhalte zur Folge haben. Er konnte sich auf Beispiele für das lange Gedicht bei Olson und bei anderen berufen. Er zog – in den „Akzenten“ – auch deutsche Beispiele heran. Er betonte den erwähnten „Aufbau“-Charakter: „Im langen Gedicht bauen wir, aus den verschiedensten Wahrnehmungen, eine mögliche Welt um uns auf ... Doch dies ist nur möglich mit freierem Atem, der im Versbau, im Schriftbild Gestalt annimmt. Ich werde mir sichtbar.“ Oder auch: „Das lange Gedicht löst

durch Bewegung die Gefahr des Hinstarrens und Starrwerdens im enggezogenen Kreis, es führt zugleich aus der starrgewordenen Metaphorik, der knarrenden Rhythmik ... stellt sich einer weiteren Sicht."

Diese Thesen von Höllerer sind unter dem Eindruck des Befreienden einer poetischen Konzeption geschrieben, die sich vom Anfang her beweglich gibt. Der voreilige Schluß, der gezogen wird, beginnt dort, wo die Meinung auftaucht, daß einmal durch derartige anfängliche Beweglichkeit der Konzeption (die unter Umständen sehr rasch an ihr Ende kommen kann) ein gewisser Gedichtumfang gewährleistet oder doch initiiert sei, zum anderen, daß im solcherart ermöglichten langen Gedicht die Gelegenheit gegeben sei (*allein* gegeben sei) „Welt um uns" aufzubauen.

Diese Perspektive ist – gelinde gesagt – einseitig. Als gäbe es sie nur in der vermehrten Mitteilungsmöglichkeit von Stoff! Es gab seit je die *andere*, die verkürzte poetische Perspektive, ein Perspektivismus des Aussparens, der wenigen Wortgesten, der poetischen Ellipse. In diesem Vorgang – der im *kurzen* Gedicht vollzogen wird – verbirgt sich nicht minder die geforderte, erwünschte, vermutete „mögliche Welt" Walter Höllerers, freilich eine Welt, in einem nun sehr weiten Wortverstande, die sich nicht in ihrer Stofflichkeit übernimmt, die sich nicht unversehens mit Stoffen gemästet findet, die sie nicht verdauen kann. Ich denke hier an die politisch-gesellschaftliche Beziehung, die Höllerer allein vom langen Gedicht aufgenommen findet, dank seines geräumigen verbalen Reservoirs. Bekanntlich hat Brechts lakonische Kürze auf hervorragende Weise – um mit Höllerer zu reden – „Republik erkennbar" gemacht!

Höllerer ist fasziniert vom im langen Gedicht wiedergewonnenen syntaktischen Zusammenhang und der sich aus ihm ergebenden quantitativ größeren poetischen Äußerungsfähigkeit, die für ihn sogleich zu einem *qualitativen* Gewinn wird. Mir scheint, daß der verbale Apparat eines Gedichts noch nichts über seine Qualität besagt: – der Umfang des Apparates, die Zurückhaltung, die Behutsamkeit oder die Großzügigkeit, mit der solche Apparatur gehandhabt wird. Das ist bestenfalls eine Bedienungsfrage. Wohl verhilft das Aufsuchen von Syntax, von Satz-Zusammenhang zu einer verbalen Freizügigkeit, die aber keinesfalls unumschränkt und ungefährdet ist. Wenn die zur Darstellung kommenden Stoffe, also etwa gesellschaftlich-politische Verhältnisse mit ihrer bemerkenswerten Veränderbarkeit, ihrer Untreue gegenüber dem guten Glauben an Folgerichtigkeit, nicht mehr zu stimmen beginnen, gibt es in der breit angelegten poetischen Mitteilung sehr bald ein Geklapper nicht mehr stimmender, nicht mehr zueinander passender, sich lokkernder Zusammenhänge, das der von Höllerer festgestellten knarrenden Rhythmik im kürzeren Gedicht nicht unähnlich scheint und jedenfalls wenigstens ebenso lästig wird. Da hilft dem langen Gedicht die beste Syntax nichts!

Erstaunlich und vorschnell überhaupt ist die Etablierung des langen Gedichts auf Kosten des kurzen. Es mag schwerfallen, es nicht umgekehrt mit ebensoviel Recht und möglichem Gewinn zu versuchen. Indessen geht es hier nicht um plakative Vorstellungen, sondern um das Erwägen der Entwicklungs- und Äußerungsmöglichkeit des Gedichtswesens unter den aktuellen Umständen, unter den Voraussetzungen, die wir vorfinden, und denen Lyrik – ob sie lang oder kurz gerät – im gleichen Maße ausgesetzt bleibt. Es geht – immer wieder – um die kühle Beobachtung eines überbeweglichen Körpers, der die Fähigkeit hat, sich Zumutungen oder gar Zugriffen zu entziehen, der vorstellungs- und meinungsflüchtig bleibt, gerade dann, wenn man auf „Meinung“ ausgeht.

Um auf das *kurze* Gedicht zu kommen und auf Walter Höllerers Gewährsleute für seine Theorie vom langen Gedicht. In derselben Lyriker-Pflanzschule, dem Black Mountain-College, und in großer Nähe zu Charles Olson hat Robert Creeley seine Gedichte geschrieben, die übrigens – wenn auch noch nicht in deutscher Buchausgabe herausgebracht – von Klaus Reichert, dem Übersetzer Olsons, in deutschen Übertragungsbeispielen vorliegen (ich verweise hier auf seine Sendung über Creeleys Lyrik im Westdeutschen Rundfunk vom 6. August 1962). Olson ist wie für andere amerikanische jüngere Lyriker die Brücke zwischen Pound, Williams und ganz verschiedenen poetischen Temperamenten der jungen, der – wie Reichert es nennt – „additiven“ Lyrik von Ginsberg, Gregory Corso einerseits, und den stillen, konzisen, knapp formulierenden, aussparenden, elliptischen Gedichten von Creeley, Blackburn und Duncan.

Die poetologischen Äußerungen Olsons – wie ich sie im Verlaufe meiner Ausführungen gelegentlich zitiert habe – seine Vorstellungen vom Atmungsvorgang bei der poetischen Konzeption, sein Nachdenken über das Wiederzustandekommen des dichterischen Satzes im Vers, hat Creeley – den Sie immer zunächst als ein Gegen-„Muster", als Beispiel für die gleiche Ausgangsposition für das sogenannte lange und das sogenannte kurze Gedicht sehen wollen – in seinen eigenen Gedichten zur *singbaren Formel* verkürzt. Seine Hinweise auf den liedhaften Charakter seiner Lyrik sind aufschlußreich. Er spricht von der „Anonymität irgendeines Lieds am Ende", die für die Lyrik charakteristisch sei.
Ich wiederhole die Definition SINGBARE FORMEL, in der das Cantable in der Verkürzung ebenso erkennbar ist wie der kurze Prozeß – möchte ich sagen – der mit dem Gedichtablauf gemacht wird. Man hat in dieser Poesie des knappen Gedichts durchaus das, was ein Meister des „momentanen" Poems, Guillaume Apollinaire, bereits vor über einem halben Jahrhundert vom kurzen Gedicht zu sagen hatte. Er läßt es in folgenden Worten Erscheinung werden:

Es ist da.
Es nimmt Platz.
Es achtet nicht auf die Feuergestalt mit roten Haaren,
Das Zündholz flammt auf.
Es ist fort.

Das ist nichts anderes als der Versuch einer Beschreibung der „Gestalt" des kurzen Gedichts. Freilich – füge ich hinzu – könnte hier ein Mißverständnis in der Luft liegen. Auch in seiner kürzesten Form ist ein Gedicht länger wirksam als für die Dauer des Abbrennens eines angerissenen Zündholzes, so verführerisch sich auch das Momentane in einem derartigen lyrischen Bilde bekundet.
Das Singbare muß nicht zur Gedichtformel, zur Gedicht-Abbreviatur gehören. Der geringe Umfang kann auch durch jene Einsicht in die „semantische Dichte der Dinge" zustande kommen, von der Francis Ponge in den „Proëmes" redet. Es ist unter Umständen ein „gegen die Worte Sprechen" – wie bei diesem Lyriker – das daraus resultiert. Es

ist das, was Ponge folgendermaßen formuliert: „Die Worte sind alle fertig und drücken sich aus: niemals mich. Hier ist es nützlich, die Kunst des Widerstands gegen das Wort zu lehren." Verständlich, daß jemand als Folge solcher Beobachtung Gedichte schreibt, die die Ellipse, die Kunst des Fortlassens, der wie immer ausgeprägten poetischen Weitschweifigkeit vorziehen.
Die Dinglichkeit, das Kompakte, das Widerstandleistende der Worte hat schließlich dem Lyriker William Carlos Williams zu seinen komprimierten Gedichten verholfen, die bei aller Konzentration doch eine klare Sachlichkeit, jenen berühmten Williamsschen Lakonismus aufweisen, dessen Folgen bis in einige deutsche Nachkriegsgedichte zu vermuten sind. – Die Rolle des Lakonischen beim kurzen Gedichttext wird hier wieder einmal evident. Der gedrosselte lyrische Schwingungston, die von mir erwähnten Elemente des Prosaduktus, schaffen eine günstige Voraussetzung für das knappe, das wortkarge Gedicht, das sich der verkürzenden poetischen Mitteilung als der ihm gemäßen Diktion bedient. Es ist das ökonomisierte Gedicht, das Gedicht des sparsamen Worthaushalts, mit dessen Hilfe es sich gegenüber manchem zurechtfindet: auch gegenüber dem von Francis Ponge als Faktum und Definitivum angeführten Phänomen, daß die „Worte alle fertig" seien und sich ausdrücken. Ein anderer Tatbestand, dem das kurze Gedicht im verkürzten lyrischen Sprechen gerecht zu werden versucht, ist das Problem der trotz der neuen Lyrik-Theorien noch nicht überwundenen Stoff- und Sinnverflüchtigung und -verwischung. Der Stoff erscheint im kurzen Gedicht außerordentlich zurückgedrängt. Die Kondensierung der Wörter bei der Realisation des Gedichts ist die Reaktion des Autors auf Stoffverflüchtigung. Die poetische Ellipse ist Ausdruck sowohl für Stoff- und Sinnbedeutungsschwund wie für den Versuch, ihn wenigstens in der Aussparung und in der aussparenden Wortkonzentration aufzuhalten.
Man sieht, wie vielschichtig die Umstände sind, die einen Lyriker zur Beibehaltung, zur Praktizierung des kurzen Gedichtes nötigen. Es ist schließlich seine spezifische Form des Zum-Leben-Kommens, des Daseins, des Überlebens. Und die Überlebens-Chance ist bei dem gegebenen gerin-

gen Umfang gewiß nicht kleiner als beim langen Gedicht mit seiner größeren Verletzlichkeit während des relativ länger andauernden Textablaufs, eine Verletzlichkeit, die durch unbewältigte Stofflichkeit jeder Art hervorgerufen wird: aus dem Dürftigwerden von Zusammenhang, der wieder aufgesucht worden war, aus der Veränderbarkeit von stofflichen Zusammenhängen, gleich ob es sich um die des öfteren genannten prekären gesellschaftlich-politischen oder um wesentlich privatere, also etwa erotische, handelt.

Worauf es ankommt – beim kurzen wie beim langen Gedicht – ist auch wohl das, was William Carlos Williams die „Energie innerhalb der Form" nennt. Und ich füge hinzu: das Durchhalten einer solchen Energie innerhalb eines Gedichts, was – zunächst einmal aus Umfangsgründen – beim geräumigeren Gedicht schwerer zu erreichen ist als beim kurzen Text. Leere Stellen gibt es sicherlich beim langen wie beim kurzen Gedicht. Und ebenso sicher sind sie beim kurzen weitaus unerträglicher, weil sie auffälliger sind. Es sind jene „ausgedrechselten Stellen", die Höllerer meint, und die er mit Recht als „ärmliche Stellen" bezeichnet. Aber das „Zugeben von Banalitäten" im langen Gedicht kann eine Verlegenheit sein, die nicht darüber hinwegtäuscht, daß es die ärmlichen Stellen hier wie dort gibt und daß sie im langen Gedicht die Verlogenheit der Banalität für sich in Anspruch nehmen wie im kurzen Gedicht die Verlogenheit von Präzision, Geheimnis, von Chinoiserie.

Die Energieleistung scheint mir beim kurzen Gedicht deshalb größer zu sein, weil in ihm die Placierung des einzelnen Wortes ungleich wichtiger und folgenreicher wird, und man den poetischen Konzentrationsvorgang auf eine besonders ergiebige und empfindliche Weise ausgebildet findet. Das Verkürzen, das Fortlassen also, mutet der sensiblen Anstrengung *mehr* zu als das Zulassen im geräumigeren Gedicht, als eine Schutzsuche der poetischen Unfähigkeit bei flachen Passagen, die zu nichts anderem gut sind als einen bequemeren lyrischen Sprechablauf zu verlangsamen.

Es sind vielleicht nicht die flachen, aber die undichten Stellen eines Gedichts. Poetische Largesse ist poetische Bequemlichkeit, die bereit ist, immer *mehr* im Gedicht unterzubringen als es tragen, ertragen kann. Natürlich kann es auch in ihm – mit genügendem Kalkül gehandhabt – zu einer „Zerreißprobe des Satzes“ kommen. Aber im allgemeinen bleibt man beim Vollstopfen des Satzes mit Stoff, mit Worten, die Stoff vertreten. Aus dem langen Atem eines geglückten poetischen Satzes wird doch zu leicht etwas Derberes. Unversehens ist aus dem Gedicht so etwas wie eine gestopfte Gans, ein gemästeter Vogel geworden, gemästet mit allzu freizügiger Perspektive, erstickt am zu langen Sich-Einlassen mit Zusammenhängen, die über das Gedicht hinauswachsen, die es schließlich vor unverdauter Stofflichkeit platzen lassen. – Man sieht, wie rasch das gehen kann! Noch haben uns die Schatten nicht verlassen, die aus den schattenhaft gewordenen Gedichten stiegen, und schon fürchtet man sich vor dem Gegenteil!

Der Unsicherheitsfaktor, der es zu derart rapid sich einstellenden extremen Verhältnissen kommen läßt, ein für die Entwicklung und die Verwicklungen des *deutschen* Gedichts immer wieder hervortretender, manchmal – wie ich schon anfangs sagte – beherrschender Faktor, ist geblieben. Er wird – fürchte ich – uns weiterhin zu schaffen machen, ob es nun um lange oder kurze Gedichte geht oder um andere Probleme.

Und übrigens: Walter Höllerers List – die List des Kenners, der sich beim Bekennen ertappt – versucht am Ende seiner Thesen die Verhältnisse wieder richtig zu stellen und den Provokateur dem Kundigen zu überliefern. Hier seine letzte These: – „das lange Gedicht als Vorbedingung für kurze Gedichte“. Es ist wohl so, daß es mit der poetologischen Wahrheit wie mit dem Apfel in Robert Creeleys Gedicht „Jugglers Thought/Gedanken eines Gauklers“ steht, der gleichermaßen vom Frost wie von der Sonne gerötet ist:

„Truth is like an apple reddened by frost and sun.“

Nichts scheint in der Literatur so sehr zueinander zu gehören wie das Gedicht und derjenige, der es geschrieben hat: der Poet. Vielen erscheint auch heute noch dieses Gedicht als besondere Waffe einer Individualität. Es ist ein Kunstmittel, mit dem sich der einzelne deutlich und genau mitzuteilen vermag, ja, dieser einzelne muß offenbar mit dem Produkt seiner Sensibilität stehen oder fallen. Die Geschichte des Gedichts sieht freilich nicht so aus, daß sie einer solchen einfachen und bequemen Vorstellung Recht gibt. Das Rechnen mit künstlerischer Individualität ist eine relativ junge Erscheinung, grob gesprochen zweihundert Jahre alt. Und während dieser zwei Jahrhunderte hat sich derartige Individualität auch nicht stets eingestellt, wenn man sie erwartete. Sie ist oft genug ausgeblieben. Sie blieb – könnte man übertreibend sagen – um so häufiger aus, je mehr man auf sie als eine Besonderheit lauerte. Einzelne sind in der Größe und Kühnheit ihrer Eigenart im Gedicht sichtbar und wirksam geblieben. Die meisten Begabungen haben indessen diese Kraft zur Individualität nicht aufzubringen vermocht. Sie liefen im großen Felde der Talente ihrer Zeit. Sie genießen durchaus unsere Sympathie, weil sich in ihnen klar die Möglichkeiten und Grenzen der poetischen Mitteilung einer Epoche abzeichnen. Man kann sie – um Beispiele zu nennen – bei Versen Heinrich Wilhelm von Gerstenbergs, Johann Friedrich Hahns oder auch Christian Friedrich Daniel Schubarts *eher* erkennen als in der Lyrik des jungen Goethe, bei dem als Isidorus Orientalis dichtenden Grafen von Loeben, bei Wilhelm Salice Contessa und Johann Diederich Gries *eher* als bei Eichendorff oder – um von unserem Jahrhundert zu sprechen – bei den zahlreichen Poeten der zweiten oder dritten ‚Kategorie' des Expressionismus und, noch später und auf die Gegenwart angewendet, der neuen deutschen Naturlyrik *eher* als bei Trakl, Heym, Däubler, bei Loerke, Wilhelm Lehmann, Elisabeth Langgässer.

Es kommt in der Geschichte des deutschen Gedichtes zu einer einsamen und geisterhaften Verständigung der großen Persönlichkeiten untereinander, über die Jahre hin, zu einer Art Geistergespräch, einer Unterredung von hoher

Empfindlichkeit und Unberechenbarkeit. Die Kontinuität der zahllosen, der unaufhörlichen Unterhaltungen zwischen den Schwärmen von Talenten ist gesicherter und übrigens auch einleuchtender. Man verständigt sich leichter und rascher auf der Basis des gemeinsamen Verbrauchs von Vorbildern, von Anregern.

Solcherart fragwürdig gewordene poetische Individualität gehört von jeher zum Umgang mit dem Gedicht. Auf sie – mit der man stets rechnen mußte – sollen sich die folgenden Ausführungen *nicht* beziehen, vielmehr auf eine kompliziertere, folgenreichere *strukturelle* Situation, in der sich das zeitgenössische Gedicht – bei uns und in anderen Literaturen – seit geraumer Zeit befindet. Es geht nicht um eine mehr oder minder vorhandene, mehr oder minder fragwürdige, widerlegbare Individualität beim Poeten, vielmehr um die Frage, wie weit sie – bei der Entwicklung, die Dichtung genommen hat – im lyrischen Text überhaupt zulässig ist.

Die Entwicklung der neueren und neuesten Poesie ist ein artifizielles Abenteuer, dessen Folgen nicht auszumachen sind. Es ist ein von langer Hand vorbereitetes Abenteuer und erstaunlich nur für denjenigen, der nicht bedenkt, daß Poesie eine konsequente Sache ist. Die Lage, in der sich Teile der neuen Dichtung befinden, war vorauszusehen. Sie war errechenbar. Insofern waren ihre Abenteuer logischer Natur, spätestens seit Mallarmés „un coup de dés" und dem *Igitur*-Text, seit Ezra Pounds *Cantos* und Apollinaires *Calligrammes* oder den gestischen Texten von Cummings.

Diese und andere Autoren haben folgerichtig einen Zustand im Gedicht vorbereiten helfen, der die Frage nach der Zulässigkeit der poetischen Individualität für das Gedicht diskutabel werden ließ. Die Reduzierung der ‚Anteilnahme' des Lyrikers an seinem Text ist inzwischen sehr weit gediehen. Auf alle Fälle ist die Distanz zwischen Autor und Poem immer größer und fühlbarer geworden. Die sachlichen Züge haben sich auch früher schon der Physiognomie des Gedichts in unserem Jahrhundert eingezeichnet: etwa beim Rilke der *Neuen Gedichte,* deutlicher bei Oskar Loerke, danach bei Wilhelm Lehmann. Der Objektivierungsprozeß, der für die neue Naturlyrik seit Loerke und Lehmann kennzeichnend ist, jedenfalls zu ihren Wesenszügen gehört, ist

ein weiterer Schritt auf diesem Wege. Freilich vertritt bei Rilke wie später bei Loerke und der Naturlyrik der ‚Stoff' sozusagen die Individualität des Schreibenden. Die natura naturata der doktrinär gewordenen Naturlyrik – besonders bei der Langgässer – ist an die Stelle des einzelnen, an die Stelle der Person des Autors getreten.
Diese erste Phase – des fast vollkommenen Zurücktretens des Autors als einer Individualität hinter seinen Gegenstand – ist inzwischen durch entschiedenere Vorgänge der Herausnahme des einzelnen abgelöst worden. Das stoffliche ‚Überangebot', die sich breit machende, autonomisierende Fülle des Thematischen, wich einem nur äußerlich grundverschieden anzusehenden Phänomen: dem Phänomen einer relativ rasch durchgeführten Stoff- und Sinn-Entleerung im Gedicht unserer Jahre. Die deutsche Lyrik hat – im Gegensatz zur Lyrik anderer großer Literaturen – offenbar diesen Umweg nötig gehabt, ehe sie, beinahe erschrocken und jedenfalls auffallend heftig reagierend, dem allgemeinen Abstraktionsprozeß nachgab und sich mit Heftigkeit dem Experiment des augenblicklich grassierenden Verbalismus mit seiner Sinn-Skelettierung, mit der Pulverisierung der Syntax und anderen Erscheinungen veränderter Struktur anschloß.
Natürlich wurde solcher Verlauf den Beteiligten, den Poeten, nicht derart bewußt, wie es sich – in wenige Sätze zusammengedrängt – hier ausnimmt. Ohnehin ist man nachträglich klüger, enttäuschter als zuvor. Und übrigens entschließt sich niemand, zu keiner Zeit, für einen poetischen ‚Fahrplan', den es nicht gibt. Niemand nimmt sich vor, so und nicht anders zu schreiben, und nichts ist vorauszusehen. Die lautlosen Verhäkelungen im Dschungel der grünen Stofflichkeit waren ebensowenig vorher auszumachen wie jetzt die einem immer gefährlicher anwachsenden Schweigen ausgelieferten Versuche der sogenannten ‚konkreten' Texte. Es ist für den Beobachter aber faszinierend zu sehen, wie die eine Schwierigkeit der anderen folgt und wie hinter solchen Schwierigkeiten und – möglicherweise – Krisen das bis zur Auslöschung veränderte Bild des Schreibenden erkennbar bleibt.
Die fadenscheinige Individualität des Lyrikers hat durch solche Vorgänge einen gehörigen, vielleicht entscheiden-

den Stoß bekommen. Ich behaupte nicht, daß es ein Todesstoß war. Solange jemand den Mund öffnet, um Worte in ein bestimmtes Verhältnis zueinander zu setzen, solange er dieses In-Beziehung-setzen zu Papier bringt, ist der Autor vorhanden, freilich nicht mit dem ‚Anspruch' auf etwas, was es auch früher schon nicht in *der* Weise gegeben hat, wie man es gern und geläufig vorgab: Anspruch auf Individualität, das heißt, auf jene fein organisierte Besonderheit, der etwas Unwiederholbares innewohnt. Die Versetzung des Autors in eine andere Aufgabe, in eine andere Rolle kann für ihn befreiend sein. Er wird dabei von einem Ballast von Zumutungen und Mißverständnissen befreit, wie er in gleichem Maße seinen Text, das Gedicht, von ‚Bedeutungen' erleichtert spürt, die es nicht hatte. Was alles eigentlich ist dem Gedicht – wie dem Dichter – aufgebürdet worden? Beide sind unter einem Scherbenhaufen falscher Vorstellungen beinahe erstickt.

Der Entindividualisierungsprozeß im deutschen Naturgedicht der Gegenwart und der später einsetzende Vorgang der Reduzierung des *Stoffes* sei im folgenden an einigen Beispielen erläutert. Die sich selbst überlassene Natur und ihre aus den Fugen gehende Geschöpflichkeit, die lautlosen Verheerungen der Vegetation, erreichten in der Lyrik der Elisabeth Langgässer vor zwanzig Jahren vermutlich ihren Höhepunkt. In ihren *Tierkreis*-Gedichten vom Jahre 1935, mitten unter dem Nationalsozialismus veröffentlicht und eine literarische Sensation für manche, verfolgt vom Hohngelächter einer forschen Germanistik und den Drohungen des *Schwarzen Korps* – findet sich das Gedicht *Regent: Venus Urania.* Es ist ein beliebig ausgewählter Text, denn sämtliche Arbeiten des Bandes sind in gleichem Maße charakteristisch:

Im Haus der Tiere, zwischen trüben Scheiben,
vom Schmelzmetall und Nebelmilch beronnen,
in Wandelräumen, unterm Kranz von Eiben
und Efeu, der zu blühen bleich begonnen
wie Tote blühn, die Nachruhm überlaubt –
hoch in dem letzten
Schwarm der zerfetzten
Bienen und Bilder,

Kürbiskernschilder,
schleißenden Rosen,
rauhen Skabiosen,
ruht die Huldgestalt, gramvoll bestaubt.

Zu hartem Schlaf die Schläfe hingebogen,
den Schoß im Klaffen ihrer Kniee offen,
hat sie im Traum den Erdkelch ausgesogen
und fand ihn schal, fand weder Furcht noch Hoffen
auf seinem Grund, wo er verrieselnd raucht ...
hörte im hellen
Hornkraut die Schellen
grasender Tiere,
fühlte der Miere
taubes Erschrecken,
wenn ihr die Quecken
Wasser und Wurzelgrund würgend verbraucht.

„An welchem Baum, ihr Schwärme, wollt ihr hangen?
Die Esche selbst wird ächzend niedersinken
von eurer Last, in der das Jahr gefangen
mit allen Zeichen, die schon heimwärts winken,
und, ach, wo habt ihr Honig und Verbleib?
Schierling will welken,
Wolfsmilch sich melken,
Beifuß zieht leise
zaubrische Kreise,
und mit der Sichel
Natterngezischel
wuchs schon der Sternschlange eisiger Leib!"

Was blieb in solchem Text von der Person des Autors? Daß er solchen Text in Bewegung setzte und in Bewegung hielt! Ein höchst aktueller Vorgang also für die jüngeren Begabungen heute: die Konzeption eines Gedichts als in Bewegungsetzen und in Bewegung-Halten der Wortmaterie. Die Langgässer überließ die drei Strophen ihrer hypertrophen Stofflichkeit, die mit sich zu tun hat, mit sich fertig zu werden hat. Der Vorgang ist mühsam genug. Das wuchernde Detail, die Fülle der Einzelheiten, wird sozusagen von sich selber überwältigt. Die eigentümliche, bei Elisabeth Langgässer häufig vorkommende Dreh- und Kreiselbewegung – ein verführerisch intoniertes lyrisches Ritual! – begleitet den Vorgang der Verwicklung in den naturlyrischen Kokon, in ein dichtes, chlorophyllgrünes Gespinst aus Laub und Mythe. Denn der Mythos ist in der menschenlosen Wildnis solcher Dichtung gleichsam als Statue mit gebrochenem Nasenbein zurückgelassen.

Wie jetzt bei den jungen Dichtern ein logizistisches Gehabe innerhalb eines durchrationalisierten Textes beobachtet werden kann, so gehört ein mythisiertes Sprechen zur Poesie, zur Magie der Naturlyrik, besonders bei der Langgässer und bei Lehmann. Die ‚Beteiligung' am Text ist höchst indirekt. Er hat die Wirkung eines Echos. Seine Anwesenheit wird von den Gegenständen reflektiert und auf ein merkwürdiges Schweigen zurückgeworfen, auf eine Stille, die von einer wilden Flora umzingelt ist. Durch eine solche Situation kommt jene ‚Benommenheit', jene vegetative Betäubung zustande, die etwas Zaubrisches und etwas Lähmendes zugleich hat.

Die in grünen Flammen stehenden Gedichte – großartige Gedichte! – der deutschen Naturlyrik des letzten Vierteljahrhunderts bleiben am Leben, solange man die Erregtheit ihrer Stoffe, ihrer Gegenstände wie das Prasseln eines Brandes gewahr wird. Dieser empfindliche Zustand ist immer nahe daran, umzuschlagen in die Monotonie eines Pflanzenkatalogs, in ein leeres Psalmodieren. In dem durch die Fülle der Einzelheit geschwächten Organismus des Gedichts sind die Spuren solcher Strapazierung überall erkennbar. Die Mitteilung zersetzt sich in Lallen. – Die Rückzüge aus dieser extremen Lage des Naturgedichts haben inzwischen begonnen. Sie brauchen uns hier nicht zu beschäftigen.

Der neurotische Metaphern-Zwang, der in der poetischen Praxis des Surrealismus auftritt, läßt offen, ob es sich bei seiner Verdunkelung der Person des Lyrikers um einen Abbau oder – im Gegenteil – um eine bis an die Grenze der Hysterie getriebene Verfeinerung seiner Individualität handelt. Das wunderliche Helldunkel, in dem der literarische Surrealismus steht, hat immerhin etwas befördert, was bei der Erkundung der Entwicklung, die das moderne Gedicht nahm, wichtig werden sollte: die surrealistische Welt hat eine Tendenz zur Schattenhaftigkeit, zur vollkommenen Verdünnung der Gegenständlichkeit bis zu ihrer Verwischung und Aufgabe. In den Gedichten Celans sind eine derartige Schattenhaftigkeit und die Folgen solcher Verflüchtigungsvorgänge evident. Sein „erschwiegenes Wort", das in einem seiner frühen Gedichte auftaucht, ist ein von Verschattungen umgebenes Wort. Das schemenhaft gewordene Wort ist weitgehend von allen ‚Absichten' entfernt worden, die sein Autor ihm möglicherweise mitgeben wollte. Es ist das vor seinem Autor ‚flüchtig' gewordene Wort, das Wort unterwegs auf dem Wege zur Erkenntnis der Bedeutung seiner Einzel-Existenz. Der rigorose Verbalismus der experimentellen Lyrik unserer Tage scheint hier eine seiner Wurzeln zu haben. Der ‚leicht' gewordene Wortschatten beginnt sich allmählich unabhängig von der Bedeutungsüberredung durch die Syntax und durch den die Syntax handhabenden Poeten zu machen. Celans „Wahr spricht, wer Schatten spricht" ist eines der Stichworte, die hier gegeben werden. Eine verbale Situation ist geschaffen, die sich in einem Gedicht wie dem folgenden vorbereitet hat:

Mit wechselndem Schlüssel

Mit wechselndem Schlüssel
schließt du das Haus auf, darin
der Schnee des Verschwiegenen treibt.
Je nach dem Blut, das dir quillt
aus Aug oder Mund oder Ohr,
wechselt dein Schlüssel.

Wechselt dein Schlüssel, wechselt das Wort,
das treiben darf mit den Flocken.
Je nach dem Wind, der dich fortstößt,
ballt um das Wort sich der Schnee.

Das noch hinter einem gewissen metaphorischen Aufwand verborgene neue Verhältnis des Wortes, des *einzelnen* Wortes im lyrischen Text, zu seinem hinter dieses Wort zurücktretenden Verfasser, ist hier angedeutet. Mit der Bedeutungssteigerung, die dem Einzelwort bald darauf zufällt

– dem Wort-Einzeller, wie es einer der jungen Wortführer konkreter Texte bezeichnet hat – beginnt eigentlich erst die Frage danach, wie weit die Zulassung des Autors als Individualität noch möglich und statthaft sei.
Celans Lyrik hat eher eine Neigung zum „Schnee des Verschwiegenen", wie es im angeführten Beispiel hieß; das heißt, zum immer leiser werdenden, immer flüchtiger werdenden Wort-Zusammenhang als zur Installierung des einzelnen Wortes als einzigem Bedeutungs-Träger im poetischen Text. Der Bedeutungs-Ablauf in den Gedichten Celans bleibt sichtbar und kann vom Leser nachvollzogen werden. Auch die Individualität ist – als Schatten, als Möglichkeit, als Andeutung – überall noch zugelassen, wenngleich sie mit früheren Vorstellungen von der Individualität des Schreibenden nur mehr wenig zu tun hat. Poetische Individualität ist nahezu anonym, eine Funktion, aber eine entscheidend wichtige für eine Wortkunst, die – wie die Celans – so sehr dem Schweigen, dem Verstummen, dem Ende ausgesetzt zu sein scheint.
Das auf sich selbst gestellte Einzelwort, das mit dem Einzelwort umgeht – ein Text aus verbalen Mikrokosmen –, ist natürlich nicht von heute auf morgen zustande gekommen. Es fiel bereits der Name des amerikanischen Lyrikers Edward Estlin Cummings, von dem bereits vor Jahrzehnten Dos Passos sagte: „So etwas macht die Literatur zu einem alten Hut. Er hat die heisere Gradheit des Gassenhauers, die Bereitwilligkeit, bis an die Grenzen von Ausdruck und Gefühl vorzustoßen."
Die Impulse der Cummings'schen Lyrik gehen von diesen poetischen Ausdrucksgrenzen aus, die typographisch und ‚gestisch' eingekleidet sind und ebenso das Ohr wie das Auge des Lesers überraschen. Der Umweg über den gestischen und typographischen Reiz gehört zur Bewegung dazu, in die die Materie Wort im zeitgenössischen Gedicht geraten ist, wobei noch strittig ist, ob es sich um einen Umweg handelt. Das typographische Element hat sich bis in die neuesten Hervorbringungen des experimentellen Gedichtes – in unserem Lande bei Spörri, bei Ferdinand Kriwet, Brock, bei Franz Mon, Diter Rot und anderen – erhalten. Typographie will – in solchem Zusammenhang – „ein Ergebnis, das wir als Einheit erleben, darstellen ohne das

verfälschende Nacheinander der wörtlichen Schilderung", wie es einmal Eva Hesse in Hinblick auf Cummings' typographisch angelegte Poeme ausgedrückt hat. Die Beteiligung der Person des Autors beschränkt sich auf eine gewisse Steuerung des Wortvorgangs, auf eine eher mechanische als sensible Arbeit. Der Autor bleibt bei solcher Beschäftigung weitgehend ersetzbar, austauschbar. – Einer der bekannten typographischen Texte von Cummings ist sein *Grashüpfer*-Poem. Der ‚Brei', die ‚Paste' der Vokale und Konsonanten erzielen eine vollkommene Identifikation von Vorgang und Mitteilung des Vorgangs, anders ausgedrückt: gleichzeitig mit dem Vorgang – es handelt sich um den Sprung der Heuschrecke – wird dieser Sprung, als Geräusch wie als Phänomen, in Text umgesetzt. Ich zitiere zunächst das Original, sodann den Versuch einer Transponierung ins Deutsche, den die Pound- und Cummings-Übersetzerin Eva Hesse unternommen hat:

r-p-o-p-h-e-s-s-a-g-r
who
a) s w (e loo) k
upnowgath
PPEGORHRASS
eringint (o-
aThe): l
eA
!p:
S a
(r
rIvInG .gRrEaPsPhOs)
to
rea(be)rran (com)gi(e)ngly
,grasshopper

Die deutsche Version lautet:

r-ü-p-f-e-s-a-g-h-r
der
wi) e wi) r hinseh) n
sichhochjetzt
PFEGÜRHRAS
raff(t-

zum):s
prU
!ng: und
(auf
sEtzT .gRraPfeHüs)
um
sich (wie) zu (der) ord (zum)nen
,grashüpfer

Dazu der Kommentar des amerikanischen Literaturkritikers Lloyd Frankenberg (Mitgeteilt in *The Riverside Press,* Cambridge, Massachusetts, 1949). Frankenberg bemerkt zu diesem Text: „Das Gedicht hat einen Grashüpfer zum Gegenstand. Die Handlung des Gedichtes ist der Grashüpfer ‚der sich hoch jetzt rafft zum sprung'. ‚Wie wir hinsehn' – wir sehen ihn nicht im Gras. Seine Identität bleibt verborgen. Aber er verrät sich in den zirpenden Geräuschen, die er von sich gibt. Diese Geräusche – manchmal leise, manchmal laut, manchmal aussetzend – sind Anordnungen seines Namens. Genau wie er sich selber um-ordnet und den vorderen Flügel mit dem Hinterbein reibt. Dann kommt der ‚sprung' in die freie Luft, so daß wir ihn sehen, wie er ‚aufsetzt', um sich wieder zum Grashüpfer zu ordnen."
Der poetische Text wird unversehens zu einer Geräusch-Maschine. Die nahezu selbsttätige Mechanik hat alles ‚Leben' verdrängt. Der Autor wird zum Lotsen, zum Piloten eines Vorgangs, der in seiner vollständigen ‚Konkretisierung' ständig in Gefahr ist, in einen krassen und stupiden Naturalismus umzuschlagen. Immer ist zusammen mit der Frage der Zulassung des Poeten beim poetischen Text die Frage zu stellen, was in einem derartigen Text noch an – wenn auch noch so zaghaft gewordenem, verborgenem – Leben übrigbleibt, das ihn zu *mehr* als einer mechanischen Versammlung von Vokalen und Konsonanten, zu *mehr* als einer Zusammenschüttung von Buchstaben werden läßt. Die Abwanderung des Wortes in die Graphik, in die Typo-Graphik ist ein Fluchtversuch.
Es geht darum, die Person des Verfassers eines lyrischen Textes in irgendeiner Weise spürbar bleiben zu lassen, jedoch nicht in Gestalt eines besonderen Dünkels dieses Verfassers, der etwa darin bestünde, Unbeteiligtsein an seinem

Produkt perfekt vorzuspiegeln. Aus Einsicht und Notwendigkeit, aus der längst als fällig empfundenen Veränderung der Stellung des Dichters zu seinem Gedicht sind die Konsequenzen nicht *deshalb* gezogen worden, um das Gedicht als Wortleiche, angetan mit dem Totenhemd graphischer Reize, aber verfolgt vom Hochmut seines anonym bleibenden Verfassers, zurückzulassen. – Die Redlichkeit solcher Versuche liegt in jener großartigen Askese, die sich ein Autor gegenüber seinem literarischen Produkt aufzuerlegen genötigt fühlt: diese äußerste Zurückhaltung, die in den theoretischen Äußerungen der lyrischen Experimentatoren immer wieder bekundet wird. – Die Avantgarde setzt an die Stelle des Vokabulars die ‚Artikulation' – so lautet ihr Terminus – als Vehikel ihrer Texte. Um Franz Mon zu zitieren: „Artikulationen, die nichts identisches haben, dauern länger, vokabeln, die wie inseln kaum mehr assoziierbar sind, halten die folge auf."
Und an einer anderen Stelle heißt es: „anschaulichkeit als höchste qualität von einem text zu fordern, gehört zu den nicht aussterbenden gedankenlosigkeiten, gewiß, die sprache bringt auch das bild fertig, doch nur in harter bewußtheit, einen augenblick lang, und unweigerlich wie der stein des Sisyphus rollt die unscheinbare beweglichkeit des gesprochenen, der artikulationsspannen und -gefälle darunter hinweg und den eigenen rinnen nach. Babbeln und kritzeln sind äußerungen tastender organvorgänge, unter dem visionablen, unter der haut: nicht ins beliebige, wenn auch oft genug ins leere tastend, das monotone aufgedröselte gebabbel kann somnambul sicher die artikulationsschwelle finden, wo sich eine geste erregend ereignet. im grunde schafft man es nur von unten, aus der untertreibung, die dichte, prägnante folge von lauten in- und auseinanderzuwinden, die als spur unvergeßlich bleibt und wiederholbar, also ‚sprache' ist, weil sie gestisch verläuft."
In solchen Sätzen hat man die eigentümliche Verbindung von Einsichten in die literarische ‚Wortbehandlung' mit der Erstarrung solcher Einsichten zur literarisch doktrinären Äußerung. Es kommt dabei zu der erwähnten, vergleichsweise verborgenen ‚Stilisierung' des Autors dem dichterischen Text gegenüber, die uns aus der Geschichte des Gedichtes bekannt ist. – Die hohe Künstlichkeit dieses als

zwanglos ausgegebenen ‚Artikulierens' ist jedenfalls unverkennbar. Wie ein Programm-Text für das von Mon theoretisch Erörterte wirkt die folgende, *Konstellation* benannte Arbeit des Schweizers Eugen Gomringer:

einanderzudrehen und
aufeinandereinstellen

ineinandergreifen und
einandermitteilen

miteinanderdrehen und
voneinanderlösen

auseinanderkreisen und
einanderzudrehen

aufeinandereinstellen und
ineinandergreifen

einandermitteilen und
miteinanderdrehen

voneinanderlösen und
auseinanderkreisen

einanderzudrehen und

sich zusammenschließen und
sich abgrenzen

die mitte bilden und
wachsen

die mitte teilen und
in die teile wachsen

in den teilen sein und
durchsichtig werden

sich zusammenschließen und
sich abgrenzen

In der Form eines verbalen Balletts wird von Gomringer in Beziehung gebracht, was sich sprachlich zueinander in Beziehung setzen soll. Es ist ein verbindlicher Text entstanden, verbindlich freilich in dem Sinne, in dem Verbindlichkeit von den zeitgenössischen Lyrikern aufgefaßt wird, die gleichzeitig – um zwei Zeilen Bazon Brocks zu zitieren – äußern können: „Ich gewinne nur schwer die vorstellung, daß worte nebeneinander stehen können."
In Verbindung mit solchen Erwägungen, im Zusammenhang mit dem hochartifiziellen Vorgang der Freisetzung des Einzelwortes im poetischen Text unter gleichzeitiger fast vollständiger Herauslösung der Person eines Verfassers wird grundsätzlich anstelle von Sinnzusammenhängen eine absolute Wort-Kombinatorik angestrebt. Das sinnfreie Wort wird unbegrenzt beweglich. Es ist die Beweglichkeit, die souveräne Veränderbarkeit von Mikro-Organismen, die die ‚Materie' Wort vorantreibt. Das künstliche Gedicht – wie es die experimentelle Dichtung unserer Zeit versteht – ist das verbal vollkommen selbstgenügsame Gedicht. Es genießt gewissermaßen die im jeweiligen Text anlaufenden und auslaufenden sprachlichen Reiz-Möglichkeiten. Dieser Vorgang hat beim einzelnen Autor freilich durchaus noch eine gewisse Spannweite. Sie reicht etwa bei Helmut Heißenbüttel von der *Einfachen grammatischen meditation,* die sich folgendermaßen anhört:

kleine schwarze Senkrechte überqueren langsame schwarze Waagrechte
Regenförmiges überquert Regenförmiges
Scharen von Wänden
kleine schwarze traurige unaufhörlich wandernde Rechtecke
zögernde Diagonalen
sich überquerende gerade endliche Strecken
jedenfalls gegebenenfalls und ich rede rede
Rede überquert Rede und es gibt es gibt es nicht nicht
Rede überquert Rede und es gibt es gibt es nicht nicht und nie nie

bis zu einem Text, der *Einsatz VIII* genannt wird:

aus tief aber aus: denn: Dennfarbe Denngeschmack Denngefühl: Wort dies: denn Wort: unerlaubt unentlaubt Wortfigur Möglichkeit Schulterfleisch Lippenfleisch Wortlippenfleisch: tief aus: denn aus unsichtbar denn: Ersatzwort tiefdrinnen zu sagen: zu reden zu sprechen zu schwatzen zu quatschen: je jeweils je jemals: denn dies: Frist vorbeigewesen zu sein Frist abgefressen zu sein in: nicht nicht in: denn nichterlaubt nichtgeredt nichtgeraten: Thema nicht Thema aus tief Unthema aus tief aus: denn

Die Entwicklung einer Tendenz ist an den beiden Beispielen offenkundig. Während die „einfache grammatische meditation" ihren Antrieb noch von außer-literarischen Vorstellungen (aus der gegenstandslosen Malerei) empfängt, um erst gegen Ende des Textes auf das eigentlich verbale Phänomen zu stoßen („Rede überquert Rede und es gibt und es gibt nicht" usw.), ist im *Einsatz VIII* – unserem zweiten Beispiel – von vornherein nichts als das *Wortmaterial* wirksam. Die ‚Figur' des zweiten Textes, die Konfiguration, von der der Textablauf getragen wird, ist aus dem „denn" des Anfangs entwickelt. An ihm gerät sozusagen etwas in Unruhe, in Bedenklichkeit. Diese Unruhe und Bedenklichkeit werden mitgeteilt in Gestalt einer – wie es der Schweizer Germanist Beda Allemann genannt hat – „sprachimmanenten Steigerung".
Man sieht, wie sehr hier die Sprache extrem auf sich selbst verwiesen und in eine perfekt künstliche Lage gebracht wird. Die Suizid-Gefahr mittels endgültiger Sinn-Aufhebung ist in allen lyrischen Experimentaltexten erkennbar. Der rigorose Umgang der Sprache mit sich selber – unter Verdrängung oder Ausschaltung ihres Produzenten – läßt sie rasch zu einem lediglich akustischen oder optischen Phänomen degenerieren. Die Materialisation erscheint plötzlich als zu weit vorgetrieben. Die Steuerung durch den Verfasser setzt aus. Das Einzelwort erkrankt gleichsam an Buchstabenzerfall; es löst sich auf in eine Handvoll Vokale und Konsonanten.
Aber man muß nicht stets an solche äußersten Folgen denken, wenn man noch einen Augenblick die Künstlichkeit neuer Lyrik, vom eskamotierten Autor hinterlassen, betrachtet. Sie hat im Grunde den gleichen Notwehr-Charak-

ter wie in früheren Zeiten. Künstlichkeit ist, so verstanden, Notwehr der Sprache, der besonders artikulierten Sprache gegenüber ihrem Verschleiß im Umgang, ihrer Abnutzung durch Konvention, Banalität, Nachlässigkeit. Künstlichkeit in der Lyrik war von jeher als Reaktion, als Stellungnahme, als Distanzierung anzusehen. Künstlichkeit hat im gegenwärtigen Gedicht sehr häufig mit sprachlicher Ökonomie zu tun. Der Text begnügt sich mit relativ wenigen Wörtern, die er gerade dadurch zu ihrer vielfältigen Mitteilungsfähigkeit bringt, daß er sie in wiederholte Kombinationen zueinander versetzt. Man sieht das – an einem Beispiel – am folgenden Text Franz Mons (aus seinem Band *artikulationen*).

brücke unter den lachern
haben die lacher auf ihrer seite
lachen so langsam ein jeder
sieht: sie sehen
die lache zwischen den füßen
sieht sie: sie lachen lacher zwischen den brücken wo doch
der fluß war links
weder links also hat er die lacher
übers gelächter von links
so hat's auf seiner seite die lacher
springt auf über die lache der lachs inmitten und
        schlägt auf die fläche zu flach ein gebiß
        inmitten des lachens
        (mund im gebiß inmitten des lachens)
welches sich schloß auf seiten der lacher
gar die seite auf seiten der lacher unter den lachern
gar die lache im mund im gebiß auf seiten der seite

In einem derart ökonomisch gebauten Text, in dem ein ganz bestimmter Reizanlaß („die lacher") zum Vehikel des Sprechens, des Sich-Entfaltens und in der Entfaltung Variierens, des einander Durchdringens wird, hat jede Stelle ihre Ordnung, ihre Aufgabe innerhalb des Gesamtablaufs.

Es gehört zu einer noch in voller Bewegung befindlichen Entwicklung, wie sie das experimentelle Gedicht in seinen verschiedenen Varianten und in den verschiedenen Zirkeln der Schweiz, Österreichs und Deutschlands durchmacht, daß sich die Experimentatoren – die *Autoren* also – gelegentlich gegenseitig am Zeuge flicken. Das hat beispielsweise Eugen Gomringer in seinem Nachwort „gedicht als gebrauchsgegenstand“ zu seinem Band *33 konstellationen* besorgt und Helmut Heißenbüttel in seiner Auseinandersetzung mit Höllerers und de la Mottes programmatischer MOVENS-Anthologie.

Solche Vorgänge zeigen deutlich genug, wie sehr sich der Verfasser, der Autor, auch weiterhin einmischt, Standpunkte vertritt, aggressiv und polemisch werden kann, wie unüberhörbar er da ist und da sein muß. So polemisiert der bewegliche und zum Spielerischen neigende Schweizer Gomringer nicht ungeschickt gegen die „neue esoterik der typografischen dichter“, denen er Mangel an Einfällen vorwirft. Um dann hinzuzusetzen: „ich sehe bis heute allein in den versuchen von claus bremer, in seinen gedichten in tabellenform eine wirkliche erweiterung der konstellation.“

Dieser lyrische konstellationstext ist für Gomringer „minimal-maximal-spannung auf kleinstem raum“. Das ist etwas vage formuliert und trifft zweifellos auf den lyrischen Text im allgemeinen zu. Interessant ist in unserem Zusammenhang lediglich die Abwehrbewegung des lebhaften Gomringer'schen Naturells gegenüber einer allzu tristen Methodik der Textbehandlung. Jedenfalls sind Bemerkungen wie die folgenden, in denen er sich zur Wehr setzt, Beiträge zu der in dauernder Unruhe gehaltenen Lage, in der sich experimentelle Dichtung befindet: „für etliche jüngere dichter ist die konstellation bereits überholt, das heißt, sie geht ihnen zu wenig weit. die einen arbeiten typografisch noch freier, die andern typografisch noch sturer. wieder andere werfen mir meine inhaltlichkeit vor. obwohl auch meinen reinsten konstellationen verschiedenartige versuche voraus gingen und ich auch heute immer wieder logistische, atomistische und graphische versuche unternehme – so dienen mir diese lediglich zur anregung und zur kontrolle. Ich finde es klüger, *am wort zu bleiben,* ja sogar den üblichen durchschnittlichen wortsinn beizubehalten.“

Dieses „am Wort bleiben“ ist tatsächlich ein entscheidendes Problem für die neue Lyrik geworden, eine Lyrik, die in ihren Autoren noch häufig genug jene von früher bekannten

lyrischen Pelikane hervorbringt, die mit Genuß ihre Brust zerfleischen und sich so unversehens zum Schweigen bringen. – Um dieses Wort geht es auch einem der ‚Klassiker' deutscher experimenteller Wortkunst, Helmut Heißenbüttel, in seiner MOVENS-Polemik, wenn er feststellt, daß es sich bei dieser Sammlung um den nicht sehr glücklichen Versuch handele, „aus dem Vorläufigen ein System zu machen". Es heißt dann weiter: „Das Richtige, das gewiß gemeint ist, verschwindet hinter der porösen Argumentation aus verkomplizierten Gemeinplätzen. Sprache, an der das Neue erläutert werden soll, verschwindet hinter der üblichen Aufteilung in semantische, lautliche und grammatische Elemente, während das eigentliche Problem, das in den Texten immer wieder handgreiflich wird, doch wohl dort steckt, wo man den Zweck und die Konventionalität der Sprache begreifen müßte."
Auch Heißenbüttel wendet sich gegen die Gefahr der typografischen Grenzüberschreitungen und damit gegen bestimmte Mätzchen, wenn er gegen einige, auf rotem Papier gedruckte Seiten des Bandes vorbringt: „Das rote Papier scheint eigens gewählt, um das Lesen oder gar das Denken zu erschweren. Der Text selbst erweckt den Eindruck, als hätten mehrere mit den Schlagworten der letzten (oder vorletzten) Aktualität Vertraute ein Tonband in gemeinsamem Symposium besprochen und das Ergebnis dann oberflächlich koordiniert, wobei weniger Descartes, von dem mehrfach die Rede ist, Pate gestanden hätte, als vielmehr Ionesco."
Natürlich erkennt man – und das ist das Reizvolle an derartigen Auseinandersetzungen – ebenso die Grenzen des Sprechenden wie die des Angesprochenen. Heißenbüttel sieht sich hier – wie vorher Gomringer – bereits in eine Abwehrstellung gedrängt, angesichts der rapiden Abwicklung bestimmter Konsequenzen, die nun einmal in den Texten experimenteller Dichtung angelegt sind, Konsequenzen, die zu rasch gezogen wurden, als daß ihnen noch alle Parteigänger folgen könnten oder folgen wollten. Ein wenig sind sowohl Gomringer wie Heißenbüttel heute bereits in der Situation von Leuten, die hinter einer Entwicklung herlaufen, die sie vor kurzem mit heraufführen halfen. Auch solche Situation gehört zur ‚Rolle', die der Autor im

zeitgenössischen avantgardistischen Gedicht übernommen zu haben scheint. Um es zur Verdeutlichung nochmals in einem Bilde zu sagen: der Verfasser von Gedichten läuft hinter dem in grenzenlose Freiheit gesetzten Gedicht her, hinter einem ‚Stoff', einem Material, das ‚folgerichtiger' handelt, als es alle Kalkulationen des Lyrikers vorauszusagen vermochten.

Wie vielfältig die Artikulationsmöglichkeiten des Gedichts sind, mögen die Texte von Heißenbüttel, Mon und Gomringer gezeigt haben. Daß es nicht nur zu Reduktionsvorgängen, vielmehr auch zu eigentümlichen Hypertrophien kommen kann, zu Wortschwall und baren Wortkatalogen, ist bei verschiedenen Experimentatoren zu beobachten. Solche Hypertrophie herrscht zum Beispiel mitunter bei Bazon Brock, etwa in folgendem Text (der Text wird hier nur zum Teil wiedergegeben):

ich kann mich nicht wehren, ein letztes Mal:
(das Ausschließen der abendlichen Heide durch die große
Dichtung)
wonach ein Mund den anderen wäscht
eine Hand zeigt der anderen
mea culpa
mea
maxima
culpa
und der Mond bleibt rund
und der Mund über dem Wasser geschlossen
kein Stern heckt einen Angriff aus
und die Horizonte platzen nicht auseinander
der Kreis krümmt sich weiterhin
das Eine schluckt weiterhin nur Staub
den Abfall
die Krumen
vom Tische der hundezüchtenden Herrn
die leben
und nicht wert sind, daß sie zugrunde gehn
und die Orkane schlafen weiterhin in den
enthaarten Achseln
und die Milch bleibt in den Brüsten

das Gelbe im Ei
das Innere im Äußren
das Vergangene im Zukünftigen
die Zeit in der Ewigkeit
das Lachen im Hals
der Vogel im Nest
und die Fische wandern nicht aus
und Götter nisten weiterhin in unseren
Köpfen
und das Blut rast weiterhin nur in Venen
Arterien
quillt nicht über
läuft nicht aus
überschwemmt
und ertränkt nicht
und die Völkerwanderung der Bakterien
und das Gift der Zirbeldrüsen
und das Licht wird weiterhin in Kiepen
befördert
die Nacht in den Hosentaschen
Gesichter in Medaillons
Griffel in der Faust
und die Kirche bleibt weiterhin im Dorf
die Eulen vor Athen
und man ißt weiterhin nicht heiß
wie man kocht
und dem Reinen bleibt alles rein Wein Weib und
Gesang
und es führt weiterhin nur ein Weg
nach Küßnacht
und die Wandlungen
die Salzsäulen sind weiterhin biblisch
die Bräute jungfräulich
die Hirsche brünftig
die Zeit zukünftig
die Kühe trächtig
die Dichter prophetisch
die Armeen schlagkräftig
die Währung stabil
und es stinken
die Rosen nicht sondern

die Not		es schwitzen
die Damen nicht
	es reden
die Stummen nicht
	es werden
die Armen nicht reich sondern
die Betten weicher
das Leben leichter
die Neger schwärzer
die Himmel höher
die Liebe prächtiger
die Macht lieblicher
die Zähne weißer
die Finger länger
die Herzen runder
das Vergessen gesünder
die Schmerzen erträglicher
die Meere voller
der Speichel milder
erträglicher erträglicher
und
und		es bleibt
	das Ende immer noch aus

Hier ergreift eine merkwürdige Nachgiebigkeit gegenüber dem andrängenden Text Platz. Das hat eine Erweichung zur Folge, die ungewollt in Hörweite *barocker* Sprachaufweichungen, bei Quirinus Kuhlmann oder Laurentius von Schnüffis, geraten. Aber Autorschaft ist an solchem Beispiel in ihrer Nachgiebigkeit ebenso erkennbar wie anderswo in ihrer Askese, ihrer Strenge.
Das Wort als kombinatorischer Wechselbalg, vom Autor des Textes gerade eben noch im Auge behalten, wie es scheint, ist nur ein besonders krasses Exempel der alten und starken Tendenz des literarischen Textes zur Selbstwiderlegung und Selbstzerstörung, die in ihm angelegt ist und die man bereits bei den manieristischen Autoren des hohen Barock beobachten konnte. Freilich ließen diese Dichter – trotz aller Tollheiten – nicht den Text durch den Text zerstören. Das scheinbar sich selber überlassene Gedicht heute zeigt da und dort fraglos Verderbtheit, eine Verkrampfung, aus der

es sich nicht zu lösen vermag. Aber der von derartigen verbalen Spasmen heimgesuchte Text erledigt sich auf der Stelle und mit ihm den verborgenen Verfasser, dem alle Klugheit, mit der er seine ‚Rolle', die allzu radikal veränderte, die gewaltsam betriebene, darzulegen versteht, dann nichts mehr hilft.
Es hört sich vielversprechend an, jedenfalls so, daß man das gefährliche Spiel nicht gleich durchschaut, das gespielt wird, wenn in einem kurzen „führungsplan für konkrete dichtung" in der Zeitschrift *Nota* drei südamerikanische Wortführer der „poesie concrète" folgendes notieren: „Zeitmikromessung des zufalls. kontrolle. kybernetik. das gedicht als ein sich selbst regulierender mechanismus: rückkopplung. schnellere mitteilung stattet das gedicht mit einem positiven wert aus und lenkt sein eigenes entstehen."
Das ist, so scheint es, eine präzise Beschreibung des Künstlichen in seiner augenblicklichen Ausprägung im Gedicht. Das Regulativ im Gedicht – früher auch in hochartifiziellen Zeiten wirksam –, die Mechanik der Selbstkontrolle, der ein solcher Text ausgesetzt ist, sind zugleich Chance wie Schrecken einer Künstlichkeit, die von einem bestimmten Augenblick an ein Instrument des literarischen Terrors wird.
Die Folgen des konsequenten Rückzugs problematischer Individualität des Autors aus dem Gedicht sind deutlich genug. Terror ist auch in der Literatur die Folge bestimmter Methodik. Der Schrecken, den der sich selbst überlassene poetische Text verbreitet, zeigt die ganze Bedenklichkeit der Entwicklung, die die moderne poetische Textierung genommen hat. Abgesehen davon, daß die Mitwirkung des Verfassers an seinem Text durch noch so waghalsige, aparte oder groteske Kunststücke nicht vertuscht werden kann, daß sich Spuren solcher Mitwirkung selbstverständlich auch im experimentellen Gedicht finden, ist gerade die feine Einwirkung des von seiner Hervorbringung sehr entfernt plazierten Autors von einer zuweilen fast infamen Beharrlichkeit. Die ‚Einmischung' dessen, der sich auf Gedichte einläßt, bleibt in Gedichten erhalten. Doch ist der bis zum Exzeß betriebene Versuch der Ausmerzung von Individualität im experimentellen poetischen Text unserer Tage nur *eine* der vielen Versuchungen, denen das Gedicht in seiner Geschichte ausgesetzt war. Es wird nicht die letzte sein.

Nachwort

I

In einem Interview, das Karl Krolow aus Anlaß seines 70. Geburtstages für ein Kulturmagazin gab, findet sich die wie eine literarische Bilanz zu verstehende Bemerkung: „Ich habe das beschrieben, was übrigbleibt – nämlich nichts.“ Dieser Satz, der auf ein heute kaum mehr zu überblickendes Werk verweist, erscheint nur dem schnell über ihn hinweggehenden Leser als ironisch. Tatsächlich aber bezeichnet er ein poetisches Bewußtsein, das in die Bezirke des fast nicht mehr Wahrnehmbaren vorzudringen imstande ist und eher den Schattenriß meint als die Dinge. Stellt man ihn den Briefsätzen Gustave Flauberts an Louise Colet gegenüber, werden Verwandtschaften deutlich: „Was mir schön erscheint und was ich machen möchte, ist ein Buch über nichts, ein Buch ohne äußere Bindung, das sich selbst durch die innere Kraft seines Stils trägt, so wie die Erde sich in der Luft hält, ohne gestützt zu werden, ein Buch, das fast kein Sujet hätte oder bei dem das Sujet zumindest fast unsichtbar wäre, wenn das möglich ist. Die schönsten Werke sind jene, die die wenigste Materie enthalten; je mehr der Ausdruck sich dem Gedanken nähert, je enger das Wort daran haftet und verschwindet, um so schöner ist es.“ (...)
Freilich ist das Buch über das Nichts, das die französischen Spätromantiker so gern geschrieben hätten, nicht entstanden; geblieben indessen sind bis heute gültige Fragestellungen, die im dichterischen Œuvre Karl Krolows gut aufgehoben sind. – Die Verkürzung der äußeren Zeit zugunsten einer Ausdehnung ins Innere der Erscheinung, wie es in den Gedichten, aber auch in der Prosa zu sehen ist, steht ein für die Sehnsucht nach Überschreitung eigener zeitlicher Begrenztheit. Das kommt dem ästhetischen Wesen der Romantik, die als „Autonomie des Imaginären“ (Reinhold Grimm) verstanden werden kann, recht nahe und gilt als praktische Entsprechung eines poetischen Ideals, das im schönen Stillstand der Bilder zu finden ist. Und was ist das anderes als der Versuch, Zeit zum Verschwinden zu bringen, um die Erscheinung ins Verhältnis mit dem Unendlichen zu setzen, das dem Nichts so sehr gleichkommt?

Indem sich der Dichter formal oder thematisch immer auch mit der Zeit beschäftigt, ist seiner Dichtung die primäre Wesenskraft allen Bewußtseins immanent: dem Bewußtsein über ein Leben zum Tode, gespiegelt im Ablauf von Naturvorgängen ebenso wie in zahllosen menschlichen Verrichtungen, im Minutenglück der Liebe wie im Unglück des Verlassenseins an einem beliebigen Mittwochnachmittag.

II

Zunächst sind es die deutschen Naturlyriker, die den jungen Karl Krolow beeinflußt haben und in deren Tradition er Anfang der vierziger Jahre Verse zu schreiben beginnt, die in dem Band „Hochgelobtes, gutes Leben" 1943 erstmalig gesammelt erscheinen. Wilhelm Lehmann, von dem er sich später entschieden lossagen wird, Oskar Loerke und Elisabeth Langgässer sind die wohl wichtigsten Vertreter jener naturmagischen Schule, der Karl Krolow sich anschließt. Die Illumination von Flora und Fauna, wie sie von jenen Dichtern vorgeführt wurde, war ein sicherer Reflex der Abwehr nationalsozialistischer Blut-und-Boden-Literatur und eine Verlustanzeige des Menschen, der in der Natur eine reine Schattenexistenz fristet. Landschaft wird schon lange nicht mehr biedermeierlich durchwandert, sondern sie ist zum Zufluchtsort einer in die Absurdität getriebenen geschichtlichen Existenz geworden. In ihrer üppigen Vegetation verlieren sich die menschlichen Spuren gleich dem lyrischen Subjekt, das sich hinter den Wörtern zu verstecken versucht, sich zurücknimmt bis zur Selbstvergessenheit. Nur in der Weise eher zufällig liegengelassener Reliquien inmitten alles überwuchernder Gewächse wird menschliche Anwesenheit bezeugt. Die Welt ist nichts als bloße Natur, und die Zeit wird allein als Jahreszeit behandelt. An der Erweiterung des reflektiven Bewußtseins auf die magischen Zirkel einer sich ins Unendliche bewegenden Wiederholung natürlicher Vorgänge zerbricht die Bedeutung der Lebenszeit, verkleinert sich das menschliche Sein bis zur Auslöschung. Gewiß sind von den Naturlyrikern dieser Periode außerordentliche Leistungen beim Ergründen neuer Sprachwelten erbracht worden, haben sie dem deutschen Vers eine neue Sinnlichkeit und Fülle gege-

ben, so ist andererseits nicht zu übersehen, daß ihr Weg ins Dickicht nur noch mit dem Fachbuch dechiffrierbarer Wortkaskaden führte, um sich dort, im Niemandsland fernab der Menschen und Städte, zu verlieren. Spätestens mit dem 1952 erschienenen vierten Gedichtband „Die Zeichen der Welt" kündigt der Autor seinen Vorbildern die Gefolgschaft und führt das Naturgedicht in die Sphäre menschlicher Anwesenheit zurück. Das hierfür exemplarische Gedicht „Erde" transzendiert seinen Stoff nicht mehr in die metaphysische Unendlichkeit vegetabiler Wiederholungsverläufe, sondern beläßt ihn in dem, was Erde heißt und dem Menschen zugänglich bleibt. Die Erde wird hymnisch besungen und zu einer absoluten Instanz der in ihr anwesenden Existenzen. Der „dunklen Erde" steht die „heitere Erde" dialektisch gegenüber, die bald zur „Erde der Liebenden" wird und zur „Erde der Geister". Der letzte Satz gehört dem Flötenspiel eines Hirten, der das Erlebnis Erde besingt. Gleichzeitig ist eine Formveränderung sichtbar. Die kurzzeilige, meist alternierende Reimstrophe wird zunehmend von der daktylischen Langzeile verdrängt. Hölderlin verpflichtete Oden und Elegien bezeugen eine sinnliche Ergriffenheit, die den pastoralen Ton des poeta laureatus übernimmt und zur Sinnstiftung ansetzt. Angst wird nicht mehr in der vermittelten Weise der Naturzersetzung geschildert, sondern tritt als unverhüllte, nackte menschliche Angst auf, die keine religiöse oder metaphysische Rückversicherung mehr kennt und eher im existentialistischen Begriffswerke Jean-Paul Sartres erscheint. Das Subjekt erlangt in der Dichtung die Evidenz seiner Verlorenheit wieder, gegen die es im Drang nach Wiederverwirklichung hartnäckig angeht. Zugleich werden Anklänge an den deutschen Expressionismus, an Georg Trakl, Georg Heym oder Else Lasker-Schüler, deutlich: „Auf deiner Wange steht länger / Endgültiger Abschied wie trostloser Mond auf Kanälen, / Darunter der Frühe mißfarbene Schatten sich quälen." (...)
Stärker noch wird die Aufnahme des Surrealismus ins Naturgedicht prägend für die Poesie Krolows der fünfziger Jahre, einer Zeit, in der wichtige Übersetzungen von Jorge Guillén, Rafael Alberti, García Lorca, Henri Michaux und Paul Valéry, Guillaume Apollinaire und Paul Eluard entste-

hen Zeilen wie: „Das trockene Brusthaar, das sich beim Atmen bewegt / In der Stille des Traums, des Traums von den glücklichen Jahren / Mit dem Duft roten Grases, dem Rascheln von Frauenhaaren" (...) oder: „Die trügerische Anästhesie / Des Dunkels ist verantwortungslos / wie der Schlaf" (...) sind ohne diese Einflüsse undenkbar.
Die in den surrealistischen Manifesten geforderte Traumfreiheit und Entgrenzung der Wahrnehmung in die Bezirke des Unbewußten brachte eine Metaphorik kühnster Akrobatik hervor und entfesselte Phantasie nicht nur, sondern ließ sie auch bis ins Unverständliche hinein wuchern. Die über freie Assoziationen inszenierte Kulturpsychose und Anarchie der Bilder wird bei Krolow zum Akt einer Bewußtseinsentscheidung, in dem er den unwillkürlichen Metaphernschub zur poetischen Logik erweitert, kalkulierend mit ihm umzugehen vermag und ins naturlyrische Denken integriert. So wird die Metapher zur hauptsächlichen lyrischen Technik, die nicht nur den Reim, sondern auch den langzeiligen, hymnischen Sprechgestus ablöst und das Gedicht lakonisch werden läßt. Die Metapher übernimmt mehr und mehr die Funktion der Irrealisierung eines als Ballast empfundenen Stoffes. Da ihr keine der Realität entlehnte Vergleichsebene untergeschoben ist, was eine Identifikationsbereitschaft mit imaginativen Bild- und Wortfügungen voraussetzt, bekommt sie eher metonymischen Wert, bedeutet Gegenständliches und Irreales zugleich. Daneben sind para-rhetorische Stilfiguren wie die Katachrese und das Oxymoron, die Ellipse und die Hyperbel, die Synekdoche und das Aproskodeton zu entdecken, wie sie zwar schon in der manieristischen Literatur des 16. und 17. Jahrhunderts beispielsweise bei John Donne, Luis de Góngora oder Giambattista Marino vorkommen, aber über den Surrealismus sich an Karl Krolow vermitteln. Als Beispiel der Verschränkung von Naturlyrik und Surrealismus sei das Gedicht „Ein heißer Mittag" aus dem Jahre 1955 zitiert:

Im Fluß umarmen sich die Spiegelbilder
Der Liebenden.
Der Mittag hat Achseln
Aus feuchten Schwertlilienblättern.
Man sagt: ein heißer Tag.

Oder: der Wind geht
Dem Duft der Lavendelstauden nach
Wie ein Mann einer Frau.
Einer hält seine linke Hand
Vor die Augen.
Der Nachmittag bürgt
Für das Gleichgewicht der Welt.
Abends öffnen sich
Die Blusen der Mädchen
Von selber.

Die Bildfiguren „Fluß", „Schwertlilienblätter", „Wind", „Duft" und „Lavendelstauden" sind naturlyrische Begriffe. Die Zeit des über fünfzehn Zeilen ablaufenden Textes umspannt den Mittag, den Nachmittag und den Abend. Die im Präsens stehenden Verben bezeichnen einen übergeordneten Beobachter, der den gesamten Vorgang aus einer Höhe verfolgt, von der aus „das Gleichgewicht der Welt" einzusehen ist. Daß die Blickrichtung des lyrischen Subjektes der Bewegungsrichtung der Sonne („Im Fluß umarmen sich die Spiegelbilder / Der Liebenden."; „Man sagt: ein heißer Tag."; „Einer hält seine linke Hand / Vor die Augen."), in die es sich gleichsam transzendiert, entspricht, ist unschwer anzunehmen. Der magische Zusammenhang, den das Subjekt mit den Vorgängen der Natur hier eingeht, erinnert gut an die imperative Forderung der naturlyrischen deutschen Szene. Zugleich aber ist eine ganze Reihe jener vom Surrealismus aufs äußerste strapazierter para-rhetorischer Stilfiguren zu entdecken. Indessen fällt an Krolowschen Gedichten die kalkulierende Bewußtheit im Umgang mit diesen Techniken auf wie die Ökonomie, mit der die Sätze, die oft zur Ellipse neigen, behandelt werden, stellt man sie den klassischen surrealistischen Texten eines Breton, Soupault oder Eluard, die eine eher mechanische Aneinanderreihung spontaner Bildeinfälle darstellen und in ihrem pluralistischen Aktivismus eine ausholende, syntaktisch zerberstende Sprachbewegung mit sich führen, zur Seite.
Dabei tritt das Subjekt hinter seinen Sprachschöpfungen mehr und mehr zurück, so daß von Gedichten gesprochen werden kann, die durch ihre fast mathematische Ausgewogenheit und Logik bestehen. Zurecht berühmt gewordene

Gedichte wie „Drei Orangen, zwei Zitronen", „Orte der Geometrie" oder „Krümmung der Ferne" haben jede inspirative Spur in sich getilgt und erscheinen eher wie algebraische Gleichungen. Die unterkühlte, dem nordischen Temperament Krolows entsprechende poetische Diktion läßt Gefühlsäußerungen kaum zu und ersetzt sie durch Imagination. Fast könnte man den Bennschen Begriff vom „monadischen" Gedicht, das ein von der Realität der Erscheinungen abgelöstes Sprachgebilde von absoluter Geschlossenheit ist, verwenden. Und wieder ist die Nähe vor allem zu Gustave Flaubert: (...) „Alles, was man erfindet, ist wahr. (...) Die Dichtung ist eine ebenso exakte Angelegenheit wie die Geometrie. Induktion und Deduktion halten sich die Waage." und zu Stéphane Mallarmé: „In Wahrheit, was ist sie, die Literatur, wenn nicht diese geistige Nachstellung, als Diskurs unternommen zwecks der Bestimmung oder, in Hinsicht auf sich selber, der Beweisführung, daß das Schauspiel einem imaginären Verstehen entspricht, es ist wahr, in der Hoffnung, sich darin zu spiegeln." auszumachen. In ihrem Ansatz trifft diese Poetik aber auch auf Erkenntnisse der neopositivistischen Schule Ludwig Wittgensteins: „Der Satz ist ein Modell der Wirklichkeit, so wie wir sie uns denken. Die Möglichkeit aller Gleichnisse, der ganzen Bildhaftigkeit unserer Ausdrucksweise, ruht in der Logik der Abbildung. Der Satz sagt nur insoweit etwas aus, als er ein Bild ist."
Daß das Gedicht so auch in die Gefahr geriet, sich zu verschließen und ein inkommensurables, nicht mehr dechiffrierbares Eigenleben zu führen, steht zu vermuten. Die Identität von Dichten und Denken, wie sie zum Beispiel für den etwa gleichaltrigen Ernst Meister stilbildend wurde, führte bei Karl Krolow indessen vom Hermetismus weg. Mehr und mehr proklamiert er das „offene", „poröse", „durchlässige" Gedicht, den äußere Reizungen aufnehmenden Vers. Freilich war das Bemühen um äußerste Irrealisierung des Stoffes nicht nur ein apartes Spiel der Phantasie, sondern auch ein Sich-entziehen-Wollen aus einer politischen Verwertbarkeitsmaschinerie, wie sie sich heißgelaufen hatte zu Zeiten faschistischer Diktatur und ein ganz neues Sprachbewußtsein vor allem auch bei Günter Eich evozierte – bei Karl Krolow mit den Versen bezeichnet:

„Jetzt lebe ich nur noch / In Gesellschaft mit dem Ungehorsam / Einiger Worte" –, so war sie dennoch im sich durchsetzenden Verständnis vom offenen Gedicht nicht mehr in alter Weise zu realisieren. Der Mensch mit seiner Alltäglichkeit und Hinfälligkeit, aber auch mit seinen gewiß minimalen Glückschancen gemeindet sich thematisch verstärkt ein in die immer wieder vollzogenen Reflexionen zu Vorgängen der Natur. Wie im „Stundengedicht" zu sehen, wird Zeit nicht mehr im metaphysischen Sinne behandelt, sondern stellt sich als unwiederholbar ablaufende Lebenszeit dar. „Der Tod der Stunden / erreicht mich langsam, / prüft die Hände, / die sich auf Zifferblätter legen. / Die komplizierte Landschaft / wird einfacher. Die Uhr / hat ein Gefühl für Schatten." Vor allem in den Bänden „Fremde Körper" (1959) und „Landschaften für mich" (1966) kann der Weg zum Lakonismus nachvollzogen werden, wie sich der in die „Alltäglichkeit" anbahnt. Die Gedichte gleichen, wie Hugo Friedrich es formulierte, Stenogrammen der Phantasie, „... verblose(n) Verkürzungen, die eine den vollständigen Satz übertreffende Eindringlichkeit haben, zumal sie mit geschlossenen Kurzsätzen wechseln". Sie sind Wortspiele, die Wirklichkeit nicht deuten, sondern erschaffen. Stimmen, Farben und Bewegungen interferieren und führen eine nicht für möglich gehaltene Korrespondenz, das Bild wird zum Vexierbild und verweist auf die Unverbindlichkeit alles real Vorgefundenen. Das Zusammenfügen sich scheinbar ausschließender Wahrnehmungsabläufe ist hierbei nicht nur eine poetische Methode, sondern der Versuch, Zeit beherrschbar, den Augenblick beschreibbar werden zu lassen. – Es sind experimentelle Gedichte nicht der Art, daß sie das Sprachmaterial permutieren und zur Atomisierung bringen, wie man es von der konkreten Poesie her weiß und wie es der Essayist Karl Krolow etwa zeitgleich analysiert hat, ihre Besonderheit liegt in der Strategie, „Irrealität aus lauter Teilen der Realität" (Hugo Friedrich) zu erzeugen.

III

Das unvermittelt reagierende Gelegenheitsgedicht, wie es sich in dem 1968 erschienenen Band „Alltägliche Gedichte" findet und das frei von jeder pathetischen Gebärde und ly-

rischen Arabeske ist, behandelt das Gedicht als einen Gebrauchsgegenstand. Es muß „in wenigen Minuten, in einem Wurf, gelingen, es ist schon fertig, bevor es niedergeschrieben wird, oder es mißlingt. Der spontan formulierte Vers ist verbindlich. Die sichtbare, greifbare, tastbare Welt der Gesichter, Gegenstände, Phänomene – die Emanation des Kreislaufs eingeschlossen – wird auf eine lakonische Formel gebracht. Es gibt in solchem Verfahren keine nachträgliche Komprimierung, keine Reduktion auf Konzentrate, mit einem Wort keine Polierarbeit." (Karl Krolow)
Dabei greifen die Gedichte thematisch wie intentional ineinander über, belichten sich gegenseitig und realisieren sich oft erst in ihrer aufeinander bezogenen Folge gänzlich. Nicht selten werden die letzten Verse des einen Textes zum indikativen Moment eines nächsten, wobei auch Formulierungswiederholungen eintreten können und eine Hierarchie gerade bevorzugter Wörter auszumachen ist. Wesen und Erscheinung werden einander identisch und zeichnen sich auf der Dinge Oberfläche ab wie das höhere Seinsprinzip an den ablaufenden Alltäglichkeiten sichtbar zu machen ist. So bekommt das Gedicht eine Porösität und Durchlässigkeit und kann zur Projektionsfläche werden für ritualisierte Abläufe und banale Widerfahrungen, besitzt Öffnungen und Kontaktpunkte, durch die sich die Welt der Dinge mit der der Empfindungen vermitteln läßt. Die fast ausschließlich monologisierende Denkfigur der Gedichte überläßt sich dabei weitestgehend den Objektreizen, auf die sie eilig, nervös, oft sporadisch reagiert. Durch eine für alles empfängliche Wahrnehmungsbereitschaft kommt es zur affektiven Übersteuerung, die sich durch abruptes Unterbrechen der Denkfolge ausdrückt, ebenso wie zum annähernd stupurösen Bewegungsstillstand des Gedichtvorgangs, der die Überreizung kompensatorisch aufhält und als Tempowechsel der Sätze erscheint. Die so zustande kommende Kontraktion löst methodisch die Metapher vollständig ab. Nicht nur der gerade vorherrschende Sinneseindruck im disparitären Verhältnis zu vorangegangenen und nachfolgenden Wahrnehmungen entscheidet über die Spannung des lyrischen Textes, sondern das außergewöhnliche Sehen und der Blick, der den konkreten Gegenständen eine sie überschreitende Bedeutung abzugewinnen vermag, sind

die erste Stufe einer ganz im Innern des Autors bleibenden Produktion. Damit ist bereits vor der Niederschrift alles Urteil über das Gedicht gefällt. Nichts anderes besagt das Zitat: „... es ist schon fertig, bevor es niedergeschrieben wird, oder es mißlingt". Eingedenk all dessen sei das Gedicht „Keine Ideen" aus dem Jahre 1971 noch einmal vorgeführt:

Keine Ideen – dafür Gebrauchsgegenstände,
mit ebenbürtiger Luft darüber.
Seit langem nicht mehr Rilkes Dinge
in der Tabakstille, die
ein Raucher im Zimmer zurückläßt.
Komm bald – Gefühl für das,
was man mit der Hand umfassen kann:
eine Rotweinflasche, einen Fuß
mit seinen Zehen.
Was brennt denn jetzt, Feuer?
Es läßt nicht nach.
Ich bekomme mit offenen Augen,
was ich brauche. Gebrauch und Verbrauch.
Laß das alles brennen für dich
und dem Dunkel danach das Übrige.

Geblieben ist jene bis zur Selbstauslöschung (in Parenthese ein Satz Mallarmés: „Wer diese Übung ganz vollendet, löscht sich aus.") getriebene Leichtigkeit der Gedichte, ihr leiser, fast lautloser Tritt, ihre schwerelose Körperlichkeit. Karl Krolow, so leitet Peter Rühmkorf in seiner Laudatio anläßlich der Hölderlin-Preis-Verleihung 1988 interessanterweise ab, habe aus seiner physischen Untergewichtigkeit, der er die Nichteinberufung in den Krieg verdankt, eine poetische Strategie werden lassen; wohl, um abermals nicht einberufen zu werden in den Krieg auf der Metaebene des Geistes. Und tatsächlich: beobachtet man die grazile Leichtigkeit der Bewegungen dieses heute in die höheren Jahre gekommenen Dichters und Mannes, so kann man sie gut wie eine körperliche Entsprechung empfinden zu jenen behutsamen, unaufdringlichen, vorsichtigen Sätzen des Denkens und der Poesie. – Das lyrische Ich ist dennoch kein autobiographisches, sondern ein sich ins Allgemeine verflüchtigendes, imaginäres, ganz und gar romantisches Ich. Autor und Text führen eine voneinander sehr unterschiedene Existenz. Die realen Details wirken unpragmatisch und sind nüchterne Restbestände eines Erlebens, das sich als Sprachvorgang, nicht als Bezeichnung mitteilt. Das mithin scheue, verletzbare, sich eher verstecken wollende Subjekt der Gedichte objektiviert sich bisweilen so weit, daß es sich aus der Perspektive eines Anderen zu erklären befähigt ist und dessen angenommenen Blick benutzt, um sich aus einer Distanz heraus zu ergründen. Der sich bis ins unverbindliche, absolute „man" transzendierende Vorgang der Selbstwahrnehmung verhindert, daß die alltägliche, quasiprivate Aussage eine persönliche Aussage bleibt. Die Gedichte bewegen sich auf den Anderen hin, wie sie dessen abwesende Anwesenheit in sich aufgenommen haben. Das läßt sie dialektisch und öffentlich werden, bindet Individualität, ohne diese zu beschädigen, ins Überpersönliche ein, läßt Überschreitungen von der konkreten Sache auf ein objektives Prinzip, vom vereinzelten Ich auf ein kollektives Sein zu. Zugleich aber behauptet sich dieses lyrische Subjekt äußeren Vorgängen gegenüber, begründet seine Autonomie durch unpathetische Verlautbarung, besteht auf sein Recht des bloßen Vorhandenseins und legt Zeugnis ab von der Würde der einzelnen Lebendigkeit wie von der Gefahr, diese im utilitären Betrieb zu verlieren. In dieser poetisch vermittelten Weise ist Karl Krolow nicht nur als ein zutiefst humanistischer, sondern auch als ein politischer Dichter zu sehen, der Gesellschaftskritik über die Kritik an einem beschädigten Leben übt und in feinsten Schwingungen auf geschichtliche Ereignisse reagiert. – Er ist am politischsten dort, wo er sich einer tendenziösen Benutzbarkeit am stärksten entzieht: in der Sprache. Aber er hat, ohne je lauthals und überschwenglich zu werden, immer auch Stellung bezogen, und es finden sich zu jeder Zeit seines Schreibens und Wirkens Gedichte, die engagiert auf sehr konkrete Anlässe eingehen. Im guten Wissen um die begrenzte Wirkung gewiß nicht in illusionärer Erwartungshaltung geschrieben und die Gebärde des Vordergründig-Apodiktischen meidend, was ihn von einigen zumeist jüngeren Autoren, die die Revolte im Gedicht fortsetzen wollten, wohl unterscheidet. So verteidigt er beispielsweise gegen die Forderung Walter Höllerers, der allein das lange Gedicht als zeitgemäß und demokratisch gelten lassen will, das kurze, lakonische Gebilde, das sich in der Aussparung realisiert und in dem das einzelne Wort einen Bedeutungswert behält. Als eine ganz andere Art der Reaktion auf das Scheitern der politischen Bewegungen am Ende der sechziger Jahre können die 1970 unter dem bewußt durchsichtigen Pseudonym Karol Kröpcke veröffentlichten „Bürgerliche(n) Gedichte" angesehen werden. Schon der Titel verweist auf jene zweite, vom gesellschaftlichen Betrieb der Zwänge und Entfremdungen abgespaltene Bewußtseinsform, in der der mittelbegüterte Durchschnittsbürger seine orgiastischen Phantasien auslebt und die die Realität der Toilettenwände ebenso bestimmt wie körperliche Gewalt, Perversion und menschliche Erniedrigung. In diesen Gedichten wird Sexualität zur bloßen physischen Mechanik, zur kalten, empfindungslosen Ekstase, die einen Gefühlsnotstand größten Ausmaßes signalisiert. Hinter der Gebärde physischer Omnipotenz verbirgt sich die ins Körperliche übernommene Nötigung zu wirtschaftlicher Leistungsbereitschaft. Für einen Autor, dem sich Geschichte im Prisma subjektiver Befindlichkeit mitteilt, ist es nicht verwunderlich, wenn er äußere Deformationen als ins Subjekt transplantierte innere vorführt. „Manchmal ist ein Blutfleck ein Rest von reinem Gefühl, der Sehnsucht macht nach der Mordtat, nach einem Verbrechen, begangen aus Traurigkeit oder Heimweh." (Karl Krolow) Diese Gedichte sind von einer Radikalität, wie sie nur ein Romantiker schreiben kann, der für seine Hypersensibilität keine Verwendung mehr weiß und der Empfindsamkeit äußerlich zerstört, um sie innerlich zu bewahren. Die Obszönität, in der sie stehen, spricht in negativer Weise von der Sehnsucht nach tatsächlicher Liebe und beschreibt zugleich einen gesellschaftlichen Komplex. Es sind Gedichte, die in einer Traditionslinie von Marquis de Sade, Comte de Lautréamont, Guillaume Appollinaire bis Jean Genet oder Georges Bataille zu sehen sind.

IV

Während die Lyrik zunehmend prosaischer wird – prosaisch in bezug auf die Elemente, die sich im Textganzen jedoch lyrisch arrangieren –, entsteht zugleich eine Prosa von lyrischer Beschaffenheit, eine Prosa, die kaum Außenbewegungen zuläßt, um sich weitestgehend ins Innere psychischer Vorgänge hinein auszudehnen. Dem entspricht die Optimierung der Erzählzeit gegenüber der Zeit des erzählten Geschehens, die oft auf Minuten, ja sogar auf Augenblicke reduziert ist, in denen „gar nichts war. Er gab eine Situation wieder, die sich nie einstellte. Denn immer blieb etwas zurück oder stand etwas bevor, regte sich etwas, das vielleicht unbedeutend und erst zu erkennen gewesen war, wenn Beschleunigung einsetzte.", wie der Text „Musils Fliege oder Observationen" beginnt, um aus dieser Statik heraus assoziative Gedankenfolgen hervorzubringen. Aktion wird durch Reflexion, ein Handlungsraum durch einen Sprachraum ersetzt. Die Dingwelt übernimmt hier die Funktion eines Reizindikators, durch den der Erinnerungen und Empfindungen freisetzende Reflexionsvorgang ausgelöst wird. Sujet und Thema sind dabei nicht kongruent. Vielmehr dient das Sujet der Übertragung eines von ihm abgelösten Stoffes, der die Realität einer inneren Unbeschaffenheit ausmacht, einer Unbeschaffenheit, die ihre Sprachgestalt sucht, um Erfahrung zu werden. – Sind in den Erzählungen „Das andere Leben" oder „Melanie" Beziehungsprobleme bis ins Innerste ihrer sie aushandelnden Personen geschildert, schrumpft der Erzählanlaß in diesen „Observationen" auf einen Blick, eine Regung, eine Empfindung zusammen. Etwas anders der Prosatext „Im Gehen", in dem die spontane Reflexion im Bewußtsein einer Figur erscheint, die in einem existentiellen Konflikt steht. Aber auch hier ist das Sujet, die suizidale Gefährdung einer Person, nicht gleich das Thema, das eher im Sprechvorgang als Indiz für Anwesenheit selbst zu finden ist. Die Bewegungen, die dieser Späth vollführt, spiegeln sich in den Bewegungen der Gedankensätze wider, die jene Spannung erzeugen, die in der Aktionsprosa durch äußere Handlungsabläufe produziert wird. Das nicht endenwollende Bedürfnis zu sprechen hält den Selbsttötungsakt eben für diese Zeit auf, wobei gar nicht einmal ganz entschieden zu sein scheint, ob die Person Späth tatsächlich ihr physisches Leben verläßt, da sie ihre Wahrheit nicht kennt oder nicht aushalten kann, oder ob sie lediglich das Leben ihrer Sprache, das heißt ihres Geistes aufgibt, um eine andere Form des Denkens zu übernehmen. Was bleibt, ist ein durch tiefe Erschütterungen hindurch beglaubigtes Bekenntnis zum Leben, das mehr als ein bloßes Weiterleben meint und ohne die Spurensicherung einer erfolgten Individuation nicht auskommen möchte. – Diese Reflexionsprosa, wie sie durch Proust, Joyce oder Beckett zum Höhepunkt gebracht wurde und aus der Moderne des 20. Jahrhunderts nicht wegzudenken ist, steht ein für die Unmöglichkeit eines einzelnen, die Welt der Erscheinungen als durchschaubar und beherrschbar zu empfinden, um die nicht mehr zu erreichende Objektivität mit radikaler Subjektivität zu ersetzen. Dabei löst der personale Erzähler den auktorialen konsequent ab, werden der innere Monolog, die indirekte Rede und die Beschreibung zur stilistischen Entsprechung – ein literarischer Vorgang, wie er seit Flauberts „Madame Bovary", im Deutschen seit Rilkes „Die Aufzeichnungen des Malte Laurids Brigge" und Hofmannsthals „Brief des Lord Chandos" nicht aufzuhalten war.

V

Mit der 1981 unter dem Titel „Herbstsonett mit Hegel" herausgekommenen Gedichtsammlung ist abermals eine Zäsur im lyrischen Schaffen gesetzt: Der Reim und die strenge metrische Form sind von nun an bestimmend. Von der liedhaften Vierzeilenstrophe mit Wechselreim und rhythmisch alternierendem Vers in vier Takten bis zum Sonett, von der Terzine oder der Sestine bis zum Rondell ist die ganze Skala verstechnischer Möglichkeiten vorgeführt. Dabei ist die Wiederaufnahme der metrisch gebundenen Form keine lediglichе Fortsetzung früherer Leistungen. Sie entspricht nicht dem Willen, die Moderne dieser Epoche zu verlassen, die sich damit eher aufs neue hervorbringt: hier dient sie vielmehr einer Radikalisierung des im Gedicht transportierten Gegenstandes, indem sie als poetisch geleistete Schönheit einen Kontrast schafft, wenn über die Hinfälligkeit menschlichen Lebens Bericht gegeben wird. Durch die Form wird der Gegenstand gebannt, der zu dissoziieren droht und allzuschnell abkippt ins Belanglose und Absurde, das alles Sein negativ umschließt. In ihr wird das zum Stillstand gebracht, was mit den Wörtern verlorengeht und stirbt, und in ihr hat der Dichter, dessen dominierendes Thema die Zeit und das Verlieren von Zeit ist, Auffangmöglichkeiten geschaffen für einen gesellschaftlichen und individuellen Befund nahe des Abgrunds. In den späteren und letzten Bänden „Schönen Dank und vorüber" (1984) und „Als es soweit war" (1988) bekommt das prosaische, im Parlando der monologischen Rede verfaßte Gelegenheitsgedicht seinen Stellenwert neben den klassischen Formgedichten zurück. Es sind Gedichte des Bescheidwissens und der Desillusionierung, deren beiläufiger, leiser, fast hinter vorgehaltener Hand gesprochener Ton an die „Alltägliche(n) Gedichte" erinnert. Auch Anklänge an das Naturgedicht lassen sich finden, indessen nicht selten zur Persiflage gebracht und substantiell aufs äußerste beschädigt. Waren Flora und Fauna der frühen Natura-naturans-Gedichte so stark mit sich selber beschäftigt, daß der Mensch in ihr wie ein Komparse erschien, so haben sie hier die Funktion einer zum Hintergrund ausgespannten Folie, auf der die Verlorenheit eines von utilitären Zwecken bestimmten Menschen vorgeführt wird. –

Verfolgt man alle Wandlungen und Zäsuren im Schaffensgang dieses Dichters, vom naturmagischen Gedicht zum Lakonismus und Surrealismus, und vom Surrealismus über das offene Gelegenheitsgedicht zum strengen Formgedicht, so entdeckt man in ihnen die Spuren eines bedeutenden Abschnitts der Literatur- und Zeitgeschichte dieses Jahrhunderts. Fast alles Gültige dieser poesieträchtigen fünf Jahrzehnte hat in diesem Werk seinen Niederschlag gefunden, wie es in ihm eine einzigartige Erweiterung fand. Karl Krolow gehört zu den ersten Dichtern der Nachkriegszeit ebenso, wie zu den anerkanntesten heute, ein Autor, der praktisch und theoretisch unermüdlich nach neuen Wegen für das Gedicht gesucht hat und der gleichzeitig bereits Geleistetes bewahrte. Die andauernde Selbst- und Fremdreflexion der poetischen Praxis, durch die eine Reihe schulemachender Essays vor allem in den sechziger Jahren entstanden ist, gehört ebenso zu diesem Werk wie die Eigenschaft, die Anwesenheit des Autors vor der vermittelten Sache, hinter die er beständig zurücktritt, fast vergessen zu machen. Soll sie hier in dem würdigenden Satz zurückgeholt werden: Karl Krolow hat das Äußerste, das es zu erreichen galt, erreicht: literarische Perfektion und ungebrochene Identität zwischen humanistischer Botschaft und Leben.

Leipzig, im Januar 1989 Kurt Drawert

Biobibliographie

1915 Am 11. März in Hannover geboren.
1936 Studium der Germanistik und Romanistik, Philosophie und Kunstgeschichte in Göttingen und Breslau bis 1941.
1943 *Hochgelobtes, gutes Leben.* Gedichte.
1948 *Gedichte.*
Heimsuchung. Gedichte.
Nachdichtungen französischer Lyrik aus fünf Jahrhunderten.
1949 *Auf Erden.* Gedichte.
1951 Mitglied des PEN. Umzug von Göttingen nach Hannover.
1952 *Die Zeichen der Welt.* Gedichte.
1953 *Von nahen und fernen Dingen.* Kurze Prosa.
1953 Mitglied der Deutschen Akademie für Sprache und Dichtung.
1954 *Wind und Zeit.* Gedichte 1950–1954.
1956 *Tage und Nächte.* Gedichte.
Georg-Büchner-Preis. Förderpreis des Kulturkreises im Bundesverband der Deutschen Industrie. Umzug nach Darmstadt.
1957 *Verlaine in neuen Übertragungen.*
Die Barke Phantasie. Übertragungen zeitgenössischer französischer Lyrik.
Bestiarium. Sieben Gedichte nach Guillaume Apollinaires *Le bestiaire ou cortège d'orphée.*
1958 UNESCO-Stipendium für Paris.
1959 *Fremde Körper.* Neue Gedichte.
Tessin.
1960 *Bestiarium.* 25 Gedichte, nach Guillaume Apollinaire.
1960 Mitglied der Mainzer Akademie der Wissenschaften und der Literatur.
1961 *Aspekte zeitgenössischer deutscher Lyrik.* Essays.
Im Wintersemester 1960/61 Gastdozent für Poetik an der Universität Frankfurt.
1962 *Spanische Gedichte des 20. Jahrhunderts.*
Unsichtbare Hände. Gedichte 1959–1962.
1962 Mitglied der Bayerischen Akademie der schönen Künste.
1963 *Ausgewählte Gedichte.* Herausgegeben von Hugo Friedrich.
1964 *Schattengefecht.*
Vorlesungen an der Universität München.
1965 *Gesammelte Gedichte.*
Großer Staatspreis des Landes Niedersachsen.
1966 *Landschaften für mich.*
Poetisches Tagebuch.
Vizepräsident der Deutschen Akademie für Sprache und Dichtung.

1968 *Minuten-Aufzeichnungen.* Prosa.
Alltägliche Gedichte.

1970 *Nichts weiter als Leben.* Gedichte aus den Jahren 1968 bis 1970.

1970 Karol Kröpcke: Bürgerliche Gedichte.

1972 *Zeitvergeben.* Gedichte.
Präsident der Deutschen Akademie für Sprache und Dichtung 1972–1975.
Deutschland, deine Niedersachsen. Ein Land, das es nicht gibt.
Zu des Rheins gestreckten Hügeln. Goethe-Reise 1972.

1973 *Ein Gedicht entsteht.* Selbstdeutungen, Interpretationen, Aufsätze.

1975 *Gesammelte Gedichte 2.*
Rainer-Maria-Rilke-Preis.
Ein Lesebuch. Herausgegeben von Walter Helmut Fritz.
Stadtschreiber von Bergen-Enkheim.
Goethe-Plakette des Landes Hessen.

1976 Ehrendoktorwürde der Philosophie der Technischen Hochschule Darmstadt.

1977 *Der Einfachheit halber.* Gedichte.

1979 *Das andere Leben.* Erzählung.

1980 *Gedichte.* Auswahl und Nachwort von Gabriele Wohmann.

1981 *Im Gehen.* Erzählung.

1981 *Herbstsonett mit Hegel.* Gedichte.

1982 *Zwischen Null und unendlich.* Gedichte.

1983 *Melanie.* Erzählung.

1984 *Schönen Dank und vorüber.* Gedichte.

1985 *Nacht-Leben oder geschonte Kindheit.* Prosa.

1985 *Gesammelte Gedichte III.*

1987 *In Kupfer gestochen. Observationen.* Prosa.

1988 *Als es soweit war.* Gedichte.

1988 Friedrich-Hölderlin-Preis.

Quellen- und Rechtsnachweis

Karl Krolow: Gesammelte Gedichte 1–3, © Suhrkamp Verlag Frankfurt am Main 1965, 1975, 1985

Karl Krolow: Als es soweit war, Gedichte, © Suhrkamp Verlag Frankfurt am Main 1988
daraus: Als es soweit war; Landschaft nach meinem Herzen; Die Tage wechseln; Alt genug; Ich will bequem leben; Einfach und deutlich; Manches; Bitter; Schön; Abfahrt; Worte; Ein Gedicht entsteht; Sterblich; Gewißheit; Manchmal; Unter einem Dach; Bare Münze; Angenommen; Was tu ich?; Ade

Karol Kröpcke (Pseud.): Bürgerliche Gedichte, Mit 36 Zeichnungen von Arno Waldschmidt, © Merlin Verlag Andreas J. Meyer, Hamburg 1970
daraus die Texte: I; IV; VII; VIII; IX; X; XII; XIV; XVI; XVIII; XIX; XXI; XXIII; XXV

Karl Krolow: In Kupfer gestochen. Observationen. © Suhrkamp Verlag Frankfurt am Main 1987
daraus: Musils Fliege oder Observationen; Mit sich reden; In Kupfer gestochen; Linker Handrücken; Anima; Ein Gesicht; Abschiede

Karl Krolow: Im Gehen. © Suhrkamp Verlag Frankfurt am Main 1981

Karl Krolow: Ein Lesebuch, Herausgegeben von Walter Helmut Fritz, © Suhrkamp Verlag Frankfurt am Main 1975
daraus: Das edle Wild. Zum zweihundertsten Geburtstag von Friedrich Hölderlin
Wie sind meine Finger so grün. Natur und Mensch im deutschen Gedicht
Gedicht und Musik als hörbare Landschaft

Karl Krolow: Ein Gedicht entsteht, Selbstdeutungen, Interpretationen, Aufsätze, © Suhrkamp Verlag Frankfurt am Main 1973
daraus: Das Problem des langen und des kurzen Gedichts

Karl Krolow: Schattengefecht, © Suhrkamp Verlag Frankfurt am Main 1964
daraus: Die Rolle des Autors im experimentellen Gedicht

Die Rechte am Text: „Man kann sich im Grunde wenig vornehmen, fast nichts …“ und am Nachwort werden vom Verlag Philipp Reclam jun. Leipzig vertreten

Wir danken dem Suhrkamp Verlag Frankfurt am Main für die Abdruckgenehmigung aufgeführter Gedichte und Texte.

INHALT

IV

VI

Prosa

Aus: Observationen

Essays